교회와 선교를 위해 나아갑시다!

KB200718

The Gospel Project for **Adults** is published quarterly by LifeWay Christian Resources,
One LifeWay Plaza, Nashville, TN 37234, Thom S. Rainer, President
ⓒ 2017 LifeWay Christian Resources
Translated and used by permission of LifeWay Christian Resources

This Korean translation edition ⓒ 2019 by Duranno Ministry,
38, Seobinggo-ro 65-gil, Yongsan-gu, Seoul, Republic of Korea
Published by arrangement with LifeWay Christian Resources

본 저작물의 한국어판 저작권은 LifeWay Christian Resources와 독점 계약한 두란노서원에 있습니다.
신 저작권법에 의거하여 한국 내에서 보호를 받는 저작물이므로 무단 전재와 무단 복제를 금합니다.

가스펠 프로젝트

신약 5

하나님의 편지
청장년 인도자용

지은이 · LifeWay Adults
옮긴이 · 심정훈
감수 · 김병훈, 류호성, 신대현
초판 발행 · 2019년 4월 3일
2판 1쇄 발행 · 2025년 1월 21일
등록번호 · 제1988-000080호
등록된 곳 · 서울특별시 용산구 서빙고로65길 38
발행처 · 사단법인 두란노서원
영업부 · 02-2078-3352, 3452, 3781, 3752 FAX 080-749-3705
편집부 · 02-2078-3437
디자인 · 땅콩프레스

책값은 뒤표지에 있습니다.
ISBN 978-89-531-4706-5 04230 / 978-89-531-4584-9(세트)

가스펠 프로젝트 홈페이지 · gospelproject.co.kr
두란노몰 · mall.duranno.com

차례

지도하시는 하나님　**Unit 1**　서신서

변화시키시는 하나님　**Unit 2**　서신서

5

Letters to God's People

발간사

두란노서원을 통해 라이프웨이(LifeWay)의 《가스펠 프로젝트》 성경 공부 교재 시리즈를 발간할 수 있도록 인도하신 하나님께 감사드립니다. 험한 소리로 가득한 세상에 이 책을 디딤돌처럼 놓습니다. 우리 삶은 말씀을 만난 소리로 풍성해져야 합니다. 주님을 만난 기쁨의 소리, 진실 앞에서 탄식하는 소리, 죄를 씻는 울음소리, 소망을 품은 기도 소리로 가득해야 합니다.

《가스펠 프로젝트》는 신구약을 관통하는 예수 그리스도의 복음을 발견하고, 그 가르침을 삶에 적용하는 지혜를 얻도록 기획한 성경 공부 교재입니다. 어린아이부터 어른에 이르기까지 생애주기에 따른 복음 메시지를 잘 배울 수 있습니다. 또한 거짓 진리가 미혹하는 이 시대에 건강한 신학과 바른 교리로 말씀을 조명해 성도의 신앙이 좌로나 우로나 치우치지 않도록 돕습니다.

두란노서원은 지금까지 "오직 성경, 복음 중심, 초교파적 관점"을 바탕으로 한국 교회와 성도를 꾸준히 섬겨 왔습니다. 오직 성경의 정신에 입각해 책과 잡지를 출판해 왔으며, 성경에 근거한 복음 중심의 신학을 포기한 적이 없습니다. 그리고 교단과 교파를 초월해 교회와 성도가 하나님의 나라를 바라볼 수 있도록 돕기 위해 노력해 왔습니다. 《가스펠 프로젝트》는 두란노가 지켜 온 세 가지 가치를 충실하게 담은 책입니다.

성경은 구원을 위한 책이며, 구원사의 주인공은 예수 그리스도입니다. 창세기부터 요한계시록까지 오직 예수 그리스도의 복음만을 전하는 《가스펠 프로젝트》 성경 공부 교재를 통해 복음의 은혜와 진리를 깊이 경험하고, 복음 중심의 삶이 마음 판에 새겨지기를 바랍니다. 그리고 예수 그리스도 복음에 굳게 선 한 사람의 영향력이 가정과 교회와 사회에 흘러감으로써 거룩한 하나님 나라가 확산되어 가기를 소망합니다.

두란노서원 원장 이 형 기

감수사

✛　　두란노가 출간하는 《가스펠 프로젝트》는 무엇보다도 전통적으로 교회가 풀어 온 흐름을 충실히 따라 성경을 해설하고 있습니다. 그리고 그 방향은 궁극적으로 예수 그리스도를 향해 나아가고 있습니다. 이것은 예수님이 구약과 신약의 모든 성경이 자신을 가리키고 있다고 하신 말씀에 비추어 매우 타당한 것입니다. 게다가 그리스도 중심적 해설을 무리하게 전개하지 않습니다. 각 본문에서 하나님의 구원 언약과 그것을 실현하시는 하나님을 드러내면서, 그리스도의 예표적 설명이 가능한 사건을 놓치지 않고 풀어내고 있습니다.

성경 공부 교재는 명시적으로 혹은 암시적으로 제시하는 교리적 진술이 교리 체계상 건전해야 합니다. 《가스펠 프로젝트》는 99개 조에 이르는 핵심교리들을 일목요연하게 제시해 교리의 건전성을 확인할 수 있도록 도움을 줍니다. 《가스펠 프로젝트》의 교리는 교파를 막론하고, 예수 그리스도의 복음에 충실한 복음주의 교회들에게 환영받을 만합니다. 물론 교파마다 약간의 이견을 갖는 부분들이 있을 수 있겠지만 각 교회에서 교재를 활용하는 데는 무리가 없을 것입니다. 《가스펠 프로젝트》의 특징은 각 과에서 학습한 내용을 핵심교리와 연결해 주며, 그 결과 그리스도의 복음에 관련한 교리적 이해를 강화시킨다는 데 있습니다.

끝으로 《가스펠 프로젝트》는 어떤 성경 주해서나 교리 학습서가 갖지 못하는 훌륭한 장점을 가지고 있습니다. 그것은 학습자를 하나님과 그리스도의 복음 앞으로 나오도록 이끌며 자신의 신앙과 삶을 돌아보도록 하는 적용의 적실성과 훈련의 효과입니다. 아울러 본문과 관련해 교회사적으로 또 주석적으로 중요한 신학자와 목사의 어록과 주석을 제시하고, 심화토론 질문들(인도자용)과 선교적 안목을 열어 주는 적용 질문들을 더해 준 것은 《가스펠 프로젝트》에서 얻을 수 있는 큰 유익입니다.

추천할 만한 마땅한 성경 공부 교재를 찾기가 쉽지 않은 현실에서 《가스펠 프로젝트》는 성경을 개괄적으로 매주 한 과목씩, 3년의 기간 동안 일목요연하게, 그리고 그리스도 중심적으로 공부하도록 이끌어 준다는 점에서, 한국 교회의 기초를 성경 위에 놓는 일에 큰 공헌을 할 것으로 믿어 의심치 않습니다.

김병훈 _ 합동신학대학원대학교 조직신학 교수

✟   "내 백성이 지식이 없으므로 망하는도다 네가 지식을 버렸으니 나도 너를 버려 내 제사장이 되지 못하게 할 것이요 네가 네 하나님의 율법을 잊었으니 나도 네 자녀들을 잊어버리리라"(호 4:6). 이 예언대로, 하나님의 말씀에 귀 기울이지 않던 이스라엘 백성은 멸망했습니다(렘 29:15~20). 그러나 그 자체에 능력이 있는(눅 1:37) 하나님의 말씀이 임하는 곳이라면 죽은 뼈에 힘줄이 생기고 살이 오르는(겔 37:8) 회복의 역사가 임할 것입니다. 그분의 말씀은 살아 있고 활력이 있기에 예리하게 혼과 영과 및 관절과 골수를 찔러 쪼개기까지 하며 또 마음의 생각과 뜻을 판단할 것입니다(히 4:12). 하나님의 말씀이 왕성하게 흘러넘쳐 온 세상과 우주를 적실 때에 정의와 사랑(렘 9:24) 그리고 제자의 수가 많아지는 놀라운 부흥을(행 6:7) 경험할 것이고, 악한 세력이 모두 물러가며 새 하늘과 새 땅이 다가올 것입니다.

이를 위해 작은 등불의 역할을 할《가스펠 프로젝트》는 다음과 같은 특징이 있습니다. 첫째는 성경 전체를 '그리스도 중심'으로 바라본 것입니다. 오실 그리스도(구약)와 오신 그리스도 그리고 앞으로 다시 오실 그리스도(신약)의 관점에서 구약성경과 신약성경을 서로 연결했습니다. 그래서 구약성경을 단지 유대 민족의 역사서로 보는 편협함에서 벗어나, 그 속에 담긴 놀라운 하나님의 구원 역사를 보게 합니다. 둘째는 같은 본문으로 교회와 가정 그리고 전 연령층에서 그리스도의 사랑을 배우게 합니다. 이는 특히 가정에서 부모와 자녀가 서로 신앙적으로 소통할 기회를 제공하고 사랑과 정의를 실천하는 성숙한 그리스도인으로 성장하도록 이끌어 줍니다. 셋째는 신학적 주제와 기초 교리를 이해하기 쉽게 설명한 것입니다. 그래서 사이비 이단이 번져가는 상황에서 매우 중요한 영적 분별력을 향상시키는 데 도움을 줍니다. 넷째는 배운 것을 복음의 씨앗을 뿌리는 선교와 연결하며 하나님이 주신 사명을 실천하도록 이끄는 것입니다. 이는 복음의 열정을 회복시켜 줍니다.

그러므로 모든 교단과 교파를 초월해서, 하나님의 섬세한 구원의 손길과 그리스도의 숭고한 십자가의 사랑 그리고 거룩함으로 인도하는 성령님의 인도하심을 배울 수 있을 것입니다. 그래서《가스펠 프로젝트》를 통해 하나님의 말씀이 한반도에 흘러넘칠 뿐만 아니라, 복음의 열정을 품고 전 세계로 향하는 많은 전도자를 세워 갈 것입니다.

류호성 _ 서울장신대학교 신약학 교수

✠　　《가스펠 프로젝트》는 성경 안에 나타난 하나님의 구원 계획-실행-완성이라는 일련의 진행을 잘 요약한 말입니다. 구원의 소식은 예수 그리스도가 오셨을 때 비로소 전해진 것이 아니라 창세 이전에 그리스도 안에서 하나님의 지혜로 계획된 것입니다. 이 복음 계획은 구약 역사가 진행되면서 더 구체적으로 알려졌고, 하나님의 아들 예수 그리스도가 이 땅에 오심으로써 완전히 드러났습니다. 이 복음으로 하나님의 백성이 모두 구원을 받을 것이며, 그제야 세상에 끝이 오고 하나님의 가스펠 프로젝트는 완성될 것입니다.

두란노의 《가스펠 프로젝트》는 이러한 큰 그림을 염두에 두고 시대를 따라 진행되는 하나님의 구원 계획을 체계적으로 다루고 있습니다. 각 세션의 시작과 끝에 두 개의 푯대, 즉 '신학적 주제'와 '그리스도와의 연결'을 제시해 세션이 다루는 내용이 구원 역사의 큰 진행에서 어느 지점에 해당되는지 알려 줍니다. '신학적 주제'는 본문에서 하나님의 가스펠 프로젝트의 어느 지점에 주목해야 하는지 알려 주며, '그리스도와의 연결'은 이 지점이 가스펠 프로젝트 전체와 어떻게 연결되는지 확인해 줍니다. 가스펠 프로젝트의 부분과 전체를 아는 지식을 동시에 배워 가면서 이 시대를 향한 단기 비전과 앞으로 임할 하나님 나라에 대한 장기 비전을 함께 가질 수 있습니다. 《가스펠 프로젝트》는 이 비전들을 구체적으로 가질 수 있도록 매 세션 끝에 '하나님의 계획, 우리의 사명'을 두고 있습니다.

《가스펠 프로젝트》의 또 다른 큰 특징은 교회 안에 여러 세대를 그리스도 안에서 하나님의 말씀으로 연결해 준다는 것입니다. 장년, 청소년, 그리고 어린이들이 매주 동일한 본문 말씀을 배움으로써 그리스도 안에서 하나의 교회 전통을 세워 갈 수 있으며, 교회와 가정에서 동일한 하나님의 말씀으로 소통하며 언어가 같은 하나님 나라 백성의 삶을 체험할 수 있습니다.

《가스펠 프로젝트》는 성경의 한 부분에만 머물러 있는 우리의 생각을 그리스도 안에서 넓혀 주고, 분열된 세대들의 생각을 그리스도 안으로 모아 줍니다. 한국 교회 성도들이 두란노의 《가스펠 프로젝트》를 통해 예수 그리스도를 아는 지식에서 자라 가고 모든 믿음의 세대가 그리스도 안에서 아름다운 신앙의 전통을 이어 가는 일들이 일어나길 소망합니다.

신대현 _《가스펠 프로젝트》 주 강사

추천사

✠　　　우리 시대의 전 세계적 교회 부흥은 두 가지 샘을 가지고 있습니다. 한 샘은 오순절 부흥 운동의 샘입니다. 이 샘으로 많은 시대의 목마른 영혼들이 목마름을 해갈했습니다. 또 하나의 샘은 성경 연구의 샘입니다. 남침례교 주일학교 운동은 이 샘의 개척자입니다. 이 샘으로 지금도 많은 성도가 목마름을 해갈하고 있습니다. 미 남침례교 라이프웨이 출판사는 이러한 사역을 충실히 감당해 왔습니다. 《가스펠 프로젝트》는 모든 필요를 공급하는 원천이 될 것입니다. 이 체계적인 교재로 이 땅에 새로운 영적 르네상스가 일어나기를 기대합니다.

이동원 _ 지구촌교회 원로 목사, 지구촌 미니스트리 네트워크 대표

✠　　　성경은 예수 그리스도를 중심으로 하는 하나님의 구원 이야기입니다. 성경을 가르치는 일은 하나님의 구원에 동참하는 하나님의 사람을 만드는 일이며, 하나님의 사람의 탁월한 모델은 바로 예수 그리스도입니다. 《가스펠 프로젝트》는 예수 그리스도를 중심으로 성경을 배웁니다. 성경이 어떻게 그리스도와 연결되어 있는지, 또 성도의 삶이 그리스도를 중심으로 하는 하나님의 구원 계획에 어떻게 연결되어야 하는지 구체적으로 제시합니다. 신앙의 전수가 중요한 시대에 성도와 교회와 가정이 한마음으로 다음 세대를 준비시키기에 적합합니다.

이재훈 _ 온누리교회 담임 목사

✠　　　《가스펠 프로젝트》는 성경의 핵심 내용을 쉽고 흥미롭게 설명하여 성경을 배우고 삶에 구체적으로 적용하는 데 큰 도움을 줍니다. 무엇보다 성경의 중심이 되는 예수 그리스도를 충실하게 드러내 주어 예수 그리스도를 통해 완성하시는 하나님의 구원 역사를 확실히 알게 해 줍니다. 이 교재를 성실하게 따라가다 보면 하나님 나라가 우리 삶에 한층 가까워질 것입니다. 《가스펠 프로젝트》를 통해 한국 교회와 이민 교회에 거룩한 부흥의 불길이 일어나길 기대합니다.

류응렬 _ 와싱톤중앙장로교회 담임 목사, 고든콘웰신학대학원 객원 교수

✛　　《가스펠 프로젝트》는 예수 그리스도 중심, 즉 복음 중심의 제자 양육 교재입니다. 복음은 구원하는 능력뿐만 아니라 삶을 변화시키는 능력입니다. 성도들을 변화와 성숙으로 이끌어 주는 귀한 교재가 조국 교회와 이민 교회에 소중하게 쓰임받기를 바랍니다. 특별히 이민 2세들은 영어 교재 원본을 사용할 수 있는 까닭에 큰 도움이 될 것입니다.

강준민 _ LA 새생명비전교회 담임 목사

✛　　하나님의 말씀은 생명을 살리고 힘 있게 하는 능력이 있습니다. 그래서 사역 현장에서는 그것을 효율적으로 전해 주고 가르칠 수 있는 좋은 방법과 교재에 늘 목말라합니다. 그런 점에서 연령대에 맞게 체계적으로 준비되어 사역 현장의 필요를 잘 충족해 줄 교재가 출간되어 기쁩니다. 사역의 현장에서 유용하게 활용되어 복음의 생명력과 역동성을 누리게 되기를 기대하며 추천합니다.

김운용 _ 장로회신학대학교 실천신학 교수

✛　　성경은 그 깊이와 너비를 측량하기 어려운 광활한 바다입니다. 이 바다를 무턱대고 항해하다 보면 장구한 역사의 파도와 다양한 문학 양식이라는 바람에 의해 표류하기 쉽습니다. 그런 점에서 《가스펠 프로젝트》는 참 훌륭한 나침반입니다. 건전한 교리를 바탕으로 성경 어디에서나 그리스도를 발견하도록 돕고, 복음이라는 항구에 이르도록 이끌어 줍니다. 이미 구약 시리즈를 통해 검증되었듯이, 이어지는 신약 시리즈 역시 말씀의 바다를 항해하는 모든 분에게 큰 유익을 줄 것입니다. 기쁜 마음으로 추천합니다.

허요환 _ 안산제일교회 담임 목사

✛　　성경은 하나님의 말씀입니다. 말씀 중의 말씀, 복음은 예수 그리스도 이십니다. 《가스펠 프로젝트》는 하나님의 말씀으로 우리를 초청해서 예수 그리스도를 만나게 하고 사랑하게 만드는 훌륭한 교재입니다. 《가스펠 프로젝트》의 매력은 하나의 커리큘럼을 가지고 연령대에 적합하게 공부하도록 제공한다는 점입니다. 자녀들이 교회 학교에서, 부모들이 소그룹에서 말씀을 공부한 후 저녁 식탁에 둘러앉아 예수님에 대해 함께 나눌 수 있다는 것은, 상상만 해도 너무나도 멋지고 복된 일입니다.

김지철 _ 전 소망교회 담임 목사

✛　　예수님은 친히 요한복음 5장 39절에서, 모든 성경은 예수님 자신에 대한 증거라고 말씀하셨습니다. 그럼에도 불구하고, 성도들은 그 속에서 예수님이라는 보석을 쉽게 찾아 내지 못하고 있습니다. 《가스펠 프로젝트》는 신앙생활을 출발하는 어린이부터 장년까지 이런 눈을 활짝 열어 주는 놀라운 교재입니다. 요람에서부터 무덤까지 각 연령대에 맞게 구성된 본 교재를 통해, 한국 교회와 이민 교회가 잃어버린 예수님을 다시 발견함으로 견고하게 되기를 바랍니다.

최병락 _ 강남중앙침례교회 담임 목사

✛　　성경을 공부한다는 것은 성경에 기록된 사실을 배우는 것이 아니라 성경이 가르치는 교리를 배우는 것입니다. 왜냐하면 성경은 독자에게 어떤 새로운 정보를 주기 위해 인간이 쓴 책이 아니라, 죄인인 인간에게 구원을 주기 위해 하나님이 쓰신 말씀이기 때문입니다. 그런데 이 구원의 도리인 교리를 성경 본문을 통해 배우기가 쉽지 않기 때문에 좋은 안내서가 필요합니다. 이번에 출간된 《가스펠 프로젝트》는 이와 같은 역할을 탁월하게 수행하고 있기 때문에 기쁜 마음으로 추천합니다.

이성호 _ 고려신학대학원 역사신학 교수

활용법

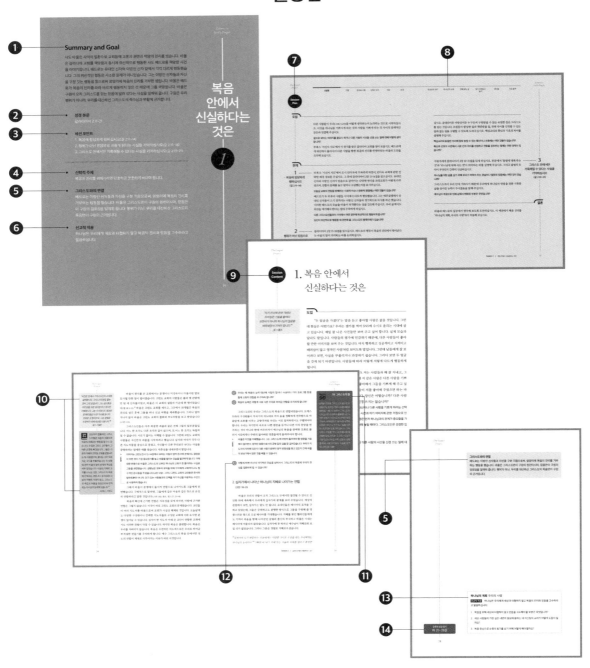

12

1. Summary and Goal

각 세션의 핵심 내용을 알려 주는 세션 요약과 강조할 포인트를 정리해 본문의 흐름과 교재의 학습 목표를 놓치지 않도록 돕습니다.

2. 성경 본문

각 세션의 내용과 주제에 해당하는 성경 본문을 제시합니다. 《가스펠 프로젝트》는 연대기 성경 공부 교재로 성경의 큰 흐름에 따라 본문을 구성했습니다.

3. 세션 포인트

각 세션에서 강조할 포인트를 세 가지씩 열거해 인도자가 한눈에 세션의 요점을 개관하도록 합니다.

4. 신학적 주제

하나님이 구속사에서 행하신 일에 초점을 맞춰 본문을 이해하도록 주제를 제시해 본문의 흐름을 놓치지 않도록 돕습니다.

5. 그리스도와의 연결

해당 본문과 주제가 어떻게 예수 그리스도를 가리키며 연결되는지 자세히 살핍니다. 예수님과 각 세션 포인트의 상관성을 발견할 수 있도록 돕습니다.

6. 선교적 적용

각 세션에서 드러난 하나님의 계획을 우리의 사명과 연결해 말씀을 삶에 구체적으로 적용하도록 돕습니다.

7. Session Plan

세션의 개요와 신학적 주제, 그리고 질문을 연결해 각 세션의 주요한 부분을 한눈에 볼 수 있게 함으로써 인도자가 수업을 설계할 수 있도록 돕습니다.

8. 연대표

각 권의 연대적 흐름을 이해할 수 있도록 한눈에 볼 수 있는 연대표를 제공합니다. 각 본문에 해당하는 단계를 표시해 성경을 시간 순으로 이해하도록 돕습니다.

9. Session Content

학습자용에 있는 내용이 모두 들어 있으며, 인도자를 위한 내용이 추가되어 있습니다. 인도자를 위한 내용은 여백에 'Leader'라고 표시되어 있습니다. 상자 안에 있는 명언, 심화주석, 심화토론, 도입 옵션 등도 인도자용에만 들어 있으며, 명언 가운데 일부는 학습자용에도 있습니다.

10. 명언, 심화주석 등

본문과 관련해 교회사적으로 또 주석적으로 중요한 신학자와 목사의 서적이나 기타 아티클을 발췌해 제시함으로써 신학적 이해를 돕습니다.

11. 핵심교리 99

기독교 교리 가운데 핵심이 되는 99개의 내용을 추려 각 세션과 관련 있는 교리를 제시합니다. 성경 본문에 대한 신학적 이해를 넓히는 데 도움을 받을 수 있습니다.

12. 관찰 질문

본문을 구체적으로 이해하도록 돕는 질문을 제공합니다. 이를 통해 생각의 폭을 넓히고 성경의 진리를 실제적으로 받아들이는 데 도움을 받을 수 있습니다.

13. 하나님의 계획, 우리의 사명

각 세션에서 드러난 하나님의 계획을 우리의 사명과 연결해 말씀을 구체적으로 삶에 적용하도록 돕습니다.

14. 금주의 성경 읽기

각 세션의 연대기적 흐름에 맞춰 한 주 동안 읽을 성경 본문을 제공합니다.

*부가 자료

홈페이지 gospelproject.co.kr 자료실에 세션의 맥과 핵심을 짚어주는 강의 '세션 가이드', 세션의 각 질문에 대한 안내를 담은 '질문 가이드', 소그룹을 위한 '활동 자료'와 '가족 성경 읽기표'가 실려 있습니다.

Summary and Goal

사도 바울은 사역의 일환으로 교회들에 교훈과 권면과 책망의 편지를 썼습니다. 바울은 갈라디아 교회를 책망함과 동시에 위선적으로 행동한 사도 베드로를 책망한 사건을 이야기합니다. 베드로는 유대인 신자와 이방인 신자 앞에서 각각 다르게 행동했습니다. 그의 위선적인 행동은 사소한 문제가 아니었습니다. 그는 이방인 신자들과 자신을 구분 짓는 행동을 함으로써 암암리에 복음의 진리를 거부한 셈입니다. 바울은 베드로가 복음의 진리를 따라 바르게 행동하지 않은 것 때문에 그를 책망합니다. 바울은 구원이 오직 그리스도를 믿는 믿음에 달려 있다는 사실을 일깨워 줍니다. 구원은 우리 행위가 아니라, 우리를 대신하신 그리스도의 죽으심과 부활에 근거합니다.

- **성경 본문**
  갈라디아서 2:11~21

- **세션 포인트**
  1. 복음에 합당하게 행하십시오(갈 2:11~14)
  2. 행위가 아닌 믿음으로 의롭게 된다는 사실을 기억하십시오(갈 2:15~18)
  3. 그리스도 안에서만 거룩해질 수 있다는 사실을 기억하십시오(갈 2:19~21)

- **신학적 주제**
  복음의 진리를 위해서라면 단호하고 꿋꿋하게 버텨야 합니다.

- **그리스도와의 연결**
  베드로는 이방인 신자들과 자신을 구분 지음으로써, 암암리에 복음의 진리를 거부하는 행동을 했습니다. 바울은 그리스도만이 구원의 원천이시며, 믿음만이 구원의 징표임을 일깨워 줍니다. 행위가 아닌, 우리를 대신하신 그리스도의 죽음만이 구원의 근거입니다.

- **선교적 적용**
  하나님은 우리에게 세상과 타협하지 말고 복음의 진리와 믿음을 고수하라고 말씀하십니다.

복음
안에서
신실하다는
것은

1

**Session
Plan**

도입

다른 사람들이 우리(그리스도인)를 어떻게 생각하는지 논의하는 것으로 시작하십시오. 이것을 하나님을 기쁘시게 하는 것과 사람을 기쁘게 하는 것 사이의 잠재적인 갈등과 연결해 주십시오.

겉으로 보이는 이미지를 중요시하거나 다른 사람의 시선을 신경 쓰는 일에 대해 어떻게 생각합니까?

부록 5: '서신서 지도'에서 이 편지를 받은 갈라디아 교회를 찾아 보십시오. 베드로에게 위선에서 돌아서서 다른 사람을 향한 복음의 진리를 반영하라는 바울의 도전을 요약해 주십시오.

전개

1
복음에 합당하게
행하십시오
(갈 2:11~14)

부록 5: '서신서 지도'에서 도시 안디옥에 주목하게 하면서, 안디옥 교회에 관한 간략한 배경 정보를 주십시오. 그러고 나서 갈라디아서 2장 11~14절을 읽으십시오. 유대인 신자와 이방인 신자가 믿음으로 살아가는 다양한 방식을 초대교회가 어떻게 다루었으며, 연합의 문제를 놓고 얼마나 고심했는지를 묘사하십시오.

오늘날 교회의 연합을 방해하는 사회적 이슈나 문화적 쟁점에는 어떤 것들이 있습니까?

베드로가 두 부류의 사람들 사이에서 다르게 행동했습니다. 그는 예루살렘에서 유대인 신자들이 오기 전까지는 이방인 신자들과 정기적으로 식사를 하곤 했습니다. 이러한 베드로의 모습을 바울이 목격했다는 점을 강조해 주십시오. 우리 삶에서도 위선을 제거해야 한다는 점에 주목하게 하십시오.

다른 그리스도인들과의 사이에서 어떤 경우에 위선적으로 행동하게 됩니까?

당신이 위선적으로 행동할 때 권면해 줄 그리스도인 형제자매가 있습니까?

2
행위가 아닌 믿음으로
의롭게 된다는 사실을
기억하십시오
(갈 2:15~18)

갈라디아서 2장 15~18절을 읽으십시오. 베드로의 행동이 복음의 진리에서 벗어났다는 바울의 말이 의미하는 바를 논의하십시오.

교회에서 우리의 어떤 언행이 복음의 의미를 왜곡할까요?

바울이 베드로를 대면했을 때 그의 주된 관심이 구원에 관한 것이었음을 강조해 주십시오. 유대인이든 이방인이든 누구든지 구원받을 수 있는 유일한 길은 그리스도를 믿는 것입니다. 조원들이 합당한 일과 책망받을 일, 견해 차이를 인정할 수 있는 일과 없는 일을 구별할 수 있도록 도와주십시오. 핵심교리와 확신과 선호의 차이를 설명해 주십시오.

핵심교리와 동등한 자리에 잘못 놓일 수 있는 확신이나 선호에는 어떤 것들이 있습니까?

확신과 선호의 수준에서 서로 간의 차이를 인정하고 연합을 강조하는 일에는 어떤 유익이 있습니까?

자원자에게 갈라디아서 2장 19~21절을 읽게 하십시오. 본문에서 '율법에 대해 죽는 것'과 '하나님에 대해 사는 것'이 의미하는 바를 설명해 주십시오. 그리고 율법의 유익이 무엇인지 간략히 언급하십시오.

3
그리스도 안에서만 거룩해질 수 있다는 사실을 기억하십시오
(갈 2:19~21)

하나님을 향해 더욱 충만한 삶을 살기 위해서는 바울처럼 신뢰하고 있던 어떤 믿음이나 행위에 대해서는 죽어야 합니다. 당신에게 그러한 믿음이나 행위가 있다면 그것은 무엇입니까?

그리스도께서 우리 안에 거하시기 때문에 우리에게 하나님의 영광을 위한 거룩한 삶을 살아갈 능력이 주어졌음을 말해 주십시오.

예수님의 복음으로 인해 삶에서 변화된 부분은 무엇입니까?

결론

바울과 베드로의 입장에서 생각해 보도록 도전하십시오. 이 세션에서 배운 진리를 '하나님의 계획, 우리의 사명'에서 적용해 보십시오.

**Session
Content**

1. 복음 안에서 신실하다는 것은

"자기 자신에 관한 개념인
자아상은 거울을 들여다
보면서가 아니라 하나님의 얼굴을
바라보면서 가져야 합니다."[1]
_샘 스톰즈

도입

"두 얼굴을 가졌다"는 말을 듣고 좋아할 사람은 없을 것입니다. 그런데 현실은 어떤가요? 우리는 셀카를 찍어 SNS에 수시로 올리는 시대에 살고 있습니다. 제일 잘 나온 사진들만 보여 주고 싶어 합니다. 실제 모습과 달라도 말입니다. 사람들의 평가에 민감하기 때문에, 다른 사람들이 좋아할 만한 이미지를 보여 주는 것입니다. 마치 행복하고 성공적이고 지적이고 배려심이 많고 영적인 사람처럼 보이도록 말입니다. 그런데 남들에게 잘 보이려다 보면, 사실을 부풀리거나 과장하기 쉽습니다. 그러다 보면 두 얼굴을 갖게 되기 마련입니다. 사람들에 따라 이렇게 저렇게 다르게 행동하게 됩니다.

SNS만 문제가 되는 것이 아닙니다. 저는 사람들과 꽤 잘 지내고, 그들과 시간 보내는 것을 즐깁니다. 그런데 저 같은 사람은 다른 사람을 기쁘게 하려는 경향이 있습니다. 사람들을 좋아해서 그들을 기쁘게 해 주고 싶은 것입니다. 그러나 한편으로는 사람들이 저를 좋아해 주었으면 하는 마음에 그들을 즐겁게 해 주고 싶어 합니다. 당신은 어떻습니까? 다른 사람이 나를 어떻게 받아들일지 지나치게 신경 쓰지는 않습니까?

> 하나님을 기쁘시게 하는 대신에 자기 자신이나 다른 사람을 기쁘게 하려는 선택을 할 때가 있습니다. 그런 경우 타인의 시선과 자기 이미지에 관한 걱정으로 인해 내적 갈등이 일어날 수 있습니다. 성경은 먼저 하나님과의 관계가 중요함을 가르칩니다. 복음의 진리가 위태로운 상태에 놓일 때마다, 그리스도인은 강경한 입장을 취해야 합니다.

Leader

Q 겉으로 보이는 이미지를 중요시하거나 다른 사람의 시선을 신경 쓰는 일에 대해 어떻게 생각합니까?

Session Summary

사도 바울은 사역의 일환으로 교회들에 교훈과 권면과 책망의 편지를 썼습니다. 바울은 갈라디아 교회를 책망함과 동시에 위선적으로 행동한 사도 베드로를 책망한 사건을 이야기합니다. 베드로는 유대인 신자와 이방인 신자 앞에서 각각 다르게 행동했습니다. 그의 위선적인 행동은 사소한 문제가 아니었습니다. 그는 이방인 신자들과 자신을 구분 짓는 행동을 함으로써 암암리에 복음의 진리를 거부한 셈입니다. 바울은 베드로가 복음의 진리를 따라 바르게 행동하지 않은 것 때문에 그를 책망합니다. 바울은 구원이 오직 그리스도를 믿는 믿음에 달려 있다는 사실을 일깨워 줍니다. 구원은 우리 행위가 아니라, 우리를 대신하신 그리스도의 죽으심과 부활에 근거합니다.

1. 복음에 합당하게 행하십시오(갈 2:11~14)

> **Leader**
> 안디옥 교회의 개척은 신약에서 상당히 두드러진 사건 중 하나입니다(행 11:19~26). 사도행전 14장 26~28절에 의하면 바울과 바나바는 자신들의 선교 여행에서 하나님이 행하신 일을 보고하기 위해 안디옥으로 돌아왔고, 그 후 얼마 동안 이 교회에 머물렀습니다.
> 바울이 이 안디옥 교회를 갈라디아서 2장 11절에서 언급합니다. 안디옥은 다양한 국적의 인구 50만 명이 살고 있는 로마 제국에서 세 번째로 큰 주요 도시였습니다. ² 당시 안디옥 교회에는 유대인 신자와 이방인 신자가 있었습니다. 이곳에서 베드로(아람어로는 게바)가 공개적으로 위선인 행위를 보였고, 바울은 그를 날카롭게 책망했습니다.

¹¹게바가 안디옥에 이르렀을 때에 책망 받을 일이 있기로 내가 그를 대면하여 책망하였노라 ¹²야고보에게서 온 어떤 이들이 이르기 전에 게바가 이방인과 함께 먹다가 그들이 오매 그가 할례자들을 두려워하여 떠나 물러가매 ¹³남은 유대인들도 그와 같이 외식하므로 바나바도 그들의 외식에 유혹되었느니라 ¹⁴그러므로 나는 그들이 복음의 진리를 따라 바르게 행하지 아니함을 보고 모든 자 앞에서 게바에게 이르되 네가 유대인으로서 이방인을 따르고 유대인답게 살지 아니하면서 어찌하여 억지로 이방인을 유대인답게 살게 하려느냐 하였노라

심화주석 현대 서구 문명의 패스트푸드 문화에서 보면, 고대인들이 식사라는 단순한 행위에 부여한 종교적 의미에 대해서 알기 어렵습니다. 이것은 예레미아스가 관찰한 대로, 특히 유대교의 특징이었습니다. "유대교에서 식탁 교제는 하나님 앞에서의 친교를 의미합니다. 식사를 나누는 모든 사람이 빵 조각을 나눈다는 것은, 그들 모두가 집주인이 빵을 찢기 전에 간구한 축복을 공유한다는 사실을 의미하기 때문입니다."³

_티모시 조지

심화주석 하나님은 유대인과 이방인들을 정확히 똑같은 조건으로 구속하십니다. 즉 오직 예수 그리스도를 믿는 신앙이라는 조건입니다. 베드로의 우유부단하고 편의적인 행동은 복음의 기본 진리를 부인하는 것이었습니다. 이 사실은 본문에서 바울이 사용한 두 개의 핵심 단어에서 명백해집니다. 바울은 베드로가 식탁 교제를 중단함으로써 이방인 신자들로 하여금 유대인의 관습을 따르도록 강요했다고 주장했습니다.⁴

_티모시 조지

"예수님이 우리를 죄와
사망에서 구원하시기 위해
고통받으시고 죽으셨습니다.
이것이 바로 복음의 진리입니다. 또한
기독교 교리의 핵심이기도 합니다.
그러므로 이것을 제대로 알고, 다른
사람들에게 가르치며, 계속해서
일깨워 주는 것이 가장 중요합니다."[5]
_마르틴 루터

"나는 주님의 백성이 분열된 곳에서
하나님의 영이 역사하시는 모습을
지금까지 본 적이 없습니다."[6]
_D. L. 무디

초대교회 그리스도인들은 유대인과 이방인의 믿음 생활 방식에서 비롯되는 차이를 해결하고자 계속해서 노력했습니다. 어떻게 하면 교회가 연합해 그 차이를 극복할 수 있을지 고심했습니다(참조, 행 15장). 예루살렘 출신의 유대인들을 중심으로 한 무리와 안디옥에서 전도 받아 온 이방인 무리가 점점 많아지면서, 그들의 차이점이 베드로의 위선을 부추겼습니다(베드로는 아람어로 게바입니다).

> 대부분의 성도가 혈연관계로 맺어진 한 전통 교회를 상상해 보십시오. 가운을 입은 찬양대가 오르간과 피아노 연주에 맞춰 찬양합니다. 이제 다민족으로 구성된 젊고 현대적인 교회를 상상해 보십시오. 그들은 유행하는 옷차림으로 현대적 음악에 맞춰 찬양합니다. 두 교회 모두 말씀을 선포하고 복음을 전합니다. 두 교회 모두 예수님을 사랑하고 선교를 지원합니다. 하지만 두 교회의 문화는 완전히 다릅니다.

이제 두 교회가 합쳐진다고 상상해 보십시오. 안디옥에서 일어나고 있는 일을 이해할 수 있을 것입니다. 기독교를 이해하는 두 가지 방법이 충돌했던 것입니다. 그렇다고 해서 위선이 정당화되는 것은 아닙니다. 이는 변명할 여지가 없습니다.

Q 오늘날 교회의 연합을 방해하는 사회적 이슈나 문화적 쟁점에는 어떤 것들이 있습니까?

> 교회의 사명은 하나님의 진리와 분리될 수 없습니다. 하나님은 복음의 진리가 걸린 문제에 관해서는 세상과의 타협을 거부하고, 견고히 맞서라고 말씀하십니다. 본문에서 바울이 베드로를 공개적으로 책망한 이유가 바로 그것입니다. 즉 베드로가 복음에서 벗어난 행동을 했기 때문입니다. 그것은 단지 의견이 다르다는 문제가 아니었습니다.

바울은 베드로가 두 무리에게 각각 다르게 행동한다는 사실을 알았습니다. 이전에 베드로는 이방인 신자들과 자주 식사하곤 했습니다. 고넬료와 그의 가족의 회심을 목격한 바 있고, 이방인들도 오직 믿음으로 예수님을 따를 수 있다는 사실을 분명히 알고 있었습니다(행 10~11장). 그런데 "야고보에게서 온 어떤 이들" 앞에서 태도를 바꾸었습니다. 그가 유대인 신자와 이방인 신자를 전혀 구별하지 않는 모습에 그들이 충격을 받을까 봐 그런 것입니다. 동사 "떠나"와 "물러가매"의 시제를 보면, 그들이 도착하자 베드로가 점차 그들의 압박에 굴복해 갔다는 사실을 알 수 있습니다.

> 결국 다른 유대인 신자들도 베드로의 행동을 따르기 시작했습니다. 교회 지도자

들은 놀랍도록 막대한 영향력을 행사합니다. 베드로의 행동에 대한 바울의 분노는 13절의 "바나바도"라는 표현에서 볼 수 있습니다. 심지어 안디옥 교회의 초창기 지도자이자 "위로의 아들"(참조, 행 4:36)로 알려진 바나바도 베드로와 예루살렘에서 온 유대인 신자들의 집단적인 압력에 굴복하고 말았던 것입니다.

베드로가 잘못했고, 그의 행동 때문에 다른 사람들이 실족하게 되었습니다. 바울은 분명하게 밝힙니다. 그들은 "복음의 진리를 따라 바르게 행하지 아니"했습니다. 누군가 드러내 놓고 복음을 부정할 때는 책망해야 합니다. 그 사람을 따로 불러내 그의 잘못을 조용히 말해 줄 필요가 있습니다. 그러나 이 경우에는 베드로가 지은 죄의 공공성과 그의 공적인 영향력 때문에 바울은 모든 사람 앞에서 베드로의 위선을 책망해야 했습니다.

이 이야기는 사도 베드로와 같은 지도자마저도 인간적 결함이 있으며 여전히 죄를 저지를 수 있다는 사실을 상기시킵니다. 우리는 모두 자기 삶의 문제를 명확히 보지 못한다는 맹점이 있습니다. 진정한 교회 공동체가 필요한 이유가 바로 이것입니다. 교회 지도자들을 위해 기도해야 하는 이유이기도 합니다. 성경 공부 모임에서 안부 인사를 나누는 것 이상으로 깊은 교제가 필요합니다. 때로는 이런 관계로 인해 다른 사람의 죄에 직면하게 됩니다. 이것은 하나님의 말씀 곳곳에서 발견할 수 있습니다.

> 복음서를 공부하다 보면, 예수님이 크게 세 부류의 사람들에게 반응하셨다는 사실을 발견하게 됩니다. 예수님은 주님을 따르고자 하는 사람들에게는 절대 순종을 요구하셨습니다(참조, 눅 9:23). 깨어지고 내쳐진 사람들에게는 긍휼을 보이셨습니다(예를 들어, 요한복음 4장의 우물가의 여인에게 그러하셨습니다). 그러나 자기 말조차 지키지 못하며 스스로 의롭다 하는 위선자들에 대해서는 계속해서 대적하셨습니다. 이에 관해서는 마태복음 23장에서 예수님이 서기관과 바리새인들을 책망하신 이야기를 통해 알 수 있습니다.

성경은 예수님이 '은혜'와 '진리'로 충만하셨다고 말합니다(요 1:14). 교회에서도 이 두 가지를 강조해야 합니다. 은혜로 너무 치우쳐 진리를 무시하면, 죄를 못 본 체할 수 있고, 위선과 같은 사악에 맞서는 데 실패하게 됩니다. 반대로 진리에만 초점을 맞추면, 바리새인들처럼 다른 사람들을 엄하게 판단만 하게 될 것입니다. 은혜와 진리는 항상 같이 있어야 합니다.

그와 동시에 우리는 거울을 들여다보고 자기 삶에서 위선을 제거해야 합니다. 일례로, 우리는 인종 간의 대립이 뚜렷한 시대를 살고 있습니다. 우리 안에 인종에 관한 선입견이나 차별이 있지는 않습니까? 자신과 생김새나 행동 양식이나 사고방식이나 정치적 성향이 다른 사람들을 대할 때,

심화 주석 바울은 베드로와 자신이 교회가 이방인 신자를 받아들이는 문제에 의견을 같이하는 줄 알았습니다. 그런데 바울은 압박감을 느낀 베드로가 자기 의견이 옳다고 주장하지 않는 모습을 봤습니다. 바울은 이 사건을 갈라디아 교인들에게 보고함으로써, 기둥 같은 사도 베드로가 복음 진리에서 실족할 수 있음을, 또 갈라디아 교인들은 그와 똑같은 잘못을 저지르지 않으려면 얼마나 조심해야 하는지를 알게 했습니다. "복음의 진리"(갈 2:5, 14)에 대한 수호는 믿음만이 구원의 요건일 때 가능합니다.[7]

_맥 로어크
Biblical Illustrator

핵심교리 99

72. 이신칭의

'칭의'란 하나님이 그리스도의 율법 순종을 통한 공로와 죄인을 위한 대리속죄의 구속적인 죽음이 가져온 의에 기초하여 죄인을 의로운 자로 인정하시는 객관적인 선포를 말합니다(롬 8:33-34). 이러한 선포는 인간의 행위나 노력의 결과가 아니라 그리스도를 믿는 믿음을 통해 일어납니다(엡 2:8-9). 우리는 칭의를 통해 하나님 앞에 바로 서게 되며, 이전에 멀어지고 적대적이었던 관계에서 벗어나 하나님의 권속으로 들어가게 됩니다.

심화주석 신학적으로 바울은 모든 사람이 죄인인 것을 알았습니다(롬 3:23). 그는 아마 '이방 죄인'이란 표현을 사용하고 있었을 것인데, 이 말은 나면서부터 유대인인 것을 대놓고 자만했던 그의 대적자들이 비유대인들을 묘사할 때 사용했습니다. … 칭의는 법적 개념이며, '의롭다고 선포되다'라는 의미입니다. '믿음'이란 예수 그리스도의 십자가 구속 사역을 믿는 것입니다. … 수리아 안디옥과 갈라디아에서 바울을 대적했던 자들은 오직 예수 "그리스도를 믿음으로써 의롭다 함을 얻는다"(갈 2:16)는 그의 메시지가 유대인의 영성을 '죄인'의 수준까지 낮추었다고 생각했습니다. 이는 그리스도를 죄짓게 하는 자로 간주하는 것과 마찬가지입니다. 즉 그의 메시지가 유대인들을 흔한 '죄인'으로 만들었다는 것입니다. 이 터무니없는 생각에 대한 바울의 반응은 가장 강력한 부정인 "결코 그럴 수 없느니라"(17절)였습니다.[9]

_A. 보이드 루터

온 인류가 하나님의 형상으로 창조되었다는 성경적인 관점에서 그들을 대합니까? 아니면 차이점에 초점을 맞춘 채로 그들을 대합니까?

Q 다른 그리스도인들과의 사이에서 어떤 경우에 위선적으로 행동하게 됩니까?
Q 당신이 위선적으로 행동할 때 권면해 줄 그리스도인 형제자매가 있습니까?

2. 행위가 아닌 믿음으로 의롭게 된다는 사실을 기억하십시오
(갈 2:15~18)

[15]우리는 본래 유대인이요 이방 죄인이 아니로되 [16]사람이 의롭게 되는 것은 율법의 행위로 말미암음이 아니요 오직 예수 그리스도를 믿음으로 말미암는 줄 알므로 우리도 그리스도 예수를 믿나니 이는 우리가 율법의 행위로써가 아니고 그리스도를 믿음으로써 의롭다 함을 얻으려 함이라 율법의 행위로써는 의롭다 함을 얻을 육체가 없느니라 [17]만일 우리가 그리스도 안에서 의롭게 되려 하다가 죄인으로 드러나면 그리스도께서 죄를 짓게 하는 자냐 결코 그럴 수 없느니라 [18]만일 내가 헐었던 것을 다시 세우면 내가 나를 범법한 자로 만드는 것이라

앞서 바울은 베드로가 복음의 진리에서 벗어난 행동을 했다고 지적한 바 있습니다. 여기서 바울은 자기 말의 뜻을 풀어 줍니다. 그리스도인이 편견을 가지고 다른 사람들을 대한다면, 자신이 선포한 바로 그 복음을 부인하는 셈입니다. 우리는 믿음으로 의롭게 되었습니다. 행위나 타고난 인종이나 다른 어떤 기준으로 의롭게 된 것이 아닙니다. 이것이 바로 바울이 베드로의 위선적인 행동을 심각하게 여겼던 이유입니다. 복음이 부인되었다는 것입니다.

> **Leader** 이것은 신자들이 성경의 권위나 예수님의 유일성을 공개적으로 부인하는 일들을 말하는 것이 아닙니다. 베드로가 갑자기 무신론자가 되어 믿음을 저버린 것도 아닙니다. 베드로는 명백히 복음을 부인하는 행위를 했습니다. 그러나 여기서 우리가 발견하는 것은, 티모시 조지가 말한 대로, "은혜의 교리에 '조금 더'라는 위험한 혼합물을 더하고자 한 사람들로 인한 복음의 희석과 부패"입니다.[8]
> 은밀한 부인이 여러모로 더 위험한지도 모릅니다. 신자들은 진리에 대한 정면 공격보다는 서서히 진행되는 복음의 희석에 마비되어 버리기 때문입니다.

그대로 내버려둔다면, 베드로의 행위가 계속해서 유대인 신자와 이

방인 신자 사이의 불화를 조장했을 것입니다. 그리하여 복음과 개인적 취향을 혼동하게 만들었을 것입니다.

Q 교회에서 우리의 어떤 언행이 복음의 의미를 왜곡할까요?

여기서 바울의 주요 관심사는 두 사도나 두 무리 사이의 균열이 아니라, 그보다 중요한 구원의 문제였습니다. 구원받는 유일한 길은 예수님을 믿는 것뿐입니다. 이는 유대인이든 이방인이든, 시대와 장소에 상관없이 모든 사람에게 유일한 길입니다.

바울이 한 말은 그가 베드로를 책망하면서 했던 말인지도 모릅니다. 그는 갈라디아 교인들에게 이 진리를 상기시킬 필요가 있었으므로 그 이야기를 들려주었습니다. 유대인 신자들은 율법 안에서 엄청난 이점을 가지고 있었습니다. 율법은 그들과 이방인들을 구별 짓는 핵심 요소였습니다. 그들은 하나님의 율법을 지키지 못하는 사람을 죄인으로 여겼기 때문입니다. 그러나 유대인 신자들은 바로 이 순종을 통해, 아니 엄밀히 말하면 불완전한 순종으로는 율법을 통해 구원받을 수 없다는 사실을 깨달았습니다. 이러한 깨달음은 한때 그들에게 자부심을 주었던 율법의 행위를 신뢰하는 데서 돌이켜 그들을 죄에서 구원하시는 그리스도를 믿는 믿음 안에서 입증되었습니다.

그런데 베드로 같은 유대인 신자가 어떻게 자신을 이방인 형제자매보다 우위에 놓을 수 있었을까요? 복음의 어느 부분이 유대인 신자와 이방인 신자를 다르게 대하라고 하던가요? 이것을 완전히 이해한다면, 주님께 겸손히 항복할 수밖에 없을 것입니다. 주님이 우리를 지옥에서 건지셨고, 우리에게 새 생명과 소망을 주셨고, 사람들뿐만 아니라 하나님과도 화평하게 하셨습니다. 그리스도의 십자가를 통해, 우리는 인종이든 사회적 지위든 어떤 기준에도 상관없이 자신이 어떤 사람보다 나을 게 없다는 것을 깨닫게 됩니다.

> 17절에서 바울은 유대인 형제들이 베드로를 미혹할 때 제기했을지도 모를 질문을 던집니다. 만일 유대인 신자들이 율법을 따르지 않는 "이방 죄인"들과 함께 먹을 수 있다면, 그것은 유대인 신자들도 '죄인들'로 만들지 않겠습니까? 이 말이 사실이라면, 예수님을 죄를 옹호하신 분으로 만드는 것이 아닙니까? 베드로에게 전에는 깨끗하지 않았으나 하나님이 깨끗게 하신 것을 먹으라고 명하셨던 것처럼 (행 10:13~15), 예수님은 먹는 것으로 우리가 더러워지는 게 아니라고 말씀하셨습

Leader

 심화 주석 베드로는 그리스도 안에서 하나님께 받아들여진다는 것을 알게 되었으면서도 성령 안에서의 삶과 그리스도 안에서의 새 언약의 보편성과 넉넉함을 깨닫지 못했던 것으로 보입니다. 바울에게 그리스도의 사역은 완성된 것이었고, 그로 인해 율법은 적절한 시기의 역사적 산물로 이해되었습니다. … 바울은 기독교의 도덕성과 하나님 앞에서의 삶이 "율법을 준수하는 데"서 발견되어서는 안 된다고 주장합니다. 이것들은 오히려 그리스도의 죽음과 부활에서, 그리고 "성령의 열매"에서 발견됩니다. 그는 하나님 앞에서의 참된 삶은 그리스도를 통해, 그리고 성령 안에 있다고 주장합니다.[10]

_스캇 맥나이트

"복음은 '체념하고 받아들여라'가 아닙니다. 복음은 '화목하게 되어라'입니다. 하나님에게서 오는 화목을 받아들이십시오."[11]
_R. 켄트 휴스

"의롭게 되었다는 것은 단지 죄가
용서되고, 하나님이 친히 우리를
의롭다 선언하셨다는 뜻이 아닙니다.
믿은 순간에만 의로웠다는 것이
아니라 영구적으로 의롭다는
의미입니다. 의롭게 되었다는
것은 하나님이 자기 아들 예수
그리스도의 적극적인 의를 주셨다는
것을 의미하기 때문입니다."[12]
_마틴 로이드 존스

심화 주석 바울은 율법에 대해 죽었을 뿐만 아니라 자기 자신에 대해서도 죽었습니다. "내가 그리스도와 함께 십자가에 못 박혔나니"(갈 2:20상)라고 말하고 있기 때문입니다. 다메섹 도상의 체험으로 박해자가 선교사로 변화되었습니다. 믿음으로 의롭게 된다는 말은 신자들을 자신의 정욕을 따르는 것과 전혀 다르게, 곧 자신에 대해서는 죽고 그리스도와 함께 사는 삶으로 인도합니다. "이제는 내가 사는 것이 아니요 오직 내 안에 그리스도께서 사시는 것"(갈 2:20하)이기 때문입니다. 이신칭의는 무법 생활로 인도하는 것이 아니라 그리스도의 법을 따라 사는 삶으로 인도합니다.[13]

_사무엘 M. 느게와

니다(막 7:19). 바울의 대답은 단호하고 분명했습니다. "결코 그럴 수 없습니다! 예수님이 허물어 버리신 제약들을 다시 세우는 것은 죄입니다."

바울은 베드로의 행위를 복음에 대한 모욕으로 간주했습니다. 그러나 바울이 의복이나 머리 모양 때문에 누군가를 이토록 격렬하게 책망하는 것은 본 적이 없습니다. 그렇다면 어떤 것에 관해 언제 책망하고, 또 언제 의견을 달리할지를 어떻게 결정할까요? 복음주의자들은 이것을 구분하기 위해 교리를 몇 가지 범주로 분류해 오곤 했습니다.

핵심교리	> Leader	복음과 기독교 신앙에 필수적인 교리입니다. 예수님의 신성과 인성, 속죄, 이신칭의, 삼위일체 등의 교리가 여기에 포함됩니다. 복음의 본질, 즉 핵심을 부인하는 믿음이나 행위가 있을 때, 그것은 신속하고 분명하게 다루어져야 합니다. 우리는 이 같은 믿음의 중심 교리에 반대하는 것에 동의할 수 없습니다.
확신	> Leader	본질상 구원의 교리는 아니지만 중요한 교리로, 하나님에 관한 이해와 복음 실천의 방법론적 틀에 해당합니다. 이 지점에서 종종 다양한 교파가 만들어집니다. 예를 들어, 침례교인들은 침례를 중요시하지만, 장로교인들은 세례를 중요시합니다. 핵심교리에 동의하는 신자들은 비록 침례나 세례에 관한 2등급 교리에 동의하지 않더라도 그리스도 안에서 여전히 형제자매가 될 수 있습니다.
선호	> Leader	지역 교회 내의 다양한 선호도에 따른 교리로, 이것이 그리스도 안에 있는 형제자매 사이의 건강한 교제를 가로막아서는 안 됩니다. 예배 방식에 관한 서로 다른 견해를 예로 들 수 있습니다.

> Leader 이 세 가지 등급이 신자들로 하여금 복음을 중심으로 서로 연합하게 해야 합니다. 많은 교회가 선호 때문에 분열하는 것은 바람직하지 않습니다. 그러나 여기서 바울과 베드로 사이에 일어난 일은 1등급에 해당하는 중요한 문제들로, 분명히 명시되고 수호되어야 할 핵심교리에 해당합니다.

Q 핵심교리와 동등한 자리에 잘못 놓일 수 있는 확신이나 선호에는 어떤 것들이 있습니까?

Q 확신과 선호의 수준에서 서로 간의 차이를 인정하고 연합을 강조하는 일에는 어떤 유익이 있습니까?

3. 그리스도 안에서만 거룩해질 수 있다는 사실을 기억하십시오(갈 2:19~21)

19내가 율법으로 말미암아 율법에 대하여 죽었나니 이는 하나님에 대하여 살려 함이라 20내가 그리스도와 함께 십자가에 못 박혔나니 그런즉 이제는 내가 사는 것이 아니요 오직 내 안에 그리스도께서 사시는 것이라 이제 내가 육체 가운데 사는 것은 나를 사랑하사 나를 위하여 자기 자신을 버리신 하나님의 아들을 믿는 믿음 안에서 사는 것이라 21내가 하나님의 은혜를 폐하지 아니하노니 만일 의롭게 되는 것이 율법으로 말미암으면 그리스도께서 헛되이 죽으셨느니라

> **Leader** 어릴 때, 저의 신앙 형성에 가장 큰 영향을 주었던 말씀 가운데 하나인 이 본문에서 바울은 자신의 경건한 삶이 그리스도와의 연합에서 비롯된다고 선언합니다. 지금까지 살펴봤듯이, 바울은 율법이 죄를 보여 줄 수는 있지만 제거하지는 못한다는 사실을 깨달았습니다. 바울이 "율법에 대해 죽었나니"라고 말한 이유가 이것입니다. 바로 "하나님에 대해 살려 함"이었던 것입니다(19절).

"율법에 대해 죽었나니"는 소극적 표현이고, "하나님에 대해 살려 함이라"는 적극적 표현입니다. 이 둘은 서로 합력해 구원의 역설이라고 할 수 있는 그리스도의 십자가의 역설적 진리를 보여 줍니다. 생명의 길이 죽음을 통과하게끔 되어 있기 때문입니다. 그리스도께서는 자기 죽음을 통해 우리에게 영생을 주셨고, 우리는 자기 생명을 잃음으로써 그리스도 안에서 생명을 발견합니다.

> **Leader** 여기서 바울이 쓴 동사의 시제는, 그리스도 안에서 죽은 것은 과거 일이지만 그 일의 효력이 지속됨을 보여 줍니다. 바울이 율법에 대해 죽었다고 말한 것은 무슨 의미일까요? 우리가 하나님의 모든 명령과 상관없이 살아갈 자유가 있다고 말한 것일까요? 다시 말해 어떻게 살든 상관없다는 뜻으로 말한 것일까요? 우리는 그것이 아니라는 사실을 압니다. 그가 갈라디아서와 또 다른 편지들에서 그것에 반대되는 말을 하고 있기 때문입니다.

바울은 우리가 그리스도 안에서 죽었으므로 더 이상 하나님께 순종할 필요가 없다고 말하지 않습니다. 오히려 죽기까지 순종하는 것에 관해 우리가 잘못 생각해 왔다고 선언합니다. 우리는 순종함으로써 구원을 얻을 수 있다는 생각에 관해 죽어야 합니다. 또 순종함으로써 정체성을 인정받을 수 있다는 생각에 관해 죽어야 하고, 베드로를 그릇된 길로 인도했던 "야고보에게서 온 어떤 이들"의 주장에 관해 죽어야 합니다.

심화 주석 바울이 예수님을 믿기 전에 가졌던 이전 자아는 모든 죄악 된 목표와 교만하고 자만한 정욕들과 함께 결정적인 끝을 맺게 되었습니다. 즉 죽은 것입니다. "이제는 내가 사는 것이 아니요"(갈 2:20)라는 말은 바울의 개성이 없어졌다는 말이 아니라(그의 모든 글이 그의 개성을 입증합니다), 그의 개인적인 관심과 목표가 그의 인생을 더 이상 주도하지 않게 되었다는 말입니다. 오히려 그의 안에 계신 "그리스도"께서 이제 그의 모든 일을 주도하시고 그에게 능력을 주십니다.[14]

_사이먼 J. 개더콜

"우리는 십자가에 못 박히신 그리스도를 생각하며 묵상해야 합니다. 먼저 그분이 우리를 위해 십자가에 못 박히셨다는 사실을 믿어야 합니다. 그리고 더 나아가 우리가 그분과 함께 못 박혔다는 사실을 믿고 그리스도와 함께 십자가에 못 박힌 우리 자신을 보아야 합니다."[15]

_윌리엄 퍼킨스

"인간의 외적 존엄성이 그들에게 부여된 외적 특징들로 마땅히 간파되어야 하듯이, 우리는 영혼으로 식별되어야 합니다. 즉 신자는 단지 은사를 통해서만 드러나는 것이 아니라 새로운 삶을 통해서도 드러나야 합니다."[16]
_요한 크리소스톰

그러나 우리는 율법을 통해 하나님의 성품과 마음을 잘 이해하고, 삶의 방식을 발견할 수 있습니다. 율법은 하나님을 사랑하고 이웃을 사랑하는 것이 어떤 것인지를 보여 줍니다. 그러므로 우리는 그리스도의 사역에 관한 감사와 기쁨으로, 또 율법의 영원한 진리대로 살아가야 합니다. 물론 율법에 대한 순종이 우리를 구원하거나 정의하거나 살아가게 한다는 생각을 가져서는 안 됩니다.

Q 하나님을 향해 더욱 충만한 삶을 살기 위해서는 바울처럼 신뢰하고 있던 어떤 믿음이나 행위에 대해서는 죽어야 합니다. 당신에게 그러한 믿음이나 행위가 있다면 그것은 무엇입니까?

바울은 율법과 자기 자신에 관해 죽었기 때문에, 이들 죽음의 긍정적인 측면을 경험했습니다. 바로 생명을 경험한 것입니다. "그런즉 이제는 내가 사는 것이 아니요 오직 내 안에 그리스도께서 사시는 것이라"(20상절). 분명 바울은 자신의 육체적 죽음을 언급한 것이 아닙니다. 그가 그리스도를 믿을 때 육체적으로 죽지 않았기 때문입니다. 그가 말한 것은 자신의 인생을 인도한 영적 현실이었습니다. 그는 다음 구절에서 이 사실을 명확히 설명합니다. "이제 내가 육체 가운데 사는 것은 나를 사랑하사 나를 위하여 자기 자신을 버리신 하나님의 아들을 믿는 믿음 안에서 사는 것이라"(20하절). 그리스도께서 바울 안에 거하셔서 그에게 새 생명을 주시고, 하나님의 영광을 위해 거룩하게 살아가도록 계속해서 힘을 주셨던 것입니다. 구원의 복음은 곧 우리가 믿음으로 자라갈 때 우리를 거룩하게 하는 복음과 같습니다.

> 어떻게 하면 하나님을 기쁘시게 하는 삶을 살 수 있을까요? 그리스도를 통해 살아가야 합니다. 어떻게 해야 육체의 소욕을 끊임없이 죽일 수 있을까요? 그리스도를 통해야 합니다. 어떻게 해야 율법주의의 덫에 걸리지 않으면서 하나님께 순종할 수 있을까요? 그리스도를 통해서만 가능합니다.

바울은 21절에서 자기 논리에 완벽한 결론을 더합니다. 사람들이 하나님의 은혜를 물리치고 율법을 구원의 길로 삼고자 할 때, 바울은 죄인을 구원하지 못하는 율법의 약점을 다시금 상기시킵니다. 만일 율법이 그럴 수 있었다면, 그리스도의 죽음은 필요하지 않았을 것입니다. 하나님의 아들이 아무 이유 없이 육체를 입고 이 땅에 내려와 고통당하다가 죽으셨다는 말이 됩니다. 그러나 예수님은 죽으셔야 했습니다. 다른 길이 없기 때문입니다. 그분의 죽음으로 말미암아 영생을 얻을

..... 수 있는 유일한 길이 우리에게 주어졌습니다. 바로 주님을 믿는 믿음의 길입니다.

Q 예수님의 복음으로 인해 삶에서 변화된 부분은 무엇입니까?

결론

　　베드로가 안디옥에서 이방인 신자들과 식사하다가 물러났던 위선적인 행동은 어쩌면 큰 문제로 보이지 않았을 것입니다. 그러나 바울은 문제의 실체를 파악했습니다. 베드로의 행위가 복음의 선포와 복음적인 삶을 위협했습니다. 바울은 즉시 베드로에 맞섰고, 그에게 그리스도를 믿는 모든 사람을 믿음의 한 가족으로 맞이하는 복음의 의미를 상기시켰습니다.

　　바울이 베드로를 책망하는 장면을 보면서, 우리는 서로 다른 사람의 입장이 되어 봐야 합니다. 바울처럼 우리는 다른 사람이 복음대로 신실하게 살아가고 또 그가 신실하게 복음을 전할 수 있도록 인도해야 합니다. 하나님과 그를 향한 사랑 때문에 진리를 위해 기꺼이 담대하면서도 단호하게 맞서겠습니까?

　　그러나 그와 동시에 우리는 자신을 깊이 들여다보고, 자신이 혹시 베드로처럼 살고 있지는 않은지 살펴봐야 합니다. 다른 사람에 관한 잘못된 견해나 편견이나 맹점이 있지는 않습니까? 복음을 신실하게 전하지 못하고 살아내지 못하는 부분을 성령님께 알게 해 달라고 기도합니까? 내가 위선에 빠졌을 때, 은혜와 진리로 나를 일깨워 줄 사람들이 있습니까? 그들의 조언에 귀를 기울이곤 합니까?

　　예수 그리스도의 복음 안에서 믿음으로 거룩하게 살려고 노력할 때, 우리는 신실한 바울이요 겸손한 베드로가 될 수 있습니다.

> "의롭게 만드는 믿음에 관한 복음은, 그리스도인들이 여전히 죄가 있고, 죄를 범함에도 불구하고 그리스도 안에서 하나님이 보시기에 합당하고 의롭게 되었다는 것을 의미합니다. 따라서 우리는 스스로가 상상했던 것 이상으로 악하지만, 그와 동시에 그리스도 안에서 감히 기대할 수 없을 만큼의 큰 사랑을 받았고 받아들여졌다고 말할 수 있습니다. 여기서 개인적인 성장을 위한 급진적인 새로운 역학이 만들어집니다. 자신의 흠과 죄를 더 많이 발견할수록, 하나님의 은혜가 더욱 귀하고 짜릿하고 놀라워 보인다는 것입니다. 다른 한편으로, 그리스도 안에서 하나님의 은혜와 수용을 분명히 인식하면 할수록 죄의 부인과 자기 방어를 내려놓고 자기 죄의 참된 크기와 특성을 고백할 수 있게 됩니다."[17]
> _팀 켈러

그리스도와의 연결

베드로는 이방인 신자들과 자신을 구분 지음으로써, 암암리에 복음의 진리를 거부하는 행동을 했습니다. 바울은 그리스도만이 구원의 원천이시며, 믿음만이 구원의 징표임을 일깨워 줍니다. 행위가 아닌, 우리를 대신하신 그리스도의 죽음만이 구원의 근거입니다.

하나님의 계획 우리의 사명

선교적 적용   하나님은 우리에게 세상과 타협하지 말고 복음의 진리와 믿음을 고수하라고 말씀하십니다.

1. 복음을 위해 세상과 타협하지 않고 믿음을 고수해야 할 부분은 무엇입니까?

2. 세상 사람들의 가장 깊은 내면의 필요에 응하는 데 이신칭의 교리가 어떻게 도움이 될까요?

3. 어떻게 하면 복음 중심으로 순종할 수 있도록 서로 도울 수 있을까요?

금주의 성경 읽기
마 21~28장

Summary and Goal

고린도전서 1장 10~31절은 우리의 마음과 행동을 형제들과의 연합으로 인도하는 교훈과 진리를 제공합니다. 우리는 형제와의 연합이 성경적 확신에 근거해야 한다는 사실을 보게 될 것입니다. 이 세상의 지혜와 능력은 십자가에서 나타난 하나님의 능력과 지혜에 비견될 수 없습니다. 이는 우리가 영광스러운 주님의 능력과 지혜를 자랑할 때만 우리의 연합이 한층 강화된다는 사실을 보여 줍니다.

십자가 안에서 연합한다는 것은

2

- **성경 본문**
  고린도전서 1:10~31

- **세션 포인트**
  1. 사람이 아닌 복음에 근거한 연합(고전 1:10~17)
  2. 십자가에서 나타난 하나님의 지혜로 나아가는 연합(고전 1:18~25)
  3. 오직 주님 안에서 자랑하는 그리스도인들의 연합(고전 1:26~31)

- **신학적 주제**
  교회 안에서의 연합은 진리 안에서, 그리스도의 십자가에 의해, 하나님의 영광을 위해 이루어져야 합니다.

- **그리스도와의 연결**
  바울은 복음이 인간의 기대를 뒤엎고 구원에 관한 어떤 자기 자랑도 하지 못하게 했다는 사실을 상기시키면서, 고린도 교회의 분열 문제를 다루었습니다. 예수님 안에 지혜와 의와 거룩함과 구속하심이 있습니다. 그러므로 하나님의 백성 가운데에는 이기적인 자랑이나 분열이 있을 수 없습니다.

- **선교적 적용**
  하나님은 우리에게 아름다운 십자가와 그리스도만이 구원의 원천이시라는 진리를 드러낼 수 있도록 교회의 연합을 위해 노력하라고 명하십니다.

Session Plan

도입

사탄의 공격 방식과 이솝 우화를 교회 연합의 중요성과 관련해 들려주십시오.

오늘날 교회 안에서 분열을 일으키는 문제는 무엇입니까? 또 그러한 문제의 원인은 무엇입니까?

진리 안에서, 그리스도의 십자가에 의해, 그리고 하나님의 영광을 위해 이루어지는 연합에 관해 다루는 이 세션을 요약해 주십시오.

전개

1
사람이 아닌 복음에 근거한 연합
(고전 1:10~17)

고린도전서 1장 10~17절을 읽으십시오. 부록 5: '서신서 지도'의 도시로 주의를 환기시키고, 고린도 교회의 역사를 설명해 주십시오. 그리고 나서 바울이 복음에 근거해 사람들로 하여금 지속적인 연합을 위해 나아가도록 도전했다는 사실을 말해 주십시오.

우리는 왜 복음의 능력 대신에 사람의 말이나 사상이나 기타 프로그램 등을 통해 교회의 연합을 추구하려 합니까?

복음의 능력은 어떻게 서로 다른 우리로 하여금 연합을 유지하게 합니까?

그리스도인들이 복음으로 연합해 서로 일치해야 한다는 점을 교향곡의 비유를 통해 알려 주십시오.

어떻게 하면 자신의 이기적인 모습을 넘어서서 그리스도의 복음에 우리의 관심을 집중하게 할 수 있을까요?

2
십자가에서 나타난 하나님의 지혜로 나아가는 연합
(고전 1:18~25)

세상의 지혜와 십자가의 지혜를 대조해 주십시오. 그러고 나서 고린도전서 1장 18~25절을 읽으십시오. 하나님이 십자가를 사용하신 것은 하나님의 길이 우리의 길과 다르다는 사실을 입증하는 예임을 보여 주십시오. 참 지혜는 이 사실을 인식하고 그리스도를 신뢰하는 것임을 말해 주십시오.

오늘날 사람들이 십자가의 복음을 믿기 힘들어하는 이유는 무엇일까요?

십자가의 "미련한 것"이 그리스도인들을 엮어 준다는 사실을 고린도 교회가 기억해야 했다는 사실을 강조해 주십시오. 우리 모두가 기억해야 할 사항입니다.

자신과 다른 사람의 은사와 재능을 올바른 관점에서 바라보게 하는 데 복음은 어떠한 역할을 합니까?

감사와 겸손이 어떻게 우리로 하여금 연합하게 하는지 나누어 주십시오. 그러고 나서 자원자에게 고린도전서 1장 26~31절을 읽게 하십시오. 하나님이 선택하신 자들이 어떤 사람들인지 살펴보고, 그들을 선택하신 이유에 주목하게 하십시오. 아무도 자신을 자랑하지 않고 오직 주님 안에서 자랑하게 하려 함이었습니다.

3
오직 주님 안에서 자랑하는 그리스도인들의 연합
(고전 1:26~31)

세상적인 관점에서 보면, 그리스도인이 연약하고 미련하게 사는 모습이 어떻게 보일 수 있을까요?

바울이 "기록된 바"라고 말하면서 예레미야서 9장 23~24절을 인용했다는 점을 주목하십시오. 주님을 자랑하는 것이 신자들을 연합시키는 공통분모라는 사실에 초점을 맞추십시오. 부록 1: '신약성경에 나타난 구약성경의 말씀'을 참조해 자랑에 대한 구약과 신약의 공통 메시지를 확인하십시오.

성경은 왜 자기 자신을 자랑하는 일을 경계하라고 합니까?

주님 안에서 자랑하는 것이 어떻게 그리스도인들로 하여금 연합하게 합니까?

결론

섬김을 받는 것이 아니라 그리스도와 같이 겸손하게 섬기는 일에서부터 연합이 시작됨을 강조해 주십시오. 이 세션에서 배운 진리를 '하나님의 계획, 우리의 사명'에서 적용해 보십시오.

Session
Content

2. 십자가 안에서 연합한다는 것은

"그리스도인 사역자가 겪는 가장 큰 고통은 교회 밖에서 들어오는 공격이 아닙니다. 교회 안에서 오는 공격은 언제나 심각한 박해보다 고통스럽습니다."[2]
_아지스 페르난도

도입

> **Leader**

"한 사자가 네 마리 소가 사는 들판 주위를 배회했습니다. 사자가 소들을 공격하려고 여러 번 시도했지만, 그때마다 소들이 꼬리를 맞대고 서로 뭉쳤습니다. 사자가 어느 방향에서 접근하든지 그중 한 마리의 뿔에 걸리도록 말입니다. 그런데 결국 소들 사이에 분쟁이 일어났고, 소들은 들판 구석으로 뿔뿔이 흩어져 풀을 뜯기 시작했습니다. 그러자 사자가 소들을 한 마리씩 공격했고, 곧 소 네 마리를 모두 잡아먹고 말았습니다."[1]

이솝 우화에서 묘사된 사자는 네 마리 소가 함께 뭉쳤을 때 그들에 맞설 수 없다는 사실을 잘 알았습니다. 그러나 소들이 한 마리씩 흩어지자마자 그들의 수적 우세는 사라졌습니다. 사자는 공격을 재개했고 사냥에 성공했습니다.

성경은 삼킬 자를 찾아 두루 다니는 사자와 같은 대적자, 곧 사탄이 있다고 말해 줍니다(벧전 5:8). 사탄은 그리스도의 몸 된 교회를 공격하기 좋아합니다. 우리를 '무리'에서 떨어뜨릴 수만 있다면, 우리를 넘어뜨려 하나님 나라를 위한 사역을 제대로 못하게 만들 수 있다는 사실을 알기 때문입니다.

하나님은 열방에 복음을 전할 사명을 교회에 주셨습니다. 우리는 주님의 영광이 분명하게 드러나도록 복음대로 살아야 합니다. 하나님은 지역 교회의 일원인 나와 당신을 통해 하나님 나라를 세우고자 하셨습니다. 우리가 십자가를 통해 연합한다면, 거부할 수 없는 복음의 세력이 됩니다. 하지만 그리스도인들이 서로 분열한다면, 최악의 경우에 하나님의 영광이 가로채이게 됩니다.

하나님은 우리가 악한 자의 계략에 맞서 서로 연합하고 강력한 전선을 이루기를 원하십니다. 연합은 중대한 방어선일 뿐만 아니라 열방에 복음을 전하는 결정적인 공격이 되기도 합니다.

Q 오늘날 교회 안에서 분열을 일으키는 문제는 무엇입니까? 또 그러한 문제의 원인은 무엇입니까?

심화 주석 고린도전서 1장 10~17절에서 바울은 연합을 조성하고 분열을 피하는 열쇠를 소개합니다. 지도자보다는 그리스도께 초점을 맞추는 것이 열쇠입니다. 그렇게 함으로써 오만과 경쟁을 피하고 겸손한 모습으로 십자가로 이끌리게 됩니다. 십자가가 대변하는 모든 것, 즉 속죄와 대속적인 희생과 육체적인 부활과 승리로 인한 무죄 입증 등의 내용을 깨달을 때, 기독교 신앙의 영원한 핵심이 되는 근본적이면서도 상호 보완적인 진리들을 발견하게 될 것입니다. 또한 대부분의 다른 교리가 주변부로 어떻게 밀려나는지를 인식하게 됩니다. 우리는 부차적인 사안들이 하나님의 백성의 교제와 섬김에 장벽이 되지 않도록 해야 합니다.[3]

_크렉 L. 블롬버그

Session Summary

　　고린도전서 1장 10~31절은 우리의 마음과 행동을 형제들과의 연합으로 인도하는 교훈과 진리를 제공합니다. 우리는 형제와의 연합이 성경적 확신에 근거해야 한다는 사실을 보게 될 것입니다. 이 세상의 지혜와 능력은 십자가에서 나타난 하나님의 능력과 지혜에 비견될 수 없습니다. 이는 우리가 영광스러운 주님의 능력과 지혜를 자랑할 때만 우리의 연합이 한층 강화된다는 사실을 보여 줍니다.

1. 사람이 아닌 복음에 근거한 연합(고전 1:10~17)

> 　우리는 종종 고린도 교회의 모습처럼 영적 지도자들을 맹목적으로 떠받들기도 합니다. 고린도 교회는 단순히 그들의 지도자들의 가르침에 순종하고 모방하는 일을 넘어서서 그들을 맹목적으로 추종하며, 또 그들과의 관계를 자기 지위의 상징이자 거만한 자랑의 근거로 여겼습니다.

Leader

[10]형제들아 내가 우리 주 예수 그리스도의 이름으로 너희를 권하노니 모두가 같은 말을 하고 너희 가운데 분쟁이 없이 같은 마음과 같은 뜻으로 온전히 합하라 [11]내 형제들아 글로에의 집 편으로 너희에 대한 말이 내게 들리니 곧 너희 가운데 분쟁이 있다는 것이라 [12]내가 이것을 말하거니와 너희가 각각 이르되 나는 바울에게, 나는 아볼로에게, 나는 게바에게, 나는 그리스도에게 속한 자라 한다는 것이니 [13]그리스도께서 어찌 나뉘었느냐 바울이 너희를 위하여 십자가에 못 박혔으며 바울의 이름으로 너희가 세례를 받았느냐 [14]나는 그리스보와 가이오 외에는 너희 중 아무에게도 내가 세례를 베풀지 아니한 것을 감사하노니 [15]이는 아무도 나의 이름으로 세례를 받았다 말하지 못하게 하려 함이라 [16]내가 또한 스데바나 집 사람에게 세례를 베풀었고 그 외에는 다른 누구에게 세례를 베풀었는지 알지 못하노라 [17]그리스도께서 나를 보내심은 세례를 베풀게 하려 하심이 아니요 오직 복음을 전하게 하려 하심이로되 말의 지혜로 하지 아니함은 그리스도의 십자가가 헛되지 않게 하려 함이라

> "사탄은 언제나 그리스도인의 교제를 싫어합니다. 그리스도인들을 흩는 것이 그의 일입니다. 그는 성도들을 이간질할 수만 있다면 무슨 짓이든 기뻐합니다. 그는 우리보다도 경건한 관계에 훨씬 더 큰 가치를 둡니다. 연합은 곧 힘이므로, 그는 분열을 조장하기 위해 최선을 다합니다."[5]
> _찰스 스펄전

심화 주석 상상하기 힘들지만, 그리스도인들은 복음의 이름으로 복음에 위배되는 행동을 할 수도 있습니다. 수많은 고린도 교인들이 그러한 곤경에 빠졌습니다. 그들은 사람의 지혜와 언변을 교회를 분열시키는 데 사용했으며, 끝내는 서로 대결하는 구도를 만들었습니다. 이 상황에 관한 바울의 말이 문제의 핵심을 바로 짚었습니다. 사람의 지혜로 교회를 나누는 것은 그리스도의 복음에 반대하는 것입니다. 참 복음은 사람의 지혜에 기대지 않고, 그리스도의 죽음과 부활을 믿음으로써 얻게 되는 하나님의 능력에 있습니다.[6]
_리처드 L. 프랫 Jr.

바울이 편지를 쓴 교회에서는 분쟁이나 미성숙이나 다툼이란 말로 묘사될 만한 일이 벌어졌습니다. 고린도 교회의 사람들은 불과 몇 년밖에 안 된 새 신자들이었고, 바울은 이 교회의 설립자 가운데 한 명이었습니다 (행 18:1~11).[4] 바울은 고린도 교회를 세우고, 그곳에서 18개월간 복음의 진리로 섬긴 후에 그들을 떠나 선교 여행을 계속했습니다. 그러나 얼마 지나지 않아 바울은 고린도 교회의 불화와 부도덕함을 보고 받았습니다 (고전 1:11).

그리스도인들은 아주 복잡한 퍼즐과 같은 전체 그림의 일부분입니다. 어느 한 조각도 다른 조각과 같지 않으며, 또 어느 한 조각도 독립적일 수 없습니다. 서로가 없이는 이해될 수 없습니다. 그런데 고린도 교회의 사람들은 자신만의 퍼즐을 시작하려고 했습니다. 남자와 여자가 각각 다른 지도자들을 중심으로 뭉쳤고, 자신들이 다른 무리보다 낫다는 사실을 증명하는 일에만 애를 썼습니다. 자존심을 내세우면서 말입니다.

> **Leader** 이어지는 고린도전서 12~14장에서 우리는 이들이 영적 은사에 관해서도 끊임없이 어떤 것이 가장 중요한가를 놓고 싸움을 벌이는 모습을 발견하게 됩니다. 이에 대한 반응으로 바울은 그리스도의 신부인 하나님의 교회가 한 몸이라는 사실로 그들을 권면했습니다. 성령님은 모두의 유익을 위해 각자에게 구체적이고도 필수적인 은사들을 주셨습니다 (고전 12장). 그러나 고린도 교회의 교인들은 은사와 달란트뿐만 아니라, 인기 있는 사람들과의 인맥을 자기 자신을 자랑하는 수단으로 사용하려 했습니다.

그래서 바울이 분쟁에서 돌이켜 연합으로 나아가도록 그들에게 권면했습니다. 구체적으로 말하면, 그들에게 같은 마음과 같은 뜻으로 온전히 연합하라고 말한 것입니다 (고전 1:10; 참조, 빌 1:27; 2:1~8).

복음에 근거한 연합은 지속성을 갖게 하지만, 사람에 근거한 연합은 그렇지 않습니다. 이것이 바로 고린도 교회의 문제였습니다. 교인들이 여러 지도자를 따름으로써 교회가 사실상 해체된 것입니다. 오늘날에도 다양한 구성원이나 강력한 지도자들로 구성된 교회에 이와 유사한 분쟁이 일어날 수 있습니다. 심지어 한 지도자 아래 온 교인이 연합한 교회에서도 이러한 위험이 닥칠 수 있습니다. 하지만 복음은 불변합니다. 복음은 우리를 저버리지 않습니다. 복음은 우연히든 의도적으로든 우리로 하여금 부적절한 편들기를 주의하게 합니다. 예수 그리스도의 복음 안에서만 성도의 연합이 제대로 이루어지는 이유가 바로 이것입니다.

Q 우리는 왜 복음의 능력 대신에 사람의 말이나 사상이나 기타 프로그램 등을 통해 교회의 연합을 추구하려 합니까?

Q 복음의 능력은 어떻게 서로 다른 우리로 하여금 연합을 유지하게 합니까?

그리스도인인 우리는 그리스도의 복음으로 연합되었습니다. 오케스트라의 구성원들이 작곡가의 의도대로 각자 음을 정확하게 연주함으로 아름답게 조화를 이루는 교향곡처럼 우리는 서로 일치하면서도 구별되어야 합니다. 우리는 자기만의 곡조나 다른 이에 대한 찬양을 연주하는 것이 아니라 한데 어우러져서 예수님의 복음 노래를 완벽한 조화로 불러서 서로에게나 주변의 잃어버린 영혼들에게 들려주어야 합니다.

> 바울은 이것을 이해했습니다. 그는 그리스도께 마땅히 돌려져야 할 영광을 가로채지 않으면서, 영적인 영웅으로서의 균형 잡힌 길을 잘 걸어갔습니다. 우리가 지

Leader 도자의 자리에 있든지 다른 사람으로부터 영적 방향성을 찾고 있든지 간에 바울의 본보기에서 많은 것을 배울 수 있습니다.

Q 어떻게 하면 자신의 이기적인 모습을 넘어서서 그리스도의 복음에 우리의 관심을 집중하게 할 수 있을까요?

> **핵심교리**
> **99**
> **79. 그리스도의 몸**
>
> 신약은 교회를 그리스도의 몸으로 묘사합니다. 교회는 그리스도를 머리로 하며(골 1:18), 이 땅에서 그리스도의 대리인으로 존재하며 활동합니다. 이것은 교회가 그리스도의 사역의 연장으로, 대위임령(마 28:18)을 실행함으로써 그리스도께서 하신 일을 이루어 나간다는 것을 의미합니다. 이에 더하여 교회를 그리스도의 몸으로 묘사함으로써, 우리는 각 그리스도인이 서로 연결되어 있으며, 성장과 성화를 위해 서로 의지하고 있음을 보게 됩니다(고전 12장).

2. 십자가에서 나타난 하나님의 지혜로 나아가는 연합

(고전 1:18~25)

바울은 우리의 연합이 오직 그리스도 안에서만 발견될 수 있다고 선언한 뒤에 계속해서 우리에게 십자가의 광채를 보여 주었습니다. 세상의 관점에서 보면, 십자가는 말도 안 됩니다. 유대인들은 메시아의 표적을 구하고 있었는데, 그들은 강력하고도 분명한 방식으로 그들을 구원해 줄 영광스러운 왕으로 오실 메시아를 기대했습니다. 지혜를 찾던 헬라인들에게도 기꺼이 죽음을 향해 나아갔던 갈릴리 출신의 무식하고 하찮아 보이는 사내는 메시아에 어울리지 않았습니다. 십자가에 못 박히신 예수님이 지혜로워 보일 리가 없었습니다. 그러나 그분은 정말로 지혜로우셨습니다.

18십자가의 도가 멸망하는 자들에게는 미련한 것이요 구원을 받는 우리에게는 하나님의 능력이라 19기록된 바 내가 지혜 있는 자들의 지혜를 멸하고 총명한

심화 주석

사도 바울은 매우 기이한 은사가 넘치는 삶을 살았습니다. 그는 병든 자를 고쳤고 귀신을 내쫓았습니다. 심지어 나면서부터 걷지 못하게 된 사람을 고치기도 했습니다. 이 기적적인 사건 때문에 루스드라 사람들은 마치 로마 신에게 하듯이 그에게 소를 제물로 바치려고 했습니다(행 14:8~18). 그런데도 바울은 사도행전에 기록된 기적적인 사건들을 편지에서는 한 번도 언급하지 않았습니다. 그는 하나님의 능력을 특정한 역사적 사건, 즉 예수 그리스도의 십자가와 연결했습니다. 바울은 하나님의 능력이 기적의 자랑이나 권위를 과시하는 데 있지 않음을 알았습니다. 하나님의 능력은 오히려 '십자가의 말씀'을 통해 나타납니다. 곧 우리 주 예수 그리스도의 십자가에 관한 단순한 설교와 가르침을 통해 나타납니다.[7]

Africa Study Bible

자들의 총명을 폐하리라 하였으니 [20]지혜 있는 자가 어디 있느냐 선비가 어디 있느냐 이 세대에 변론가가 어디 있느냐 하나님께서 이 세상의 지혜를 미련하게 하신 것이 아니냐 [21]하나님의 지혜에 있어서는 이 세상이 자기 지혜로 하나님을 알지 못하므로 하나님께서 전도의 미련한 것으로 믿는 자들을 구원하시기를 기뻐하셨도다 [22]유대인은 표적을 구하고 헬라인은 지혜를 찾으나 [23]우리는 십자가에 못 박힌 그리스도를 전하니 유대인에게는 거리끼는 것이요 이방인에게는 미련한 것이로되 [24]오직 부르심을 받은 자들에게는 유대인이나 헬라인이나 그리스도는 하나님의 능력이요 하나님의 지혜니라 [25]하나님의 어리석음이 사람보다 지혜롭고 하나님의 약하심이 사람보다 강하니라

> **Leader**

어느 날 저는 서재에서 맞은편에 있는 화장실의 물이 넘치는 소리를 들었습니다. 아이들 중 한 명이 손을 씻고 있다고 생각했습니다. 그러나 몇 분 후에 상태를 확인하러 화장실에 가 봤더니, 수도꼭지 밑에서 물에 젖어 눅눅해지고 뭉개진 빵조각을 들고 서 있는 여섯 살배기 아이를 발견했습니다. 나는 얼른 뛰어들어서 세면대를 채우고 있던 물줄기를 틀어막았습니다. 내가 물난리를 정리하는 동안에 남편 크리스는 우리의 여섯 살배기 귀염둥이 아이가 도대체 무슨 이유로 빵을 흐르는 물 밑에 둘 생각을 했는지 밝혀내기 위해서 탐정 수사를 벌였습니다. 아이는 버터를 녹이려고 그랬다고 고백했습니다.

크리스는 어리둥절해하는 아이에게 뜨거운 물이 버터를 녹이기 위한 좋은 방법이 아닌 이유를 설명해 주었습니다. 어른의 관점에서 보면, 이 "요리법"은 미련해 보입니다. 하지만 버터를 녹이는 방법을 몰랐던 배고픈 유치원생에게 이것은 최선의 방법으로 보였을 것입니다.

여섯 살배기 우리 아이는 독립성과 창의력과 자급자족을 행동으로 보여 주었습니다. 이 특징들은 언젠가 일상생활에 도움이 될 것입니다(요리 강습도 괜찮을 것 같습니다). 과거를 되돌아보면, 우리 모두 어린 시절의 미련한 생각과 행동을 떠올릴 수 있을 것입니다. 어린아이에게 옳아 보이는 것이 실은 어른의 지혜와 비교하기가 무색할 정도로 미련할 때가 많습니다. 그러나 세상 어른들의 최상의 명민함과 창의력과 활력도 하나님의 찬란함에 비하면 연약하고 미련할 뿐입니다. 마치

이사야서 말씀처럼 말입니다.

"이는 내 생각이 너희의 생각과 다르며 내 길은 너희의 길과 다름이니라 여호와의 말씀이니라"(사 55:8).

하나님이 십자가를 통해 백성을 죄에서 구원하신 일은 하나님의 길은 우리 길과 다르다는 말씀에 들어맞습니다(참조, 사 55:8). 십자가형은 로마 제국이 식민지인과 노예를 사형할 때 쓰던 방식이었습니다. 너무나도 잔인하고 수치스러운 형벌이었기에 반역죄를 범한 로마인들만 십자가에 못 박혔습니다.[8]

유대인들의 생각과 마음에서 십자가는 식민 세력의 폭정을 상징했습니다. 오래도록 고대해 온 메시아가 십자가에 못 박히고 말게 되는 것은 미련한 발상이었습니다. 그들은 메시아가 그들을 억압에서 마침내 해방시켜 주시리라고 믿었기 때문입니다. 예수님의 십자가 사건으로 말미암아 유대인들에게는 예수님을 메시아로 여길 만한 가능성이 보이지 않았습니다. 메시아에 대한 개념이 없던 이방인들도 십자가를 미련한 것으로 생각했습니다. 사형된 죄수가 영웅이 된다는 생각이 기본적으로 터무니없기 때문이었습니다.

세상 지혜는 십자가를 미련한 것으로 보지만, 하나님은 십자가를 통해서 세상 지혜를 미련한 것으로 만드셨습니다. 십자가는 제힘으로는 용서받지 못할 죄인들에게 용서를 베풀어 주시려는 하나님의 계획이었습니다. 사람들은 그리스도께서 십자가에 못 박히셨다는 이야기를 듣고 믿음으로써 구원을 받습니다. 참 지혜는 이 진리를 인식하고, 그리스도를 믿는 것이요 진짜 미련함은 십자가를 거절하는 것입니다.

Q 오늘날 사람들이 십자가의 복음을 믿기 힘들어하는 이유는 무엇일까요?

고린도의 새내기 교회는 복음이 인간의 관점에서 보면 말이 안 된다는 사실을 기억해야만 했습니다. 하나님의 은혜를 받기에 합당한 사람은 아무도 없습니다. 그들뿐 아니라 우리도 마찬가지입니다. 그 "미련함"이야말로 믿는 자들을 하나로 묶어 줍니다. 이 땅에서의 모든 차이점에도 불구하고, 하늘의 창조주께 받은 과분한 용서와 풍성한 영적 복으로 우리는 연합됩니다. 배경이나 영적 은사나 자신이 고수하는 의견과 상관없이, 우리는 십자가를 통해 하나님과 더불어 사는 영생을 얻습니다. 복음이 우리의 공통분모입니다.

 심화주석 이 서신의 맥락과 바울 신학 전반에 관한 이해를 위해 고린도전서 1장 18~25절은 매우 중요합니다. 여기서 그는 자신이 믿고 선포했던 복음의 핵심과 본질을 전합니다. 바울의 글은 하나님이 특이한 방식으로 일하신다는 것을 보여 줍니다. 첫째, 하나님은 인류가 이해하거나 제정한 이 세상 기준에 반해서 역사하십니다. 둘째, 하나님의 역사는 능력이 있습니다. 인간이 객관적으로 확립하고 이해하는 이 세상의 가치관을 뒤엎습니다. 바울은 이러한 하나님의 역사하심을 사실로 선언합니다. 예수 그리스도의 십자가의 구원론적 사실에 해당하는 것은 하나님의 구원 활동입니다.[9]

_마리온 L. 소아즈

"다른 그리스도인들과 연합하십시오. 성기게 쌓인 벽돌 벽은 약합니다. 벽돌들은 반드시 서로 접착되어야만 합니다."[10]

_코리 텐 붐

심화토론

• 그리스도의 십자가에 관한 관점 외에도, 하나님의 지혜와 세상의 지혜(참조, 약 3:13~18)는 어떻게 다릅니까?

> "오직 십자가에서만 명확하게
> 하나님의 사랑을 봅니다. 아주
> 멀리 손을 뻗으셔서 가장 야심
> 차게 구조하시는 하나님의 노력이
> 있기 때문입니다. 하나님은 자신과
> 우리 사이에 놓인 깊은 골을 친히
> 건너 우리 쪽으로 오셨고, 우리를
> 위해 그리고 우리와 함께 기꺼이
> 고난 당하셨습니다. 십자가에서
> 그분의 사랑이 오해의 여지없이
> 분명하게 세상에 드러났습니다.
> 마침내 우리는 하나님과 인간 사이에
> 진정한 관계가 있다고 믿을 만한
> 확실한 근거를 발견한 것입니다."[11]
> _어윈 W. 루처

> Leader

우리가 가진 물질적이고 영적인 모든 소유물은 은혜의 선물입니다. 기독교 사회에서도 마찬가지로 모든 광채는 하나님에게서 나옵니다. 탁월한 연설가, 재주 많은 찬양 인도자, 믿기 어려울 정도로 놀라운 성경 교사는 모두 하나님으로부터 은사를 받았습니다. 이 사실은 우리 자신을 높이려는 성향을 더더욱 벗어 버려야 하는 이유입니다.

하나님의 능력과 관점과 탁월하심은 우리의 상상을 초월합니다. 끊임없이 우리 마음을 이 진리로 향하게 하는 것이 그리스도인의 삶에서 가장 지혜로운 행동일지도 모릅니다. 다윗이 말한 것처럼 말입니다.

"주의 손가락으로 만드신 주의 하늘과 주께서 베풀어 두신 달과 별들을 내가 보오니 사람이 무엇이기에 주께서 그를 생각하시며 인자가 무엇이기에 주께서 그를 돌보시나이까"(시 8:3~4).

Q 자신과 다른 사람의 은사와 재능을 올바른 관점에서 바라보게 하는 데 복음은 어떠한 역할을 합니까?

3. 오직 주님 안에서 자랑하는 그리스도인들의 연합(고전 1:26~31)

> Leader

집안의 첫째로 태어난 저는 작은 사립학교에서 두각을 나타내던 이른바 성취형 인간이었습니다. 전 과목에서 A 학점을 받았고 여러 운동팀에 참여했으며, 인기 있는 친구들과 어울렸습니다. 고등학교 3학년 때 학생회장으로 선출되었고, "성공할 가능성이 가장 높은 학생"으로도 뽑혔으며, 차석으로 졸업했습니다. 대학에서도 상위권을 계속 이어나가리라는 낙관적인 생각과 함께 장학금을 받을 수 있을 것이라고 기대했습니다.

동급생들 중에서는 비교적 높은 수능(SAT) 점수를 받았지만, 저는 대학 장학금 지원 자격을 얻기 위해 시험을 두 차례나 더 치러야 했습니다. 그런데 결국 저는 장학금을 전혀 받지 못했습니다. 성적은 우등생 기숙사에 들어갈 정도로 높지 않았고, 생물학 학점 취득 인정(AP)을 위한 입학시험을 통과하지 못했으며, 대학 첫 학기에 처음으로 B 학점을 받았습니다. 저는 절망감에 휩싸였습니다. 몇 주 동안 의기소침해진 상태로 돌아다녔습니다. "최우수 학생"이라는 정체성을 빼앗긴 저는 방향 감각을 잃고 제정신이 아니었습니다. 그러다 문득 현실에 직면하게 되었습니다.

'나는 내가 생각했던 것처럼 똑똑한 아이가 아니었구나. 우물 안 개구리였어.'

그런데 그 굴욕적이었던 대학 첫 학기에 하나님이 제 안에서 엄청난 일을 시작하셨습니다. 사람들의 찬사와 관심이 몽땅 사라지자, 저는 제 삶의 모든 순간마다 그리스도의 임재가 간절히 필요하다는 사실을 깨달았습니다. 그리고 저의 정체성과 가치가 저의 행위나 속성에 근거하지 않는다는 사실을 배웠습니다. 저의 존재 가치는 하나님의 택하심으로 하나님 나라에 속하게 되었다는 사실에 있다는 것을 깨달았습니다. 하나님은 제가 주님을 위해 무엇인가를 할 수 있기 때문에 저를 택하신 것이 아닙니다. 세상의 관점에서 미련하고 연약하고 하찮아 보이는 저를 택하신 것은 오로지 주님의 선하심과 자비와 사랑 때문이었습니다.

겸손과 감사가 우리로 하여금 연합하게 합니다. 자기 죄의 깊이와 우리를 향한 하나님의 사랑의 너비를 참으로 이해할 때, 그와 똑같은 사랑의 렌즈로 사람들을 보게 될 것입니다. 하나님이 허락하신 영광스러운 은혜인 그리스도께서 십자가에서 이루신 일로 우리가 한데 모일 때, 우리는 오직 하나님만을 자랑하게 됩니다. 교만은 하나님의 은혜를 잊은 망각 행위입니다. 우리는 하나님과 자기 자신을 동시에 영화롭게 할 수 없습니다. 바울은 망설임 없이 이 점을 강조했습니다.

²⁶형제들아 너희를 부르심을 보라 육체를 따라 지혜로운 자가 많지 아니하며 능한 자가 많지 아니하며 문벌 좋은 자가 많지 아니하도다 ²⁷그러나 하나님께서 세상의 미련한 것들을 택하사 지혜 있는 자들을 부끄럽게 하려 하시고 세상의 약한 것들을 택하사 강한 것들을 부끄럽게 하려 하시며 ²⁸하나님께서 세상의 천한 것들과 멸시받는 것들과 없는 것들을 택하사 있는 것들을 폐하려 하시나니 ²⁹이는 아무 육체도 하나님 앞에서 자랑하지 못하게 하심이라 ³⁰너희는 하나님으로부터 나서 그리스도 예수 안에 있고 예수는 하나님으로부터 나와서 우리에게 지혜와 의로움과 거룩함과 구원함이 되셨으니 ³¹기록된 바 자랑하는 자는 주 안에서 자랑하라 함과 같게 하려 함이라

하나님이 택하신 사람들을 주목해서 보십시오. 지혜롭지도 않고 권력도 없고 훌륭한 가문 출신도 아닙니다. 오히려 연약하고 하찮고 멸시당하는 사람들입니다. 좋은 이력서는 아니지요? 그런데 하나님은 왜 세상에서 무시당한 사람들을 선택하셨을까요? 바울이 이 질문에 두 번이나 답해 주었습니다. 아무도 자기 행위를 자랑하지 못하며, 오직 하나님 안에서 자랑하게 하려 함이라는 것입니다(고전 1:29, 31). 하나님의 택하심은 우리로 하여금 주님의 은혜를 상기하게 하는데, 구원은 우리가 누구인가 혹은 어

심화주석 그리스도와 사도들은 모두 낮은 자리에 있었습니다. 사도들은 가난과 고난과 핍박을 견뎌야 했습니다(고전 4:11~13). 그러므로 오늘날 교회를 향한 악평들은 전혀 새로운 것이 아닙니다. 십자가에 참여한 대가의 하나로 받아들여야 할 것입니다. 그리스도를 대적하는 사람들은 교회가 가난한 사람들을 유인하고 개종하도록 강요하면서 그들을 착취한다고 생각합니다. 그러나 가난한 자들을 대상으로 한 사역은 그들을 착취하려는 의도에서 비롯된 것이 아닙니다. 우리를 의와 거룩함과 구속으로 부르시고 고무하시고 인도하시는 하나님의 사랑을 입증하고자 하는 열망에서 비롯된 것입니다.[12]

_피니 필립

심화 주석 하나님 아버지의 역사로 말미암아 신자들은 "그리스도 안에서"('십자가에 못 박히신 그리스도 안에서'의 줄임말. 참조, 고전 1:23~24, 30; 2:2) 정체성을 갖습니다. 이로 인해 그들은 지혜의 본질이신 십자가에 못 박히신 그리스도를 소유합니다. 신자들은 이 지혜를 통해 하나님의 법정에서 의롭다 하심을 얻고, 그분의 존전에 나아갈 수 있는 성화와 궁극적인 구속을 얻습니다.[13]
_F. 알란 톰린슨

"자랑은 자기 자신에게 만족한다는 증거이고, 자기 비하는 자신에게 실망했다는 증거입니다. 어느 쪽이든 자기 자신을 높이 평가한다는 사실을 보여 줍니다."[14]
_A. W. 토저

떤 일을 했는가에 달려 있지 않다는 뜻입니다. 그런즉 하나님의 구원의 복음은 우리로 하여금 겸손하게 합니다. 우리가 스스로 자랑할 수 없는 것은 자랑할 만한 것이 우리 안에 아무것도 없기 때문입니다.

Q 세상적인 관점에서 보면, 그리스도인이 연약하고 미련하게 사는 모습이 어떻게 보일 수 있을까요?

> 바울은 31절에서 "기록된 바"라고 말합니다. 이 문구는 대개 성경의 다른 구절을 가리킬 때 쓰입니다. 성경을 공부할 때, 그 뒤에 이어지는 구절의 원문을 찾아보는 것이 좋습니다. 여기서 바울은 예레미야서를 인용했습니다.
"여호와께서 이와 같이 말씀하시되 지혜로운 자는 그의 지혜를 자랑하지 말라 용사는 그의 용맹을 자랑하지 말라 부자는 그의 부함을 자랑하지 말라 자랑하는 자는 이것으로 자랑할지니 곧 명철하여 나를 아는 것과 나 여호와는 사랑과 정의와 공의를 땅에 행하는 자인 줄 깨닫는 것이라 나는 이 일을 기뻐하노라 여호와의 말씀이니라"(렘 9:23~24).

신실하시고 사랑이 많으시고 의로운 심판자이신 주님을 안다는 것은 큰 영예입니다. 신자들은 주님에 관해 많은 자랑을 할 수 있습니다. 다시 말하지만, 이것은 우리의 공통분모이자 강령입니다. 우리는 교회의 건물 외관에 관해 서로 다른 취향을 가질 수 있고, 주일예배의 세부 사항에 관해 반대 의견을 가질 수 있습니다. 그러나 신실하시고 사랑이 많은 구원자이신 하나님을 다른 사람에게 전하고자 하는 열망에서 우리는 연합하게 됩니다. 우리가 예수님께 집중할 때, 우리 마음은 자연스럽게 주님의 이름이 찬양받기를 바라게 되고, 주님의 선하심을 열방을 향해 기쁜 마음과 열정을 갖고 선포하게 됩니다.

> 우리는 예수님의 희생을 통해 사랑받고 소중히 여김을 받으며 존귀함을 얻습니다. 그러나 그리스도께서는 무엇보다도 하나님 아버지께 영광을 돌리기 위해 십자가를 향한 순종의 발걸음을 떼셨습니다. 우리 역시 일상생활에서 아버지께 영광을 돌리기 위해 그리스도의 발자취를 따라 목적 있는 순종의 발걸음을 내디뎌야 합니다.

Q 성경은 왜 자기 자신을 자랑하는 일을 경계하라고 합니까?
Q 주님 안에서 자랑하는 것이 어떻게 그리스도인들로 하여금 연합하게 합니까?

결론

    지치고 피곤한 우리는 섬김을 받기 위해 그리스도의 몸 된 교회를 자주 찾곤 합니다. 우리는 슬프고 외롭기까지 합니다. 재충전과 격려와 의미 있는 말과 긍정적인 말에 목말라 합니다. 물론, 교회는 예수님의 손과 발의 역할을 하는 곳이기에 우리가 교회에서 그런 섬김과 사랑을 받는 것이 마땅합니다. 그러나 만일 우리가 겸손한 섬김의 마음 없이 하나님의 백성에게서 얻어 낼 것만 생각한다면, 모든 걸 거꾸로 생각한 셈입니다. 예수님은 섬김을 받으러 온 것이 아니라 섬기러 왔다고 말씀하셨습니다(막 10:45). 이 겸손의 본보기에서부터 우리의 연합이 시작됩니다. 그러므로 우리가 자기 방식만을 고집하고 자신의 필요만을 채우려 하고 자신의 주장만을 반복한다면, 우리는 교회의 목적인 연합을 놓치고 있는 것입니다. 교회는 하나님께 영광을 돌리고, 그 아들 예수 그리스도의 이름을 널리 알리기 위해 연합해야 합니다.

"영광의 주님의 놀라운 십자가를 바라볼 때, 나는 가장 큰 이득을 손실로 간주할 수밖에 없고 내 모든 자랑에 경멸을 퍼부을 수밖에 없습니다. 놀라운 십자가를 생각할 때, 나는 그 위에서 영광스럽게 죽으신 왕을 바라봅니다. 엄청난 것을 얻은 줄 알았으나 잃었을 뿐이니, 내 모든 교만에 경멸을 쏟으십시오. 주여, 막아 주소서. 나의 주 그리스도의 죽으심으로 구원받은 것만 자랑하게 하소서. 나를 가장 매료시킨 모든 헛된 것을 그분의 피에 제물로 바칩니다. 보십시오. 그분의 머리와 그분의 손과 그분의 발에서 슬픔과 사랑이 뒤섞여 흘러내립니다. 언제 이런 사랑과 슬픔이 만난 적이 있던가요? 가시가 이토록 풍성한 면류관을 만든 적이 있던가요? 온 세상이 내 것일지라도, 그것은 너무나 작은 선물일 것입니다. 이토록 놀랍고 신성한 사랑이 내 영혼과 내 삶과 내 전부를 요구합니다."[15]
_아이작 왓츠

그리스도와의 연결

바울은 복음이 인간의 기대를 뒤엎고 구원에 관한 어떤 자기 자랑도 하지 못하게 했다는 사실을 상기시키면서, 고린도 교회의 분열 문제를 다루었습니다. 예수님 안에 지혜와 의와 거룩함과 구속하심이 있습니다. 그러므로 하나님의 백성 가운데에는 이기적인 자랑이나 분열이 있을 수 없습니다.

하나님의 계획 우리의 사명

선교적 적용 하나님은 우리에게 아름다운 십자가와 그리스도만이 구원의 원천이시라는 진리를 드러낼 수 있도록 교회의 연합을 위해 노력하라고 명하십니다.

1. 교회/공동체에서 복음적인 연합을 추구하기 위해 당신이 멀리해야 할 일은 무엇입니까? 또 당신이 갖춰야 할 태도는 무엇입니까?

2. 어떻게 하면 우리 삶에서 십자가의 지혜를 입증하고 이를 전파할 수 있을까요? 비록 세상의 관점에서는 나약하고 미련해 보일지라도 말입니다.

3. 그리스도 안에서 자랑할 수 있는 모든 것을 나열하고, 하나님이 내 삶에 허락하신 복에 감사하는 기도문을 쓰십시오.

금주의 성경 읽기
막 11~16장

Summary and Goal

하나님은 우리를 세상에서 구별되어 하나님의 영광을 위해 거룩하게 살도록 부르셨습니다. 세상에서 구별되어 가장 편안한 삶에 안주하도록 구원하신 것이 아닙니다. 우리는 그리스도와 같은 성품과 선교 지향적인 행동과 성경적인 믿음으로 구별되어야 합니다. 우리는 피부색이나 경제적 지위나 정치적 신념과 상관없이 그리스도를 필요로 하는 사람들에게로 나아가야 합니다. 우리는 모든 사람에게 하나님의 영광을 드러내는 대사가 되어 자신이 경험한 자비의 메시지와 복음의 소망을 나타내야 합니다.

주님 앞에서 공평하며 긍휼을 베푼다는 것은

3

- **성경 본문**
  야고보서 2:1~13

- **세션 포인트**
  1. 예수 그리스도께서 받으실 영광을 가리지 마십시오(약 2:1~4)
  2. 하나님 나라 관점에서 바라보십시오(약 2:5~7)
  3. 장차 있을 심판을 두려워하십시오(약 2:8~13)

- **신학적 주제**
  그리스도의 자유의 법을 따라 그리스도인은 말하고 행동해야 합니다.

- **그리스도와의 연결**
  초대교회가 차별하는 모습을 보이자 야고보는 신자들에게 하나님의 긍휼과 심판의 측면에서 그들의 정체성을 상기시켰습니다. 우리가 예수 그리스도에 대한 믿음을 보여 줄 수 있는 방법은 왕의 법을 지키며 심판을 넘어선 긍휼을 선포하는 것입니다. 이 긍휼은 우리 대신 돌아가신 예수님의 대속적 죽음에서 가장 잘 드러납니다. 하나님이 예수 그리스도를 통해 우리에게 긍휼을 베풀어 주셨으므로 우리도 다른 사람들에게 긍휼을 베풀어야 합니다.

- **선교적 적용**
  하나님은 우리도 심판받게 되리라는 것을 기억하며, 차별하지 말고 긍휼을 베풀라고 말씀하십니다.

Session Plan

도입

우리에게는 어떤 무리를 '내 사람들'로 간주하려는 경향이 있음을 말해 주십시오. 온 백성에게 복음을 전하려면 사회, 정치, 문화의 경계선과 국경선까지도 넘을 준비가 되어 있어야 한다는 점을 강조해 주십시오.

당신이 열방을 향한 하나님의 전 지구적인 사랑에 눈뜰 수 있게 도와준 진리나 경험이 있습니까?

피부색이나 경제적 지위나 정치적 신념이 아니라 신앙의 경건함이 그리스도를 필요로 하는 사람들에게로 우리를 이끈다는 이 세션의 메시지를 말해 주십시오.

전개

1
예수 그리스도께서 받으실 영광을 가리지 마십시오
(약 2:1~4)

그리스도의 대사가 맡은 역할에 관해 말해 주십시오. 하나님 나라에는 엄청난 다양성이 있지만, 하나님의 가족 사이에는 일관성이 있어야 합니다.

그리스도인들과의 교제에서 그리스도의 사랑을 어떤 식으로 경험했습니까?

야고보서 1장에서 다루고 있는 거룩함의 맥락을 이해한 후에 2장 1~4절을 읽으십시오. 야고보의 비유를 통해 예수님을 믿는 믿음이 차별하는 죄와 어떻게 다른지를 설명해 주십시오.

세상에는 어떤 종류의 차별이 있습니까?

사람들을 차별하는 것이 예수님이 받으셔야 할 영광을 어떻게 가립니까?

2
하나님 나라 관점에서 바라보십시오
(약 2:5~7)

야고보서 2장 5~7절을 읽으십시오. 차별이 복음을 어떻게 약화시키는지 이해하기 쉽게 이야기해 주십시오. 사람을 차별하는 것은 불경스러운 억압자들 편에 서는 것을 의미합니다. 우리에게 은혜를 주고자 하시는 하나님의 복음은 우리의 잘못된 생각을 바꾸게 한다는 사실을 강조해 주십시오. 하나님의 부르심은 이 세상이 가치 있게 여기고 존경하고 환영하는 것들과는 정반대입니다.

우리는 어떤 식으로 복음이 아닌 세상의 가치에 따라 생각하고 행동하도록 유혹을 받습니까?

하나님 나라의 역설적인 속성을 오늘날 세상에 어떻게 반영할 수 있을까요?

하나님이 긍휼이 많으신 것처럼, 우리도 다른 사람에게 긍휼을 베풀어야 한다는 것을 말해 주십시오. 그리고 나서 자원자에게 야고보서 2장 8~13절을 읽게 하십시오. 차별이 죄인 이유와 그것이 하나님의 마음에 반하는 이유를 설명해 주십시오. 그리스도인들에게 차별이 위선이 되는 이유를 분명하게 설명해 주십시오. 그리고 다음 내용을 강조해 주십시오. '만일 긍휼을 절실히 필요로 하는 사람에게 긍휼을 베풀지 않는 삶을 지속적으로 살고 있다면, 자기 자신을 되돌아봐야 합니다.'

다른 사람을 긍휼한 마음으로 대하기 어려운 이유는 무엇입니까?

우리가 긍휼을 베풀어야 하는 이유는 우리가 이미 긍휼히 여김을 받았고, 또한 앞으로도 받을 것이기 때문이라는 점을 설명해 주십시오. 긍휼이 판단보다 강합니다. 우리는 다른 사람을 판단하는 습성을 버리고 이웃에게 긍휼을 베풀어야 합니다. 족속과 방언과 나라에 상관없이 말입니다.

장차 있을 하나님의 심판이 지금 나의 결정에 어떤 영향을 끼칩니까?

예수 그리스도 안에서 받은 긍휼을 기억한다면, 그리스도인은 지금 어떤 태도로 결정하고 행동해야 할까요?

············ **3**
장차 있을 심판을
두려워하십시오
(약 2:8~13)

결론

죽어 가는 세상의 영혼들에게 긍휼과 은혜를 베풀면서 하나님의 거룩하심을 알리도록 조원들을 격려해 주십시오. 이 세션에서 배운 진리를 '하나님의 계획, 우리의 사명'에서 적용해 보십시오.

Session Content

3. 주님 앞에서 공평하며 긍휼을 베푼다는 것은

도입 옵션

모임에 앞서 칠판이나 큰 종이에 "사회적, 정치적, 문화적, 국가적 장벽"이라는 제목을 써 놓으십시오. 칠판/종이에 다양한 종류의 장벽들을 쓰게 하십시오. 쓰인 답변들을 언급하며 모든 사람에게 긍휼과 공평을 베푸는 것에 관한 이 세션의 내용을 소개하십시오.

> "사람들은 내게 '선교할 마음이 더 생겼으면 좋겠어요'라고 말하곤 합니다. 그럴 때면 나는 늘 이렇게 대답해 줍니다. '어떻게 해야 할지 예수님이 정확히 알려 주셨습니다. 당신의 돈을 선교에 쓰십시오. 교회와 가난한 자들에게 쓰라는 뜻입니다. 그러면 마음이 우러날 것입니다.'"[1]
> _랜디 C. 알콘

도입

수년 전에 저는 중국에서 여름을 보냈습니다. 또 다른 해 여름에는 아이티에서 한 주를 보내기도 했습니다. 저는 새로운 문화를 경험하면서 열방에 복음을 전하는 것이 좋았습니다. 하지만 집으로 돌아올 때마다 '내 사람들'과 함께한다는 데서 다시금 위안을 찾곤 했습니다. 안전하고 수용된다는 걸 알기 때문입니다. 어딘가에 속하고, 받아들여진다는 느낌 말입니다. 그러나 저와 비슷한 환경에서 느끼는 잠시의 위안을 갈망하는 것은 세상을 각양각색으로 창조하신 하나님의 마음과는 반대입니다. 유감스럽게도, 저는 온 백성을 향한 하나님의 전 지구적인 사랑을 쉽게 잊어버리곤 합니다.

> Leader
>
> 우리가 지금 어디에 살고 있든 이 땅은 우리의 진짜 집이 아닙니다. 그리스도인은 구원과 함께 새로운 정체성을 얻었는데, 여기에는 천국 시민권이라는 새로운 시민권도 포함됩니다. 그러므로 우리가 신뢰할 수 있다고 여기는 사람들이 주는 평안 안에 머물려는 생각을 버려야 합니다. 우리의 정치적인 성향이나 문화적인 정체성은 영원에 비추어 보면 아무것도 아닙니다.

우리는 복음을 열방에 전함으로써 그리스도께 영광을 돌리기 위해 존재합니다. 죄와 죽음의 사슬에 묶인 모든 영혼에게 그리스도의 자유를 전하기 위해 사회·정치·문화의 경계선과 국경선까지 기꺼이 넘어설 수 있어야 합니다.

Q 당신이 열방을 향한 하나님의 전 지구적인 사랑에 눈뜰 수 있게 도와준 진리나 경험이 있습니까?

Session Summary

하나님은 우리를 세상에서 구별되어 하나님의 영광을 위해 거룩하게 살도록 부르셨습니다. 세상에서 구별되어 가장 편안한 삶에 안주하도록 구원하신 것이 아닙니다. 우리는 그리스도와 같은 성품과 선교 지향적인 행동과 성경적인 믿음으로 구별되어야 합니다. 우리는 피부색이나 경제적 지위나 정치적 신념과 상관없이 그리스도를 필요로 하는 사람들에게로 나아가야 합니다. 우리는 모든 사람에게 하나님의 영광을 드러내는 대사가 되어 자신이 경험한 자비의 메시지와 복음의 소망을 나타내야 합니다.

> "비록 그리스도 외에는 공통점이 하나도 없을지라도, 복음 덕분에 우리가 사랑 안에서 살아가게 될 때, 그것은 죄 많고 자기중심적인 우리를 예수 그리스도와 함께 교제하는 하나 된 사랑의 공동체로 바꾸어 준다는 증거가 됩니다."[2]
> _마크 데버 & 폴 알렉산더

1. 예수 그리스도께서 받으실 영광을 가리지 마십시오(약 2:1~4)

> **Leader** 저는 도시에 갈 때마다 스타벅스에서 라테를 주문해서 마시길 좋아합니다. 제가 사는 시골 마을의 레스토랑이나 커피숍과 달리 스타벅스의 라테는 언제 어디서나 늘 똑같으므로 기대에 어긋나지 않기 때문입니다. 스타벅스는 어디서든 커피 맛을 균일하게 내는 기술을 터득했습니다.

우리는 그리스도를 대변하는 대사입니다. 전 세계의 엄청난 다양성이 하나님 나라 안에 있지만, 하나님의 백성 개개인에게는 일관성이 있어야 합니다. 저와 당신과 지구 반대편에 사는 그리스도인에게는 그리스도를 닮은 무엇이 있어야 합니다. 그래서 세상이 우리의 모습에서 그리스도의 모습을 찾을 수 있어야 합니다. 하나님의 영이 우리 안에 역사하셔서 구원의 열매를 맺으시므로 우리가 그리스도의 향기를 지니게 됩니다. 우리 마음속에 복음으로 인한 변화가 일어날 때, 우리의 행동과 태도에 참 그리스도인의 흔적이 나타나기 시작합니다. 그리스도를 통해 새롭게 의롭다하심을 얻은 내적 현실이 주변 사람들에게 점점 더 분명히 나타납니다. 사람들이 우리 안에 계신 예수님을 더욱 선명히 보게 될수록, 주님은 우리 삶을 통해 더 큰 영광을 받으십니다.

Q 그리스도인들과의 교제에서 그리스도의 사랑을 어떤 식으로 경험했습니까?

야고보서 1장은 그리스도인들에게 세속에 물들지 않도록 자신을 지키라는 호소로 끝납니다(약 1:27). 비록 우리의 모습은 서로 다르지만, 우리는 '차별'이 아닌 그 '다름'으로써 거룩해져야 합니다. 야고보는 우리가 종종 부딪히게 되는 차별의 문제를 2장에서도 이어 갑니다.

심화
주석 차별이나 편애가 영광스러운 그리스도를 믿는 믿음과 공존할 수 있습니까? 불가능합니다. 하나님이 특별 대우를 하실 때가 있지만, 은혜의 위대함을 보여 주시기 위해 가난한 자들에게 베푸시는 것입니다(약 2:5). 사회적 지위가 높다고 해서 특별 대우하는 것은 하나님을 믿는 믿음에 반하는 것입니다. 믿는 자는 절대로 믿음과 차별을 뒤섞어서는 안 됩니다. 그렇게 한다면, 두 마음을 품는 것입니다. 차별이 힘을 발휘할 때 믿음의 순종은 힘을 잃고 약화됩니다.[3]

_커트 A. 리처드슨

심화
주석 "사람을 차별하다"(show favoritism)라는 표현은 신약에서 네 번 언급되었는데(참조, 롬 2:11; 엡 6:9; 골 3:25, 이 세 구절에서 개역개정 성경은 "사람을 외모로 취하다"로 번역함-역주), 각각 하나님은 사람을 차별하지 않으신다는 사실을 언급합니다. 사람을 차별함으로써 죄를 범하는 것은 하나님이 모든 남녀를 평등하게 만들지 않으셨다는 것을 전제로 합니다. 따라서 사람을 차별하는 사람은 "악한 생각"을 품는 죄를 범한 것입니다(약 2:4).[4]

_R. 그레그 왓슨

[1]내 형제들아 영광의 주 곧 우리 주 예수 그리스도에 대한 믿음을 너희가 가졌으니 사람을 차별하여 대하지 말라 [2]만일 너희 회당에 금가락지를 끼고 아름다운 옷을 입은 사람이 들어오고 또 남루한 옷을 입은 가난한 사람이 들어올 때에 [3]너희가 아름다운 옷을 입은 자를 눈여겨보고 말하되 여기 좋은 자리에 앉으소서 하고 또 가난한 자에게 말하되 너는 거기 서 있든지 내 발등상 아래에 앉으라 하면 [4]너희끼리 서로 차별하며 악한 생각으로 판단하는 자가 되는 것이 아니냐

> 여기서 우리는 예수님을 믿는 믿음을 "가지라"는 명령을 받습니다. 야고보는 1절에서 "가졌으니"라고 번역된 헬라어를 17절에서도 사용했습니다. "이와 같이 행함이 없는 믿음은 그 자체가 죽은 것이라"(약 2:17). 그런데 여기서는 "가지다"가 아닌 "있다"로 번역되었습니다. 이 단어에는 무슨 일을 일으킨다는 뜻이 함축되어 있습니다. 즉 믿음은 행위를 일으킵니다. 예수님의 구원을 진정으로 믿는다면, 행함이 "있을 것"입니다. 그리스도인이 그리스도의 성품인 성령의 열매를 나타내고 참 제자의 특징인 맛을 내는 것은 자연스러운 일입니다.

여기서 우리는 예수 그리스도에 대한 믿음을 "붙잡으라"라는 명령을 받습니다. 그리스도를 영광스러운 주님으로 인정하는 고백이 주변 모든 사람에게 분명히 나타나도록 우리는 믿음을 붙잡아야 합니다. 즉 믿음과 행동이 일치해야 합니다. 그런데 야고보는 교회가 스스로 붙잡고 있다고 주장하는 믿음과 모순된 행동을 한다는 소식을 들었습니다. 그래서 그는 자기 뜻을 전달하기 위해 한 가지 비유를 듭니다.

야고보는 어떤 부자가 그들이 모인 회당에 들어오는데, 한 가난한 자가 따라 들어오는 장면을 상상해 보라고 말합니다. 그들은 이들을 각각 어떻게 대할까요? 부자에게는 좋은 자리를 내어 주고 가난한 자에게는 서 있거나 바닥에 앉으라고 말할까요? 만일 그렇게 행동한다면, 그들은 부자가 가난한 자보다 더 존중받아 마땅하다고 믿음으로써 차별을 드러낸 것입니다. 어쩌면 부자에게서 무엇인가를 얻어 내기 위해 그를 편애하는 사악한 생각을 보여 주는 것인지도 모릅니다. 야고보 시대의 독자들은 집중해 이 글을 읽었을 것입니다. 그들에게 해당하는 말이었으니까요. 이와 똑같은 말을 우리도 들을 수 있습니다. 우리는 차별이라는 죄에 빠지기 쉽습니다.

> 우리가 세상에 보이는 모습이 구원의 증거가 됩니다. 차별하는 그리스도인이란 모순적일 수밖에 없습니다(인종이나 경제적 지위나 정치 성향이나 기타 개인을 특

:..... 징짓는 것들에 관한 차별을 말합니다).

그리스도를 따르는 자가 누군가를 외모로 차별하는 일이 일어나서는 안 됩니다. 차별은 하나님의 성품에 맞지 않기 때문입니다. 로마서 2장 11절은 하나님은 외모로 사람을 취하지 않으신다고 말합니다. 하나님의 형상을 닮아 세상의 빛이요 소금인 우리는 사람들의 외모나 그들의 그 무엇 때문에 혹은 그들이 우리를 위해 할 수 있거나 할 수 없는 일 때문에 그들을 차별해서는 절대로 안 됩니다.

Q 세상에는 어떤 종류의 차별이 있습니까?

Q 사람들을 차별하는 것이 예수님이 받으셔야 할 영광을 어떻게 가립니까?

2. 하나님 나라 관점에서 바라보십시오(약 2:5~7)

> 저는 대학을 졸업한 지 6개월 만에 의학의 길을 뒤로 하고, 대학생 선교회에서 전임 사역을 맡았습니다. 선교회 대부분의 사역자들은 급여나 의료 보험이나 사역에 필요한 비용을 충당하기 위해 개인적으로 재정적인 후원을 받습니다. 저 역시 선교회에서 일하는 데 필요한 재정을 하나님께 맡기면서 몇 달간 교회들을 방문했고, 친구들과 가족에게 도움을 청했으며, 추천받은 곳을 쫓아다녔습니다.

하나님이 제 필요를 채워 주시는 것을 거듭 알 수 있는 수많은 승리와 축하의 순간들이 있었지만, 극심한 좌절의 시기도 있었습니다. 저는 종종 전화 상담원 취급을 당하곤 했는데, 다시는 연락하지 말라며 전화기에 대고 소리를 지르는 사람도 있었습니다(예전에는 제게 연락하라고 말했던 사람들이 말입니다). 또 제 연락을 정중하게 거절하는 사람들도 있었습니다.

가족 가운데 한 명은 만일 제가 "의사가 되면 사회에 더 유익했을 것"이라는 내용의 글을 보내왔습니다. 그녀는 물론 좋은 뜻에서 한 말이었습니다. 공개적으로 무신론을 주장하던 그녀에게는 소명을 따르기 위해 그동안 받아왔던 교육을 제쳐 두는 제 결정이 터무니없어 보였을 것입니다. 그녀의 눈에 저는 부모님이 고생하며 보내 준 학비를 내던져 버린 어리석은 젊은이에 불과했습니다. 업적과 칭송을 가치 있게 여기는 세속적인 세계관에서 보면, 제 결정은 어리석은 결정이었습니다. 제가 믿는 신화를 쫓아 사람들을 개종시키기 위해 경력과 기술과 안정된 급여를 포기하고 떠나는 것은 그녀가 보기에 말도 안 되는 일이었습니다.

야고보는 차별이라는 죄를 계속해서 다루면서, 교회가 가난한 자 대

심화 주석 하나님은 가난한 자들의 편에 계십니다. 그러나 그들이 가난해서가 아니라 그들이 주님께 반응하고 주님 나라에 가깝기 때문입니다. 만일 그들이 "믿음에 부요하면", 그들은 "나라를 상속받게 될 것"입니다(약 2:5하). 하나님은 부자들을 거절하십니다. 그들의 부요함 때문이 아니라 그들이 악행을 일삼기 때문입니다. 그들은 사람들을 "억압하며", 사람들을 "법정으로 끌고 가고", 하나님이 우리에게 주신 "그 아름다운 이름을 비방"합니다(약 2:6하~7). 여기서 야고보가 말한 "이름"은 예수 그리스도의 이름입니다. 부자는 그들의 부로 인해 마음대로 행해도 된다고 생각하고, 다른 사람들과 동일한 규칙에 제약받지 않는다고 생각합니다.[5]

_솔로몬 안드리아

**심화
주석**
이 억압 혹은 착취는 1세기에 사회가 급진적으로 양극화되었던 상황을 보여 줍니다. 당시에는 상인과 지주 계급이 가난한 이들에게서 땅과 소유물을 빼앗곤 했습니다(참조, 약 5:1~6). 야고보는 세상의 믿지 않는 "부자"들이 그리스도의 "이름"을 "비방"하는데 왜 회당에서 부자들을 귀하게 대접하는지 반문합니다. 구약에는 부자들이 가난한 이들의 것을 훔치기 위해 종종 법체계를 이용했다는 기록이 흔합니다(참조, 암 4:1; 합 1:4; 말 3:5). 이런 상황이 원인이 되어 AD 66~70년 갈릴리에서 반란이 일어났습니다.[6]

_그랜트 R. 오스본

"나는 그리스도의 나라와 관련이 없으면, 내가 가지고 있거나 소유할 수 있는 어떤 것에도 가치를 두지 않습니다. 그 나라의 유익을 더하는 것이라면, 그것을 내어 주든지 붙들고 있어야 합니다. 그것을 주거나 가지고 있는 것만으로도 시간과 영원 안에 있는 나의 모든 소망을 주신 주님의 영광을 가장 높이는 일이 될 것입니다."[7]

_데이비드 리빙스턴

신에 부자의 편에 서거나 또 다른 이유로 차별하지 않기를 바랐습니다. 야고보는 그들 자신이 무슨 짓을 하고 있는 것인지 분명히 알기를 원했습니다. 그는 이렇게 썼습니다.

⁵내 사랑하는 형제들아 들을지어다 하나님이 세상에서 가난한 자를 택하사 믿음에 부요하게 하시고 또 자기를 사랑하는 자들에게 약속하신 나라를 상속으로 받게 하지 아니하셨느냐 ⁶너희는 도리어 가난한 자를 업신여겼도다 부자는 너희를 억압하며 법정으로 끌고 가지 아니하느냐 ⁷그들은 너희에게 대하여 일컫는 바 그 아름다운 이름을 비방하지 아니하느냐

차별은 단순히 자기 잇속만 차리는 악한 행위가 아닙니다. 사실상 차별은 그보다 훨씬 더 사악합니다. 복음 자체를 약화시키기 때문입니다. 야고보는 하나님이 세상의 가난한 자들을 택하셔서 믿음 안에서 부유하게 하셨다는 사실을 교회에 상기시킵니다(참조, 시 68:10; 마 5:3). 우리는 재정적이든 영적이든 여러 가지 필요 때문에 다른 사람의 도움을 찾습니다. 이처럼 무기력한 상태에 있을 때, 복음이 마음에 뿌리를 내리고 자라나기 시작합니다. 그러나 가난한 자들을 방치한다면, 이 은혜의 그림을 망치는 셈이며 궁핍한 자에게 은혜를 베푸시는 하나님의 마음을 외면하는 것입니다.

차별은 우리의 생각보다 더 심각한 문제입니다. 야고보는 부자를 우대하고 가난한 자를 무시한다면, 그것은 억압하고 있는 자들의 편에 서는 것이라고 지적합니다. 부자들은 어느 정도는 가난한 자들을 억압함으로써 부자가 되었고, 가난한 자들은 부자들의 억압 탓에 가난해진 부분이 있었던 것입니다. 가난한 자의 편에 서는 대신에 신성모독적인 억압자들의 비위를 맞추려 한다면, 하나님의 백성이 복음으로 변화되지 못했음을 보여 줍니다. 교회가 세상처럼 행동한 것입니다. 그러나 복음이 우리 관점을 완전히 뒤바꿔 놓을 것입니다. 하나님이 모든 것을 뒤집어엎으실 것입니다.

> 나이가 들어 갈수록 우리의 의사 결정은 더욱 복잡해집니다. 우리의 행위가 이전보다 더 많은 사람에게 영향을 미치기 때문입니다. 우리는 성경의 목표와 지침만을 고수하는 대신에, 나와 내 가족의 유익을 추구하기 위해 세상의 가치와 목소리에 귀를 기울이곤 합니다. 어느 길이 가장 안전한가? 최소한의 저항으로 얻는 것은 무엇인가? 어떤 선택이 가장 큰 위안을 가져오는가? 가장 큰 성공을 가져올 선택은 무엇인가?

Leader

하나님의 부르심은 세상이 가치 있게 여기고 존경하며 환영하는 것들의 반대편에 위치합니다. 우리가 영원을 바라보며 하나님을 따를 때, 우리의 목표와 정욕과 선택은 그리스도를 모르는 사람들과 근본적으로 다를 것입니다. 아니, 마땅히 달라야 합니다. 세상은 시대의 변덕스러운 유행을 따르라고 우리를 부추길 것입니다. 이따금 그리스도인의 가치와 신념이 세상 사람들과 똑같을 때도 있을 것입니다. 그러나 우리는 현 세계가 우리의 참된 고향이 아님을 계속해서 상기해야만 합니다. 우리는 섬김을 받기 위해서가 아니라 섬기기 위해서 존재합니다. 우리 삶도 내 것이 아니라 하나님께 드리는 제물이 되어야 합니다.

Q 우리는 어떤 식으로 복음이 아닌 세상의 가치에 따라 생각하고 행동하도록 유혹을 받습니까?

Q 하나님 나라의 역설적인 속성을 오늘날 세상에 어떻게 반영할 수 있을까요?

3. 장차 있을 심판을 두려워하십시오 (약 2:8~13)

그리스도 안에서 새로운 관점을 얻지 못하면 사람들을 자의적으로 판단합니다. 남을 판단하는 성향이 있어 끝도 없이 비판합니다. 수건을 개는 가장 좋은 방법, 식기 세척기에 식기를 쌓는 최적의 방법, 가족을 이끄는 방법 등 사소한 일상적인 일들에까지 확고한 자신의 방식만을 고집합니다. 그러나 야고보가 계속해서 강조하듯이, 하나님이 긍휼이 많은 분이시니 우리도 그래야 합니다.

8너희가 만일 성경에 기록된 대로 네 이웃 사랑하기를 네 몸과 같이 하라 하신 최고의 법을 지키면 잘하는 것이거니와 9만일 너희가 사람을 차별하여 대하면 죄를 짓는 것이니 율법이 너희를 범법자로 정죄하리라 10누구든지 온 율법을 지키다가 그 하나를 범하면 모두 범한 자가 되나니 11간음하지 말라 하신 이가 또한 살인하지 말라 하셨은즉 네가 비록 간음하지 아니하여도 살인하면 율법을 범한 자가 되느니라 12너희는 자유의 율법대로 심판 받을 자처럼 말도 하고 행하기도 하라 13긍휼을 행하지 아니하는 자에게는 긍휼 없는 심판이 있으리라 긍휼은 심판을 이기고 자랑하느니라

> "하나님 나라에서 위대함은 순종의 관점에서 측량됩니다."[8]
> _존 스토트

심화 주석 야고보는 긍휼을 베풀지 않는 자들은 최후의 심판 때 긍휼히 여김을 받지 못한다는 사실을 경고하기 위해 마태복음 5장 7절의 예수님 말씀을 언급했습니다. 긍정적으로 표현하면, 이 말은 "긍휼이 심판을 이긴다"는 뜻입니다. 이 말은 우리가 다른 사람에게 긍휼을 베풀 때에만 하나님이 긍휼을 베풀어 주신다는 뜻이 아닙니다. 만일 이 말이 참이라면, 구원은 우리의 선한 행위에 대한 하나님의 보상이라고 할 것입니다. 예수님을 믿는 사람은 하나님의 긍휼로 죄책감이나 심판을 이깁니다. 우리가 하나님의 은혜를 받았다면, 장차 있을 심판 날에도 서 있게 될 것입니다. 긍휼로 정죄를 이기고 즐거워할 수 있습니다.[9]

_토마스 D. 레아

심화 주석 어떤 사람들은 "율법을 범한 자"라는 꼬리표가 너무 지나치다고 이의를 제기할 것입니다. 그래서 야고보는 한 가지 율법만 범해도 율법을 범한 자가 된다는 논리를 펼칩니다(약 2:10). 그는 모든 사람이 나쁘다고 동의하는 두 가지 행위를 통해 자기주장을 설명합니다. 하나님은 십계명에서 간음과 살인 둘 다를 금하셨습니다(약 2:11; 출 20:13~14). 살인자는 "그래도 난 간음하지 않았어요!"라는 호소로 면죄를 받을 수 없습니다. 그들은 율법의 일부를 지켰음에도 불구하고 율법을 범한 자들입니다. 사람을 차별하지 말라는 하나님의 명령을 어길 때도 똑같이 적용됩니다.[10]

_아서 제임스

야고보는 돌려서 말하지 않습니다. 차별은 죄라고 말합니다. 차별은 하나님의 마음에 반하는 것으로, 그리스도인에게 차별은 근본적인 위선에 해당합니다. 우리는 최악의 상태에서 구원받았습니다. 그리스도께 바칠 것이 아무것도 없었습니다. 그런데도 주님은 우리가 하나님의 가족이 될 수 있도록 하나님의 진노를 받으셨습니다.

"그러나 너희는 택하신 족속이요 왕 같은 제사장들이요 거룩한 나라요 그의 소유가 된 백성이니 이는 너희를 어두운 데서 불러내어 그의 기이한 빛에 들어가게 하신 이의 아름다운 덕을 선포하게 하려 하심이라 너희가 전에는 백성이 아니더니 이제는 하나님의 백성이요 전에는 긍휼을 얻지 못하였더니 이제는 긍휼을 얻은 자니라"(벧전 2:9~10).

우리는 집도 없고 아버지도 없고 소망도 없는 고아였습니다. 그럼에도 불구하고 하나님은 우리를 가난에서 건져 주셨고, 우리에게 영원한 하나님 나라의 풍성함과 사랑받는 자녀의 지위를 허락해 주셨습니다. 우리가 가진 모든 것은 오직 하나님께로부터 받은 것들입니다.

긍휼을 절실히 필요로 하는 사람들에게 긍휼을 베풀지 않고 살아간다면, 한 발 뒤로 물러서서 자기 마음을 살펴봐야 합니다. 끝없는 긍휼과 변함없는 사랑과 깊은 인자하심은 우리 하나님의 성품입니다. 우리는 새 언약과 의로움과 영원한 미래를 상속받은 하나님의 아들과 딸로서, 은혜가 충만한 소속감을 느끼고 자비로운 구속을 경험했습니다. 이 경험으로 매 순간을 살고, 주변 사람들에게 하나님의 영광을 드러낼 수 있어야 합니다. 구원의 순간에 받은 그리스도의 의가 우리를 긍휼의 사람으로 만듭니다.

> 이처럼 엄청난 긍휼을 받은 사람이 어떻게 다른 사람에게 긍휼을 베풀지 않을 수 있겠습니까? 이해 못할 행동입니다. 이것이 바로 마태복음 18장의 용서하지 않는 종의 비유에서 예수님이 말씀하신 요점입니다. 하나님의 긍휼을 경험한 사람은 또한 긍휼을 베풀어야 합니다. 우리는 이제 그리스도 안에서 그러한 존재입니다. 이것이 새로운 영적 DNA입니다. 구원받을 때 얻은 그리스도의 의가 우리로 하여금 긍휼의 백성이 되게 합니다.

Leader

Q 다른 사람을 긍휼한 마음으로 대하기 어려운 이유는 무엇입니까?

우리는 그리스도 안에서 이미 경험한 것이나 변화된 사실 때문만이 아니라 앞으로 경험하게 될 다른 것들 때문에도 긍휼을 베풀어야 합니다. 우리 자신이 장차 긍휼히 여김을 받을 것이기에 다른 사람을 긍휼히 여겨야 합니다. 정신이 번쩍 들게 할 만한 사실이 있습니다. 우리가 한 모든 말과 행동에 따라 언젠가 우리는 심판 받게 될 것이라는 사실입니다(마 12:36~37; 롬 2:6~11; 고후 5:10). 그리스도의 심판대 앞에 서서 크든 작든 우리가 내뱉은 모든 말과 행했던 모든 행위가 헤아림을 받게 될 것입니다. 우리가 행한 차별로 입증되었듯이, 야고보는 우리 모두 율법을 어긴 자들이며 죄인으로 정죄되었다는 사실을 조심스럽게 지적합니다(약 2:9~11).

그런데 우리는 그날에 무슨 일이 일어날지 잘 알고 있습니다. 그리스도로 말미암아 모든 죄가 내던져질 것이며, 우리는 그리스도 안에서 순결하고 의로운 모습으로 하나님 앞에 서게 될 것입니다. 그리고 하나님의 긍휼을 경험할 것입니다. 이 위대한 소망으로 말미암아 다른 사람들에게 긍휼을 기꺼이 풍성하게 널리 베풀 수 있어야 합니다. 긍휼이 '내 판단'보다 강합니다. 그러니 다른 사람을 판단할 게 아니라 '그들에게' 긍휼을 베풀어야 합니다.

그리스도인의 삶에서 편파적인 태도는 근절되어야 합니다. 그런데도 인종차별, 성차별, 사회·경제·문화 엘리트주의 등 수많은 차별이 여전히 교회를 어지럽히고 있습니다. 그래서는 안 되는데도 말입니다.

> 사람들을 긍휼히 대하는 것은 우리가 진정한 그리스도인이라는 사실의 가장 위대하면서도 참된 증표 중 하나입니다. 특히 우리와 다른 사람들에 대한 긍휼이 그렇습니다. 우리는 상처 입고 소외된 사람에게 긍휼과 관심을 베풀어야 합니다. 그러나 종종 우리는 상처 입은 영혼들에게 가까이 가기를 꺼립니다. 그들을 섬기는 사역은 위험하기까지 합니다. 그럼에도 불구하고 그들과의 공통점이 생각보다 많습니다. 우리는 모두 구원자가 필요한 사람들입니다. 우리는 모두 구원을 받아야 하고, 하나님의 긍휼과 은혜가 필요한 자들입니다.

Leader

하나님 나라는 각 족속과 방언과 나라에서 온 사람들로 가득 찰 것입니다. 하나님 나라에는 나와 비슷하게 생기고 나와 비슷하게 말하고 행동하는 사람들만 있지는 않을 것입니다. 우리의 영원한 고향에는 아름답고 기쁨에 찬 각양각색의 목소리가 울려 퍼질 것입니다. 그 영광스러운 날을 준비하는 데 교회보다 더 좋은 곳이 있습니까?

Q 장차 있을 하나님의 심판이 지금 나의 결정에 어떤 영향을 끼칩니까?

Q 예수 그리스도 안에서 받은 긍휼을 기억한다면, 그리스도인은 지금 어떤 태도로 결정하고 행동해야 할까요?

> "우리가 서로 구제하는 것보다 하나님이 더 큰 긍휼을 베풀지 않으신다면, 우리는 어떻게 되겠습니까?"[11]
> _토머스 풀러

핵심교리 99

17. 공의로우신 하나님

하나님은 자신의 도덕적 피조물들을 위해 그분의 의에 준한 기준을 세우셨고, 그 기준에 따라 피조물을 심판하실 것입니다(레 11:44~45; 롬 2:5~11; 고후 5:10). 만약 하나님이 심판하지 않으신다면, 그것은 의로우신 하나님의 성품에 어긋나는 일이 될 것입니다. 인간은 하나님의 의로운 기준에 합당하게 살지 못하고 죄를 지었습니다. 그래서 공의로 죄인을 심판하시는 하나님은 그리스도 안에 있는 믿는 자들을 구원하시기 위해, 단지 재판관이실 뿐만 아니라, 죗값을 치르기 위한 제물이 되기로 하셨습니다(롬 3:25~26).

> "우리는 숨 쉴 때마다 긍휼을 들이마십니다."[12]
> _토머스 왓슨

> "인종차별은 나쁜 습관이나 실수가 아닙니다. 그것은 죄입니다. 해결책은 사회학이 아닌 신학에 있습니다."[13]
> _토니 에반스

결론

그리스도를 믿는 모든 사람이 하나님과 함께 영원한 삶을 살게 될 것입니다. 하지만 그리스도의 통치가 시작되는 대관식에서 모든 사람이 면류관을 쓰게 되지는 않을 것입니다. 주변 사람에게 하나님의 이름을 전할 기회를 놓친 그리스도인들이 너무나 많습니다. 마주치는 모든 사람에게 그리스도의 소망을 전할 수 있도록 준비합시다. 죄 된 길에서 돌아서서, 하나님의 공의와 정의로우심을 배웁시다. 긍휼과 은혜의 마음이 깃든 행동과 태도를 통해, 주변에 잃어버린 영혼들, 곧 죽어 가는 세상에 거룩하신 하나님을 전할 수 있기를 바랍니다.

그리스도와의 연결

초대교회가 차별하는 모습을 보이자 야고보는 신자들에게 하나님의 긍휼과 심판의 측면에서 그들의 정체성을 상기시켰습니다. 우리가 예수 그리스도에 대한 믿음을 보여 줄 수 있는 방법은 왕의 법을 지키며 심판을 넘어선 긍휼을 선포하는 것입니다. 이 긍휼은 우리 대신 돌아가신 예수님의 대속적 죽음에서 가장 잘 드러납니다. 하나님이 예수 그리스도를 통해 우리에게 긍휼을 베풀어 주셨으므로 우리도 다른 사람들에게 긍휼을 베풀어야 합니다.

하나님의 계획 우리의 사명

선교적 적용 하나님은 우리도 심판받게 되리라는 것을 기억하며, 차별하지 말고 긍휼을 베풀라고 말씀하십니다.

1. 예수님께 영광을 돌리기 위해 교회/공동체가 짚고 넘어가야 할 차별과 관련된 일이나 태도에는 어떤 것들이 있을까요?

2. 어떻게 하면 예수님의 발자취를 따라 스스로 가난해져서 다른 사람을 부유하게 할 수 있을까요(참조, 고후 8:9)?

3. 어떻게 하면 상처 입고 고통받고 버림받고 소외된 사람들에게 그리스도의 사랑과 긍휼을 베풀 수 있을까요?

금주의 성경 읽기
눅 19:28~24:53

Summary and Goal

우리 각자가 그리스도의 몸을 이루는 일부입니다. 선택받고 하나님의 긍휼을 입은 자들로서 우리는 인생에서 새롭게 감당해야 할 정체성을 받았습니다. 또한 믿음의 토대요 모범이 되시는 그리스도와 함께 하나님의 사역과 영광을 위해 따로 구별되도록 부름받았고, 새로운 목적을 부여받았습니다.

주님이 주신 정체성을 유지한다는 것은

4

- **성경 본문**
  베드로전서 2:1~17

- **세션 포인트**
  1. 그리스도께서 세우신 교회를 위해 산 돌이 되십시오(벧전 2:1~8)
  2. 교회가 그리스도의 사명을 받았으니 택하신 족속으로 사십시오
     (벧전 2:9~10)
  3. 교회는 선행을 베풀도록 부름받았으니 천국 시민권자로 사십시오
     (벧전 2:11~17)

- **신학적 주제**
  교회는 예수 그리스도께서 세우시고 사명을 주신 하나님 나라의 증표이자 도구입니다.

- **그리스도와의 연결**
  초대교회의 성도들은 그리스도를 믿는다는 이유로 박해를 받고 고난을 당했습니다. 베드로는 하나님의 백성이라는 정체성을 그들에게 상기시켰습니다. 그들은 그리스도께서 지으시고 사명을 주어 보내신 하나님의 백성입니다. 그리스도인은 우리를 위해 십자가에서 고난당하신 그리스도와 연합했습니다. 그런즉 하나님이 고난을 통해 우리를 자기 아들의 형상으로 만들어 주실 것을 기대할 수 있습니다.

- **선교적 적용**
  하나님은 우리에게 이 세상의 유익을 위하고, 동시에 세상을 위해 세상에 대적하는 전혀 다른 차원의 사람들로 살아가라고 말씀하십니다.

**Session
Plan**

도입

국립공원에 관한 이야기로 시작해, 국립공원의 의미를 살펴보십시오.

방문해 본 국립공원은 어디입니까? 그곳에서 가장 인상 깊었던 점은 무엇입니까?

그리스도인의 삶과 보존 구역에 세워진 기념비들의 의미를 연결해 주십시오. 그러고 나서 이 세션을 요약해 주십시오.

전개

1
그리스도께서 세우신 교회를 위해 산 돌이 되십시오
(벧전 2:1~8)

베드로가 곳곳에 흩어져 있는 그리스도인들에게 편지를 썼던 현재 터키에 해당하는 지역을 부록 5: '서신서 지도'에서 살펴보십시오. 본문의 배경을 살펴보고 베드로전서 2장 1~8절을 읽으십시오. 본문에서 우리에게 주어진 사명을 보여 주는 명령들을 강조해 주십시오.

첫째, 쉬이 없어지지 않는 우리 안의 죄를 멸하십시오(1절). 우리는 절박한 마음으로 죄 된 육체와 싸워야 합니다.

죄와의 싸움이 매 순간 치러야 하는 전쟁임을 알게 되는 때는 언제입니까?

둘째, 영적 성장을 위해 하나님의 말씀을 갈망하십시오(2~3절). 하나님의 말씀이야말로 하나님에 관해 배울 수 있는 첫 번째 방법입니다. 하나님의 선하심을 진짜로 맛본 사람은 자연스럽게 주님을 더욱 갈망하게 됩니다.

어떻게 하면 주님의 말씀을 향한 갈망이 커질까요?

셋째, 그리스도께 가까이 다가가십시오(4~8절). 우리는 삶 가운데 역사하시는 그리스도의 사역에 감사하면서, 주님께 더욱 가까이 다가가기 위해 할 수 있는 모든 것을 해야 합니다.

하나님께 더 가까이 다가가려면 어떤 과정을 거쳐야 합니까?

2
교회가 그리스도의 사명을 받았으니 택하신 족속으로 사십시오(벧전 2:9~10)

성경에서 말씀의 공명이 어떻게 일어나는지로 주의를 환기해 주십시오. 그러고 나서 베드로전서 2장 9~10절을 읽으십시오.

베드로가 그리스도인에 관해 묘사한 것 중에서 가장 이해하기 힘든 부분은 어디입니까? 그 이유는 무엇입니까?

가장 공감되는 부분은 어디입니까? 그 이유는 무엇입니까?

예수님의 교회에 관한 베드로의 묘사가 의미하는 바를 상세하게 설명해 주십시오. 그리고 교회에 관한 베드로의 묘사가 모두 복수인 점을 지적하고, 구원에는 공동체적인 측면이 있음을 지적해 주십시오.

그리스도인의 정체성을 기억하는 것은 복음 전도의 동기에 어떤 영향을 미칠까요?

자원자에게 베드로전서 2장 11~17절을 읽게 하십시오. 앞서 언급했던 교회에 관한 네 가지 묘사는 우리가 세상과 근본적으로 다르다는 사실을 상기시킨다고 말해 주십시오. 그러고 나서 우리가 세상에서 거류민과 나그네처럼 살 수 있는 세 가지 방법을 설명해 주십시오.

어떻게 하면 거만하게 보이지 않으면서 세상 사람들과 다르게 살아갈 수 있을까요?

그리스도인이 세상에서 "거류민과 나그네"로 살아가는 세 가지 방법 중에서 나에게 가장 도전이 되는 것은 무엇입니까? 그 이유는 무엇입니까?

히브리서 11장에 묘사된 성도들의 공통분모를 강조하십시오. 그들은 참된 고향이 하나님이 계시는 천국이라는 사실을 깨달았습니다.

영원에 초점을 맞춘 충만한 믿음은 하루하루 살아가는 방식을 어떻게 바꾸어 놓을까요?

3

교회는 선행을 베풀도록 부름받았으니 천국 시민권자로 사십시오(벧전 2:11~17)

결론

궁극적으로 구원은 우리 자신에 관한 것이 아니라 구속자의 영광에 관한 것임을 상기시켜 주십시오. 이 세션에서 배운 진리를 '하나님의 계획, 우리의 사명'에서 적용해 보십시오.

Session Content

4. 주님이 주신 정체성을 유지한다는 것은

"오, 시간은 얼마나 소중한 것인가.
선한 목적으로 거의 아무것도
하지 않는 동안에 미끄러져
가는 시간을 바라만 보는 것은
얼마나 가슴 아픈 일인가."[1]
_데이비드 브레이너드

도입

우리 가족은 여행을 좋아합니다. 우리는 미국의 많은 주를 돌아다니며 그 주의 중심 도시를 관광했고, 오가는 길에 있는 국립공원을 방문했습니다. 저는 국립공원을 방문할 때마다 역사와 지리와 지질학적 교훈들을 경험하는 일이 좋았습니다. 유적지에 관해 말로만 듣는 것과 실제로 방문해서 경험하는 것은 다릅니다. 기념비마다 어떤 인물이나 사건이나 그곳에 있는 보물을 기리며 그 의미를 분명히 드러내고 있습니다. 보존 구역에서는 인류 발전에 영향을 받지 않은 대지의 아름다움을 볼 수 있습니다.

Q 방문해 본 국립공원은 어디입니까? 그곳에서 가장 인상 깊었던 점은 무엇입니까?

> 그리스도인의 삶은 이러한 보존 구역이나 기념비의 의미와 유사합니다. 물론 우리는 국립공원을 가득 채운 생명력 없는 돌들과는 다릅니다. 우리는 구원자의 영광을 위해 살아 숨 쉬고 있습니다. 우리는 주위 사람에게 하나님의 명예와 의를 선언하기 위해 존재합니다. 죄의 부정적인 영향에 강인하게 맞서야 합니다. 그러할 때 우리 삶은 하나님의 사랑과 긍휼과 은혜를 지속적으로 실제적으로 보여 줍니다.
>
> Leader

국립공원을 유지하기 위해 많은 노력과 관심을 기울여야 하듯이, 그리스도인도 자신이 받은 소명을 이루기 위한 의지가 필요합니다. 하나님은 인생마다 놀라운 목적을 가지고 계십니다. 우리는 죄에서 구원받았을 뿐만 아니라 사명을 수행하기 위해서도 구원받았습니다. 그리스도께서 자기 신부에게 주신 의의 토대 위에 굳건히 서서 우리의 새로운 정체성과 참된 고향을 기억하며, 주님이 주신 사명을 수행해 나가야 합니다. 우리는 복음 사역과 하나님의 영광을 위해 부름받은 자들이기 때문입니다.

Session Summary

우리 각자가 그리스도의 몸을 이루는 일부입니다. 선택받고 하나님의 긍휼을 입은 자들로서 우리는 인생에서 새롭게 감당해야 할 정체성을 받았습니다. 또한 믿음의 토대요 모범이 되시는 그리스도와 함께 하나님의 사역과 영광을 위해 따로 구별되도록 부름받았고, 새로운 목적을 부여받았습니다.

1. 그리스도께서 세우신 교회를 위해 산 돌이 되십시오 (벧전 2:1~8)

> Leader

하나님은 우리가 주님의 영원한 선하심을 경험할 수 있도록 견고한 토대를 은혜롭게 제공해 주셨습니다. 이 토대는 그리스도의 순종적인 삶과 죄 없는 희생과 능력 있는 부활을 통해 이뤄졌습니다. 우리는 그분을 믿음으로써 견고하게 설 수 있습니다. 베드로전서는 이러한 근본 진리로 가득합니다. 베드로는 첫 장에서 그리스도 안에서 우리가 소유하는, 곧 계속해서 살아 있는 소망에 관해 가르칩니다. 베드로는 우리가 하나님과 영구적인 관계를 시작할 수 있도록 영광스러운 진리들을 끝없이 나열합니다. 곧 우리를 위해 그리스도께서 이루신 일인 복음에 관한 진리입니다.

사도 베드로는 이 진리들을 언급한 후에 적용으로 들어갑니다. 그는 "그러므로… 근신하여… 순종하는 자식처럼… 모든 행실에 거룩한 자가 되라"(벧전 1:13~15)라고 말합니다. 이 진리들은 2장에서도 계속됩니다. 하나님의 크나큰 자비로 우리가 구원받았고 살아 있는 소망과 불멸의 상속을 받았으므로 이제 우리는 행할 수 있습니다.

구원의 목적이 영원한 파멸에서 구하는 것뿐이라면, 우리가 이 세상에서 계속 존재할 이유가 없다는 사실을 이해하는 것이 중요합니다. 우리 삶에는 개인적인 구원 이상의 의미가 있습니다. 우리가 이 세상에 남아 있는 이유는 들을 수 있는 모든 사람에게 영광스러운 주님의 구원을 선포하고 감사할 줄 아는 증언의 돌들이 되기 위함입니다.

1 그러므로 모든 악독과 모든 기만과 외식과 시기와 모든 비방하는 말을 버리고

심화 주석 예수님은 "산 돌"과 "모퉁잇 돌"로 불리시지만, "버린 돌"이나 "부딪치는 돌"로도 언급되십니다. 베드로는 읽는 이로 하여금 그들이 "신령한 집"으로 세워지는 "산 돌들"로서 하나님의 보배라는 사실을 확인시켜 줍니다. 그들은 하나님 백성의 공동체인 살아 있는 성전의 일부입니다. "택하신 족속"(벧전 2:9; 참조, 벧전 2:4, 6; 사 43:20)은 신자들의 공동체적인 연합을 의미하는 것으로 보입니다. 그리스도 안에서 모든 족속의 신자가 연합합니다. 이들은 또한 "신령한 제사"(벧전 2:5)를 드리는 "왕 같은 제사장들"(9절)입니다. 즉 제사장의 무리입니다. 신자들은 "어두운 데서 불러내어 그의 기이한 빛에 들어가게"(9절) 되었습니다. 어두운 곳에서 빛으로의 전환은 회심에 대한 신약의 흔한 묘사입니다(행 26:18; 고후 4:6; 엡 5:8). [2]

_테리 L. 와일더

"하나님의 가족이 되면, 평생에 걸친 건축 계획이 시작됩니다. 건축 공사가 완성 단계에 가까워질수록 외관이 개선되듯이, 신자들의 행동과 태도 역시 영원한 상급에 가까워질수록 향상됩니다." [3]
_데이비드 월스 & 맥스 앤더스

심화 주석
영적 성장을 향한 갈망은 주의 인자하심과 선하심을 경험하는 것, 즉 하나님의 아름다움을 맛보는 데서 비롯됩니다. 하나님을 열심히 따르는 사람은 그분의 인자하심을 맛봅니다. 베드로에게 그리스도인의 성장은 단지 사명으로의 부르심이나 복음과 상관이 없는 도덕주의가 아닙니다. 성장을 향한 갈망은 주의 긍휼하심을 경험하는 것에서 비롯됩니다. 신자들은 이러한 경험을 통해 더 많은 것을 경험하게 되기를 기대합니다.[4]

_토마스 R. 슈라이너

[2]갓난아기들 같이 순전하고 신령한 젖을 사모하라 이는 그로 말미암아 너희로 구원에 이르도록 자라게 하려 함이라 [3]너희가 주의 인자하심을 맛보았으면 그리하라 [4]사람에게는 버린 바가 되었으나 하나님께는 택하심을 입은 보배로운 산 돌이신 예수께 나아가 [5]너희도 산 돌같이 신령한 집으로 세워지고 예수 그리스도로 말미암아 하나님이 기쁘게 받으실 신령한 제사를 드릴 거룩한 제사장이 될지니라 [6]성경에 기록되었으되 보라 내가 택한 보배로운 모퉁잇돌을 시온에 두노니 그를 믿는 자는 부끄러움을 당하지 아니하리라 하였으니 [7]그러므로 믿는 너희에게는 보배이나 믿지 아니하는 자에게는 건축자들이 버린 그 돌이 모퉁이의 머릿돌이 되고 [8]또한 부딪치는 돌과 걸려 넘어지게 하는 바위가 되었다 하였느니라 그들이 말씀을 순종하지 아니하므로 넘어지나니 이는 그들을 이렇게 정하신 것이라

본문에는 우리에게 주어진 사명을 두드러지게 하는 여러 가지 구체적인 명령들이 있습니다. 함께 자세히 살펴봅시다.

첫째, 쉬이 없어지지 않는 우리 안의 죄를 멸하십시오(1절).

집진드기를 찾아 없애는 것은 고생스러운 일입니다. 집진드기의 흔적을 찾아 방 구석구석을 뒤지고, 모든 침대보와 베개를 빨아 햇볕이 가장 뜨거울 때 말려야 합니다. 이 작은 불청객들과 한바탕 전쟁을 치르기 위해 인터넷에서 온갖 민간요법을 샅샅이 뒤져 보기도 합니다.

> 이보다 격렬하고 단호하고 긴급하게 죄 된 육체와 싸워야 합니다. 그런데도 우리는 죄로 가득한 삶에 너무 쉽게 안주하고 심지어 안락함을 느끼기까지 합니다. 우리는 죄를 발견함으로써 충격에 빠지거나 공포에 질리는 대신에 죄를 끌어안고 죄가 우리 삶을 점령하도록 허용합니다. 분노, 이기주의, 교만 등 죄의 목록은 끝이 없습니다. 우리는 이 죄들을 역겨운 불청객으로 내쫓는 대신에 만날 만한 동반자로 대합니다.

Leader

그리스도의 희생을 통해 하나님과 바른 관계를 맺기는 했지만, 우리 안에서 하나님의 사역이 완성되기를 기다리면서 해야 할 일이 여전히 많습니다. 히브리서 12장 1절은 우리 모두에게 쉬이 떨쳐지지 않는 죄들이 있다고 말합니다. 성경은 이것을 없애 버리라고 계속해서 분명하게 명령합니다. 우리에게는 뛰어야 할 경주가 있고 싸워야 할 전투가 있으며, 그리스도께서 주신 내적 현실을 살아 내기 위한 평생의 배움이 있습니다.

Q 죄와의 싸움이 매 순간 치러야 하는 전쟁임을 알게 되는 때는 언제입니까?

둘째, 영적 성장을 위해 하나님의 말씀을 갈망하십시오(2~3절).

아기가 원하는 것은 분명합니다. 아기는 배고프면 먹을 것을 원합니다. 아기에게 젖이나 이유식이 필요하듯이(아기가 간절히 바라는 것이죠), 우리에게는 영적 자양분이 필요합니다.

> Leader
우리의 영적 자양분인 하나님의 말씀을 규칙적으로 공급받는 것은 대단히 중요합니다. 그러나 원하는 바가 분명한 갓난아기와 달리 꽤 오랫동안 성경을 전혀 읽지 않거나 거의 읽지 않고 지내는 그리스도인이 많습니다. 하나님의 말씀을 깊이 연구해 배부르게 먹는 대신 가벼운 간식 같은 피상적인 성경 읽기로 만족합니다.

베드로는 그리스도인의 성장을 위해 말씀을 사모해야 한다고 교회에 권면합니다. 그리스도의 진정한 제자라면, 우선 균형 있는 성경 읽기를 통해 꾸준히 성장해야 합니다. 성경을 향한 열망은 하나님께 더 가까이 나아가고자 하는 갈급함에서 비롯됩니다. 하나님의 말씀이야말로 하나님에 관해 배울 수 있는 첫 번째 방법이기 때문입니다. 하나님의 선하심을 진짜로 맛본 사람은 자연스럽게 주님을 더욱 갈망하게 됩니다.

Q 어떻게 하면 주님의 말씀을 향한 갈망이 커질까요?

셋째, 그리스도께 가까이 다가가십시오(4~8절).

> Leader
본문의 첫 두 명령은 분명합니다. 그러나 고려할 사항이 하나 더 있습니다. 다음 단락은 4절의 "산 돌이신 예수께 나아가"라는 말로 시작합니다. 베드로는 독자들이 하나님께 나아가기를 바라며, 그가 방금 기록했듯이 그들이 이를 실천할 것이라고 가정합니다. 베드로는 모든 참된 신자들의 마음에 궁핍함이 있음을 이해했습니다. 이는 그들의 삶에 하나님의 능력과 임재가 더욱 많아지기를 갈구하는 것입니다. 그래서 베드로는 하나님께 나아온 사람에 관한 기초 진리들에 관해서 논의를 이어 나갔습니다.

베드로의 선포가 모든 신자에게 해당된다는 점을 주목하십시오. 우리는 하나님이 선택하신 영광스러운 "산 돌"들이요 하나님이 임재하시는 영적 집입니다. 거룩한 제사장이 되기 위해 지어진 집입니다. 이 모든 것이 산 돌이신 그리스도의 토대 위에 있습니다. 그리스도께서는 우리의 죄 많고 굳은 마음을 제하시고, 그 자리에 부드러운 마음을 주셨습니다. 오직 그리스도만을 신뢰하는 우리는 부끄러움 당하지 않을 것입니다. 주님이 약속하신 바를 지키실 것이기 때문입니다. 그러므로 우리에게는 확실한 소망이 있습니다.

**심화
주석**
하나님은 자기 백성을 택하시고, 왕 같은 제사장으로 세우십니다. 그들을 거룩한 나라와 소유된 백성으로 임명하신 이유는 "어두운 데서 불러내어 그의 기이한 빛에 들어가게 하신 이의 아름다운 덕을 선포하게" 하려 함이었습니다. 베드로는 이사야 43장 21절을 넌지시 암시했을 것입니다. 하나님이 자신을 위해 이스라엘을 세우셔서 그들로 하여금 하나님을 "찬송하게 하려 함"이라는 말씀이 있기 때문입니다. 주목할 점은 베드로가 70인역을 따라 "찬송"(헬라어로 '아레타스')이라는 단어를 복수로 사용했다는 사실입니다. 하나님은 자신을 찬양하도록 이스라엘을 세우셨듯이, 이제는 그분의 기적을 찬양하도록 교회를 세우십니다. 하나님이 행하시는 모든 일의 궁극적인 목적은 주님께 찬양을 돌리는 것입니다(사 43:7). 하나님 찬양에 대한 선포는 예배와 복음 전도 둘 다를 포함합니다.[5]

_토마스 R. 슈라이너

"그리스도의 영은 선교의 영입니다. 그래서 주님께 가까이 다가갈수록 우리는 더욱 열렬한 선교사가 됩니다."[6]
_헨리 마틴

이러한 변화에 대한 깊은 감사가 쉬이 없어지지 않는 우리 안의 죄들을 소멸시킵니다. 또한 우리에게는 그리스도를 통해 우리에게 주어진 기본 지위의 내적 현실을 실현할 책임이 있습니다. 따라서 우리는 모든 순간마다 영적 희생 제물을 드리려고 노력합니다. 우리가 죄와 싸우는 이유는 죄가 그리스도와의 친밀감을 막기 때문입니다. 우리는 하나님의 말씀을 깊이 경험하기를 갈망합니다. 말씀이 구원자이신 하나님을 더 잘 알아 가도록 인도해 주기 때문입니다. 우리는 주님께 더욱 가까이 다가가기 위해 할 수 있는 모든 일을 합니다. 이것은 억지로 하는 것이 아닙니다. 하나님께 영광을 돌리는 것은 구속받은 영혼의 자연스러운 반응입니다.

Q 하나님께 더 가까이 다가가려면 어떤 과정을 거쳐야 합니까?

2. 교회가 그리스도의 사명을 받았으니 택하신 족속으로 사십시오(벧전 2:9~10)

> Leader

성경에는 교향곡과 같이 거듭 반복되는 몇 가지 선율이 있습니다. 베드로는 바울의 메아리가 되고, 마태는 이사야의 메아리가 되고, 로마서는 창세기의 메아리가 됩니다. 이렇듯 성경의 각 책과 장이 복음의 아름다운 주제를 연주하고 있으며, 이들이 함께 어우러져 창조주께 점점 더 큰 찬양을 올려드립니다. 베드로는 우리를 대신하신 그리스도의 사역으로 인해 우리가 누구인지에 관한 노래를 다시금 시작합니다.

[9]그러나 너희는 택하신 족속이요 왕 같은 제사장들이요 거룩한 나라요 그의 소유가 된 백성이니 이는 너희를 어두운 데서 불러내어 그의 기이한 빛에 들어가게 하신 이의 아름다운 덕을 선포하게 하려 하심이라 [10]너희가 전에는 백성이 아니더니 이제는 하나님의 백성이요 전에는 긍휼을 얻지 못하였더니 이제는 긍휼을 얻은 자니라

Q 베드로가 그리스도인에 관해 묘사한 것 중에서 가장 이해하기 힘든 부분은 어디입니까? 그 이유는 무엇입니까?

Q 가장 공감되는 부분은 어디입니까? 그 이유는 무엇입니까?

베드로는 예수님이 세우신 교회의 구성원을 네 가지로 나누어 묘사합니다. 곧 "택하신 족속", "왕 같은 제사장들", "거룩한 나라", "그의 소유가 된 백성"입니다.

첫째, 우리는 "택하신 족속"입니다. 이 묘사는 하나님이 아브라함을 통해 새로운 민족을 만들어 가셨던 모습과 연관됩니다(창 12:1~3). 이스라엘은 아브라함이라는 한 사람에게서 비롯된 백성으로서, 하나님의 택하심을 받아 그분의 목적을 위해 구별되었습니다. 이처럼 교회 또한 우리에게 새 생명을 주시고 우리를 새로운 피조물로 만드신 예수 그리스도 한 분에게서 비롯된 백성입니다(고후 5:17).

> "택하신 족속"이란 우리의 일차적인 정체성이 인종이나 국적이나 문화에 근거하지 않는다는 뜻입니다. 우리의 정체성은 무엇보다도 우리가 그리스도 안에 있다는 사실에 근거합니다. 그리스도의 목적은 우리가 그분 안에서 완전히 연합된 백성이 되는 것입니다(요 17:20~23). 다양성으로 가득한 하나님의 백성이 그리스도 안에서 하나 될 때 참으로 아름답습니다.

Leader

그 후에 베드로는 출애굽기 19장 6절에서 교회에 관한 두 가지 표현을 가져옵니다. 우리는 "왕 같은 제사장"이고, "거룩한 나라"입니다.

둘째, 우리는 "왕 같은 제사장"입니다. 이 직분은 우리가 불신하는 주위 세상을 위해 중재자 역할을 감당해야 한다는 사실을 상기시킵니다. 하나님이 아브라함을 통해 이스라엘 민족을 만드신 이유는 그들을 하나님의 복을 받는 유일한 수혜자로 만들기 위해서가 아니었습니다. 그들을 통해 하나님의 복을 세상에 전하기 위해서였습니다. 이것이 바로 다른 사람들을 위해 중재 기도를 하고, 그들을 하나님께 데려오는 제사장의 핵심적인 역할이었습니다. 그리스도는 하나님과 관계를 맺게 하는 대제사장이시고, 우리는 제사장이 되어 다른 사람들을 위해 기도하고 그들을 그리스도께 인도함으로써 섬깁니다.

셋째, 우리는 "거룩한 나라"입니다. 우리는 세상에서 구별되면서도 세상과 분리되지 않는 사람들입니다. 우리는 세상에서 존재감이 없어짐으로써가 아니라, 세상과 다른 삶을 삶으로써 거룩해져야 합니다. 성령님의 인도를 받는 새로운 피조물인 우리의 언행은 세상과는 현저히 달라야 합니다. 우리는 우리 안에 계신 하나님을 누리는 사람들이므로 기뻐해야 마땅합니다.

넷째, 우리는 "그의 소유가 된 백성"입니다. 베드로의 이 마지막 표현은 우리가 누구의 소유이며, 우리를 구속하기 위해 지불된 대가가 얼마나

심화 주석 "왕 같은 제사장"(벧전 2:9 중)이라는 신자들에 대한 베드로의 묘사를 완전히 이해하기 위해서는 구약에서 특정 지파의 남성들만 제사장이 될 수 있었다는 사실을 상기할 필요가 있습니다. 구약의 규정에도 불구하고 베드로는 여인들을 포함한 모든 신자가 제사장이라고 말합니다. 무엇이 그를 이러한 통찰력으로 이끌었는지는 모릅니다. 어쩌면 베드로가 성전 휘장이 찢어졌을 때 이제 남녀 모두가 하나님 앞에 직접 나아오는 것을 가로막을 게 없어졌다는 사실을 깨달았는지도 모릅니다. 반대로 이 통찰력은 각 개인이 복음에 반응할 책임이 있다는 이해에서 비롯되었는지도 모릅니다. 신자들은 세상에 하나님을 알리는 임무를 수행하면서(벧전 2:9하, 11~12), 거룩하고도 사랑이 넘치는 삶을 살아야 합니다(벧전 1:13~25), 모든 신자에게 이런 임무가 주어졌기 때문에 신자는 모두 다 왕 같은 제사장입니다.[7]

_시칠리 므부라 무리티

"예수님이 십자가에서 하신 일을 보고, 그분이 하시는 '가라'는 말씀을 들어야 선교사가 됩니다."[8]
_오스왈드 챔버스

핵심교리 99

78. 하나님의 백성

성경은 하나님의 성전, 즉 교회를 "하나님의 백성"으로 묘사합니다(참조, 고후 6:16). 유대인과 이방인으로 이루어진 교회는 하나님이 그리스도의 대속적인 죽음을 통해 세우셨습니다. '교회'는 두 가지 의미로 쓰입니다. 첫째, 그리스도의 주 되심을 고백하며 언약을 맺은 사람들로 구성된 보이는 교회입니다. 이 교회는 각 지역에 있는 지교회를 통해서 나타납니다. 아울러 이처럼 믿음을 고백하는 모든 사람으로 이루어진 보편적인 교회를 생각할 수 있습니다. 이러한 교회를 가리켜 보편적인 보이는 교회라고 합니다. 둘째, 보이지 않는 교회가 있습니다. 이 교회는 하나님이 그리스도 안에서 선택하신 모든 백성을 가리킵니다. 보이지 않는 교회에 속한 하나님의 백성은 통상적으로 보이는 교회를 통해서 하나님의 보호와 돌보심을 받으며, 하나님의 다스림 아래 살아가며, 예외 없이 모두 구원을 받습니다. 이와 조금 다르게, 신앙고백을 통해 나타나는 보이는 교회에는 신앙고백을 거짓으로 해서 구원을 받지 못하는 이들이 있을 수 있습니다.

크며, 그리스도 안에서 우리가 가지고 있는 미래 소망이 무엇인지를 상기시킵니다. 우리를 소유하심은 예수님의 고난과 죽음이라는 엄청난 희생을 요구했습니다. 이 희생에는 미래에 관한 암시도 있습니다. 그리스도께서 죽음에서 부활하셨듯이, 우리 또한 미래 부활을 약속받았습니다(고전 15:20; 계 1:5). 우리는 하나님께 속했고, 우리가 그분께 어떻게 속하게 되었는지를 생각해 보면 감사할 수밖에 없습니다. 또한 우리를 기다리고 있는 장래 일을 생각하면 소망으로 가득 채워집니다.

> 우리의 정체성에 관한 베드로의 묘사가 모두 복수(複數)라는 점을 주목할 필요가 있습니다. 우리는 종종 그리스도와의 개인적인 관계에 초점을 맞추곤 하는데, 이것이 잘못된 일은 아닙니다. 그러나 구원에는 공동체적인 측면이 있습니다. 둘 다 중요합니다. 우리는 개인적으로 구원받지만, 개인적으로 살아가도록 구원받은 것이 아닙니다. 음악가 한 명이 독주로 아름다운 음악을 들려줄 수 있습니다. 그러나 오케스트라에서는 모든 연주자가 조화를 이루며 연주해야 아름답고 감동적인 음악을 들려줄 수 있습니다.

우리가 택함받았고 왕족으로 입양되었으며, 하나님에 의해 구별되었다는 사실을 내면화하고 믿고 실천하는 것이 중요합니다. 그러나 이 진리의 목적은 단지 우리에게 건강한 자화상을 주기 위한 것이 아닙니다. 구원의 최종 목표는 주님의 이름이 영광을 받는 것입니다. 하나님의 구원 계획과 그리스도의 십자가 사역과 우리 안에서 역사하시는 성령님의 사역은 하나님의 영광을 가리켜야 합니다. 우리가 주님의 소유인 이유가 이것입니다. 주님을 널리 찬양하는 것 말입니다. 성경이 구원자의 영광스러운 선율로 가득하듯이, 우리는 매일의 삶에서 주님을 찬양해야 합니다.

Q 그리스도인의 정체성을 기억하는 것은 복음 전도의 동기에 어떤 영향을 미칠까요?

3. 교회는 선행을 베풀도록 부름받았으니 천국 시민권자로 사십시오(벧전 2:11~17)

> 지금까지 그리스도의 사역 덕분에 얻게 된 우리의 정체성에 관한 기본 진리를 주로 다루었습니다. 그러나 이번 본문은 한 가지 중요한 요소를 더합니다. 새로운 정체성과 함께 우리에게는 새로운 시민권이 주어집니다. 이 세상은 이제 더 이상

우리 집이 아닙니다. 베드로는 우리가 새로운 정체성에 비추어 어떻게 살아야 하는지에 관해 언급합니다.

¹¹사랑하는 자들아 거류민과 나그네 같은 너희를 권하노니 영혼을 거슬러 싸우는 육체의 정욕을 제어하라 ¹²너희가 이방인 중에서 행실을 선하게 가져 너희를 악행한다고 비방하는 자들로 하여금 너희 선한 일을 보고 오시는 날에 하나님께 영광을 돌리게 하려 함이라 ¹³인간의 모든 제도를 주를 위하여 순종하되 혹은 위에 있는 왕이나 ¹⁴혹은 그가 악행하는 자를 징벌하고 선행하는 자를 포상하기 위하여 보낸 총독에게 하라 ¹⁵곧 선행으로 어리석은 사람들의 무식한 말을 막으시는 것이라 ¹⁶너희는 자유가 있으나 그 자유로 악을 가리는 데 쓰지 말고 오직 하나님의 종과 같이 하라 ¹⁷뭇 사람을 공경하며 형제를 사랑하며 하나님을 두려워하며 왕을 존대하라

심화 주석 바울 서신과 베드로전서는 신자들에게 훌륭한 시민이 되도록 종용합니다. 이것은 권위에 순종하고(벧전 2:13~17), 관세를 바치고(롬 13:7), 지도자들을 위해 기도하는 것(딤전 2:2)을 포함합니다. 이를 위해 그들은 정부가 하나님의 대리로서 잘못한 사람들을 처벌하는 역할을 감당한다고 호소합니다. 그러나 근본적인 동기는 기독교 공동체의 명성에 관한 저자들의 관심인데, 이 관심도 복음 선포를 위한 것으로 보입니다.[9]

_스탠리 J. 그렌츠

> Leader

우리가 새로운 정체성과 목적에 맞게 살도록 하는 열쇠 가운데 하나는 새로운 시민권을 분명하게 이해하는 것입니다. 한 발은 세상의 행동 양식에, 다른 한 발은 기독교적 생활 방식에 담근 채로는 하나님의 부르심에 순종하는 삶을 살아갈 수 없습니다. 이렇게 사는 것은 거짓 현실입니다. 두 가지가 전혀 다르기 때문입니다. 세상의 선함이나 우리의 성경적인 세계관과 일치하는 듯 보이는 사회 규범조차 우리의 목표일 수 없습니다. 세상 사람들이 선행을 하는 이유는 선해 보이기 위해서입니다. 그러나 그리스도인들이 선행을 하는 이유는 우리의 선함으로 하나님을 나타내 보이기 위함입니다.

"택하신 족속", "왕 같은 제사장", "거룩한 나라", "그의 소유가 된 백성"이라는 교회에 관한 이 네 가지 묘사는 우리가 세상과 근본적으로 다르다는 사실을 상기시킵니다. 베드로의 표현대로 우리는 나그네요 거류민입니다. 이것이 그리스도 안에서 얻은 우리의 새로운 정체성입니다. 이 정체성에서부터 우리의 행실이 비롯되어야 합니다. 정체성이 늘 행동의 기초가 되어야 합니다.

이 세상에서 거류민으로 살아가는 첫 번째 방법은 죄악 된 갈망을 피하는 것입니다. 죄로 가득한 주변 문화에 굴복하지 않으면서, 사람들이 예상하지 못한 방식으로 살아야 한다는 뜻입니다. 이러한 반(反)문화적인 생활방식이 보여 주는 특성이 중요합니다. "악행을 한다"며 세상이 우리를 비방할 때, 그 모든 비방을 무력화시킬 수 있는 것은 우리의 진실한 삶입니다. 세상은 우리의 진실하고 성실한 삶을 보고 그들의 비방이 중상모략이

**심화
주석** 고대는 불의함으로 가득 차
있던 시대였습니다. 수많은
지도자가 그들이 지배한 사람들을
착취했습니다. 주인이 노예를 착취했
고, 유대인 지도자가 예수님을 착취
했습니다. 베드로는 착취당할 때 불
명예나 불순종이나 반란으로 반응하
는 것이 하나님의 대사요 제사장으
로서 할 일이 아니라고 말합니다. 물
론 자발적인 공범으로서 착취에 연
루되어서는 더더욱 안 됩니다. 그리
스도인들은 학대하는 자들을 계속해
서 섬기고, 그들에게 순종할 수 있습
니다. 하나님이 불의한 처우를 받으
신 우리 주 예수님의 고난으로 선을
이루셨듯이, 우리도 고난을 통해 선
을 이룰 수 있습니다. 물론 우리가 권
위자들의 태도나 학대를 바꿀 수 없
을지도 모릅니다. 그러나 우리에게는
모든 상황 가운데서 명예와 섬김과
심지어는 사랑으로 행동할 권한이
있습니다.[10]

_Africa Study Bible

"선행으로 선한 사람이
되지는 않습니다. 그러나 선한
사람은 선행을 합니다."[11]
_마르틴 루터

었다는 것을 인정할 수밖에 없을 것입니다. 그리고 우리의 선한 행실이 그
들을 하나님께로 인도할 것입니다.

세상과 다르게 사는 두 번째 방법은 권위에 순종하는 것입니다. 우리
는 하나님이 세우신 권위 아래 자신을 내려놓아야 합니다. 그렇게 함으로
써 우리를 향한 세상의 어리석은 고발을 다시금 침묵하게 할 수 있습니다.

나그네요 거류민으로서 살아가는 세 번째 방법은 모든 사람을 존중하
고 동료 신자들을 사랑하며, 하나님을 경외하는 것입니다. 베드로는 이
것을 중요한 순서에 따라 보여 준 듯합니다. 우리는 모든 사람을 존중해야
하는데, 그보다 훨씬 더 중요한 것은 교회를 사랑하는 것이고, 그보다 더
중요한 것은 하나님을 경외하는 것이라고 말합니다. 정치적 권위에 대한
순종과 하나님께 대한 순종은 혼동할 일이 없지만, 베드로는 한 단계 내려
와 정부 지도자들을 존중하라고 말합니다. 그러나 하나님의 말씀과 국가
의 법이 충돌할 때는 복음이 앞서야 합니다(참조, 행 4:13~22).

Q 어떻게 하면 거만하게 보이지 않으면서 세상 사람들과 다르게 살아갈 수 있을
까요?

Q 그리스도인이 세상에서 "거류민과 나그네"로 살아가는 세 가지 방법 중에서
나에게 가장 도전이 되는 것은 무엇입니까? 그 이유는 무엇입니까?

히브리서 저자는 히브리서 11장에서 '믿음으로' 살았던 수많은 사람
을 공개적으로 칭찬합니다. "믿음으로 에녹은 …, 믿음으로 아브라함은 …,
믿음으로 사라는 …." 끝없이 이어지는 남자와 여자의 이야기들이 우리로
하여금 그들의 한 가지 중요한 공통분모를 발견하고 이해하게 합니다.

히브리서 11장 13~16절에서 우리는 믿음으로 충만한 이들의 참된 고
향이 하나님이 계신 천국에 있음을 알게 됩니다. 그들의 진정한 시민권
은 그리스도께서 계신 천국에 있습니다. 그들은 왕이신 예수님께만 충성
을 다했습니다. 그들은 바로 이러한 정체성을 가지고 순종했습니다. 그들
은 이 세상에서 살아가는 방식이 중요하다는 것을 알았습니다. 이는 이 땅
에서 얻게 될 지위 때문이 아닙니다. 우리를 세상과 구별 짓는 것은 거룩한
삶입니다. 자신을 부풀리기 위해서가 아니라, 다른 사람에게 거룩하신 하
나님을 나타내도록 우리가 구별되는 것입니다.

"이 사람들은 다 믿음을 따라 죽었으며 약속을 받지 못하였으되 그
것들을 멀리서 보고 환영하며 또 땅에서는 외국인과 나그네임을 증언하였

으니 그들이 이같이 말하는 것은 자기들이 본향 찾는 자임을 나타냄이라 그들이 나온 바 본향을 생각하였더라면 돌아갈 기회가 있었으려니와 그들이 이제는 더 나은 본향을 사모하니 곧 하늘에 있는 것이라 이러므로 하나님이 그들의 하나님이라 일컬음 받으심을 부끄러워하지 아니하시고 그들을 위하여 한 성을 예비하셨느니라"(히 11:13~16).

Q 영원에 초점을 맞춘 충만한 믿음은 하루하루 살아가는 방식을 어떻게 바꾸어 놓을까요?

결론

우리는 위대한 목적 아래 구원을 받았습니다. 구속을 통해 개인적으로 얻는 유익도 있지만, 궁극적으로 구원은 저와 당신에 관한 것이 아닙니다. 구속의 영광스러운 현실은 여전히 구속을 필요로 하는 사람들에게 선포되어야 합니다. 이 모든 것은 우리를 구속하신 분의 영광을 위한 것입니다. 그러므로 딴 세상 사람처럼 살라는 소명을 진지하게 받아들여야 합니다. 우리는 그리스도의 성품과 공급하심의 토대 위에 굳건히 서야 합니다. 영광스러운 왕과 영원히 함께할 소망 가운데 하나님의 자녀로서 받은 소명을 따라 살아가야 합니다.

> "그리스도인의 삶은 성령님의 사역만으로 이루어지는 것도, 우리의 행위로만 이루어지는 것도 아닙니다. 성령님이 시작하시고 유지하시는 은혜에 우리가 반응할 때 비로소 이루어집니다."[12]
> _도날드 S. 휘트니

> "우리 중에는 교육받지 못한 사람과 장인과 노파가 있다는 것을 알게 될 것입니다. 그들은 입으로는 교리의 유익을 입증하지 못할지라도, 진리에 관한 확신에서 비롯된 유익을 행동으로 보여 줍니다. 그들은 연설문을 시연하지는 못하지만 선행을 베풉니다. 그들은 맞았을 때 맞받아치지 않습니다. 강도짓을 당해도 법정에 가지 않습니다. 그들은 달라는 자에게 나누어 주고 이웃을 자신과 같이 사랑합니다."[13]
> _아테나의 아테나고라스

그리스도와의 연결

초대교회의 성도들은 그리스도를 믿는다는 이유로 박해를 받고 고난을 당했습니다. 베드로는 하나님의 백성이라는 정체성을 그들에게 상기시켰습니다. 그들은 그리스도께서 지으시고 사명을 주어 보내신 하나님의 백성입니다. 그리스도인은 우리를 위해 십자가에서 고난당하신 그리스도와 연합했습니다. 그런즉 하나님이 고난을 통해 우리를 자기 아들의 형상으로 만들어 주실 것을 기대할 수 있습니다.

하나님의 계획 우리의 사명

선교적 적용 하나님은 우리에게 이 세상의 유익을 위하고, 동시에 세상을 위해 세상에 대적하는 전혀 다른 차원의 사람들로 살아가라고 말씀하십니다.

1. 교회/공동체가 교회의 모퉁잇돌이신 그리스도를 더욱 닮아 가려면, 어떤 단계를 밟아야 할까요?

2. 어떻게 하면 교회/공동체가 세상에서 예수님을 찬양하며 서로 협력할 수 있을까요?

3. 어떻게 하면 하나님께 영광을 돌리고 예수 그리스도의 복음을 전할 수 있을까요?

금주의 성경 읽기
요 11:55~21:25

Summary and Goal

우리는 하나님이 말씀하신 "사랑하라"는 명령을 피할 수 없습니다. 이 명령은 구약과 신약을 통틀어서 크고 선명하게 제시되고 있습니다. 죄에서 구원받은 우리는 이제 새로운 정체성을 얻었습니다. 사랑의 열매가 구원받은 우리의 삶에 분명하게 나타날 것입니다. 이 사랑은 우리 안에 갇혀 있지 않고 우리의 행동을 통해 자연스럽게 드러날 것입니다.

사랑으로 행동한다는 것은

5

- **성경 본문**
  요한일서 3:10~18

- **세션 포인트**
  1. 세상의 길은 증오로 치닫습니다(요일 3:10~13)
  2. 교회의 길은 사랑으로 특징지어집니다(요일 3:14~15)
  3. 사랑의 길은 행동으로 특징지어집니다(요일 3:16~18)

....

- **신학적 주제**
  하나님을 향한 사랑과 다른 사람을 향한 사랑은 참 기독교의 열매입니다.

- **그리스도와의 연결**
  사도 요한은 진정한 사랑의 본성에 관해 가르치면서, 그리스도인들에게 사랑이 단순한 감정이나 말의 문제가 아니라 행위의 문제임을 상기시켰습니다. 사랑은 하나님의 백성을 위해 자신의 생명을 내어주신 예수님의 행위에서 가장 분명하게 나타납니다.

- **선교적 적용**
  하나님은 우리에게 도움이 필요한 사람에게 그리스도의 사랑을 전하기 위해 눈을 뜨라고 말씀하십니다.

Session Plan

도입

사랑에 관한 성경의 견해와 우리 문화에서 일차적으로 느끼는 감정으로서의 사랑을 대조해 주십시오.

당신은 사랑을 어떻게 정의합니까?

사랑은 감정에 불과한 것이 아니라는 사실을 말해 주십시오. 흠모하는 대상뿐만 아니라 특별한 관심을 끌지 않는 사람까지도 사랑하기 위해 우리가 하나님께 의지해야 한다는 것을 말해 주십시오. 그러고 나서 이 세션을 요약해 주십시오.

전개

1
세상의 길은 증오로 치닫습니다
(요일 3:10~13)

요한일서 3장 10~13절을 읽으십시오. 물리적인 열매와 인간 사이의 유전자 구성의 비유를 들려주십시오. 온 인류가 아담의 죄 된 속성을 물려받았고, 오직 그리스도를 통해서만 우리의 '영적 DNA'가 바뀌어서 그리스도를 점점 닮아 갈 수 있다는 사실을 밝혀 주십시오.

당신이 그리스도인이 된 후 하나님은 당신 안에서 어떤 변화를 이루셨습니까?

가인과 아벨 이야기를 상기시켜 주십시오(혹은 자원하는 사람에게 가인과 아벨 이야기를 요약하게 하는 것도 좋습니다). 이 이야기를 통해 사랑이 우리 힘으로 불러일으킬 수 있는 것이 아니라는 사실을 강조해 주십시오. 그리스도께서 우리를 사랑하셨듯이 다른 사람을 사랑하는 것은 오직 하나님의 능력으로만 할 수 있는 일입니다.

세상에서 점점 사람들의 분노와 증오가 많아지는 까닭은 무엇일까요?

하나님의 사랑과 세상의 사랑은 어떻게 다릅니까?

2
교회의 길은 사랑으로 특징지어집니다
(요일 3:14~15)

사람들에게 초자연적 사랑을 보여 주었던 코리 텐 붐 가족의 일화를 들려주십시오. 그러고 나서 요한일서 3장 14~15절을 읽으십시오. 구원의 확신에서 오는 사랑, 즉 하나님과 교회와 이웃과 원수들을 향한 사랑의 중요성을 강조해 주십시오.

성령의 열매 사랑을 삶에서 어떻게 경험하고 있나요?

그리스도의 의와 사랑으로 시작하는 성령의 열매를 맺는 그리스도의 참 제자들을 서기관과 바리새인들에 대조해 주십시오.

하나님과의 바른 관계가 그리스도를 통해 믿음으로 이루어졌다는 사실을 깨달으면 다른 사람들을 향한 우리의 사랑 방식은 어떻게 달라질까요?

요한일서 3장 16~18절을 읽게 하십시오. 하나님의 사랑을 하나의 순환으로 생각하는 비유를 들려주십시오. 하나님은 자기 아들을 보내심으로써 우리를 먼저 사랑하셨습니다. 우리는 다른 사람을 위한 사랑의 통로 역할을 해야 합니다.

3
사랑의 길은 행동으로 특징지어집니다
(요일 3:16~18)

하나님의 사랑을 전하지 못하도록 가로막는 것들에는 무엇이 있습니까?

그리스도의 사랑을 세상에 보여 주려고 애쓸 때, 고려해야 할 다섯 가지 행동에 관해 말해 주십시오.
첫째, 기도하는 것입니다.
둘째, 이웃에게 관심을 기울이는 것입니다.
셋째, 복음을 선포하는 것입니다.
넷째, 손이 닿지 않는 곳에 있는 선교사들을 후원하는 것입니다.
다섯째, 누군가의 필요에 관한 정보를 나누는 것입니다.

사랑의 마음이 행동으로 나타나야 하는 이유는 무엇입니까?

공동체의 유익을 위해 당신이 행해야 하는 사랑에는 무엇이 있습니까?

결론

먼저 그리스도의 사랑을 우리가 받았으니, 우리가 서로 사랑하자고 격려하십시오.
이 세션에서 배운 진리를 '하나님의 계획, 우리의 사명'에서 적용해 보십시오.

**Session
Content**

5. 사랑으로 행동한다는 것은

"사랑은 애정 어린 감정이 아니라
사랑하는 사람의 궁극적인 최선을
위한 한결같은 바람입니다."[1]
_C. S. 루이스

도입

우리 문화에서 감정의 중요성이 높아졌다는 사실은 뚜렷합니다. 대부분의 사람이 사랑을 일차적으로 느끼는 감정으로 간주하며, 기분에 따라 사랑의 감정이 달라질 수 있다고 여깁니다. 그래서 세상이 내리는 사랑의 정의에 언제나 행위가 포함되는 것은 아닙니다. 그러나 성경적인 사랑이란 감정과 취향에서뿐만 아니라 행동으로도 입증되는 사랑을 의미합니다.

Q 당신은 사랑을 어떻게 정의합니까?

> 사랑은 하나님에게서 나옵니다. 그러므로 하나님의 사랑을 경험한 사람들만이
Leader 하나님이 기뻐하시는 사랑을 할 수 있습니다. 친구든 원수든 이웃이든 가족이든
사랑할 수 있습니다. 우리는 사랑의 부르심에서 벗어날 수 없습니다. 그리스도인
은 모든 관계에서 이 부르심에 순종해야 합니다.

사랑이 감정에 국한된 것은 아니지만, 우리는 사람들을 향한 사랑의 불을 계속해서 지펴야 합니다. 흠모하는 대상뿐만 아니라 특별한 관심을 끌지 않는 사람들을 위해서도 말입니다. 그리스도께서 우리에게 풍성하게 부어 주신 사랑을 기억하면서 서로 사랑해야 합니다. 그리스도의 진정한 제자에게서 나오는 자연스러운 반응은 예수님께 받은 사랑을 주변 세상에 전하는 것입니다.

Session Summary

우리는 하나님이 말씀하신 "사랑하라"는 명령을 피할 수 없습니다. 이 명령은 구약과 신약을 통틀어서 크고 선명하게 제시되고 있습니다. 죄

에서 구원받은 우리는 이제 새로운 정체성을 얻었습니다. 사랑의 열매가 구원받은 우리의 삶에 분명하게 나타날 것입니다. 이 사랑은 우리 안에 갇혀 있지 않고 우리의 행동을 통해 자연스럽게 드러날 것입니다.

1. 세상의 길은 증오로 치닫습니다(요일 3:10~13)

> **Leader**

제 주변에는 농촌에서 자란 친구들이 많습니다. 피칸 농장에서부터 오렌지 과수원, 담배 밭, 옥수수 밭에 이르기까지, 그들에게는 수확기에 관한 기억들이 많습니다. 추수 때에는 모든 사람이 손을 거들어야 합니다. 그런데 친구들의 이야기에서 그들이 예상했던 열매 외에 다른 것을 수확했다는 말을 들어본 적이 없습니다. 피칸 나무에서는 늘 피칸이 열렸습니다. 오렌지 나무에서도 늘 오렌지가 났습니다. 옥수숫대에서는 옥수수가 나왔습니다. 심은 것과 다른 작물이 나오리라는 생각은 바르지 않습니다. 이유는 간단합니다. 나무나 식물의 유전자 구성이 그 열매를 결정짓기 때문입니다. 바나나 나무에서 피망이 열릴 리 없습니다. 사과나무에서는 아스파라거스가 절대로 자랄 수 없습니다. 포도 덩굴에서 마늘이 나는 일도 없습니다. 햇빛과 영양분과 물 등의 요소들이 나무나 식물의 생산력에 영향을 줄 수는 있지만, 그것도 원래 맺게 되어 있는 열매에나 해당하는 것입니다. 사람도 이와 같습니다. 사람은 항상 그 마음에 있는 것으로부터 그에 적합한 열매를 맺기 마련입니다.

> **심화주석** 요한은 하나님의 자녀들이 의와 죄로부터의 자유로 특징지어진다고 정리한 뒤에 이제 그들을 서로 사랑하는 자들로 특징짓습니다. 이것이 하나님 자녀들의 속성이기는 하지만(요일 3:14), 요한은 서로 사랑하라고 촉구할 필요가 있었습니다(11, 18절). 형제 사랑에 대한 부정적인 사례는 형제를 살해한 가인의 모습에서 알 수 있습니다. 긍정적인 사례는 우리를 위해 생명을 내어놓으신 예수 그리스도의 모습에서 볼 수 있습니다. 각각의 이야기에는 필연적인 결과가 뒤따릅니다. 신자들은 가인과 같은 사람들에게서 미움받는 것에 당황하지 말아야 합니다. 반대로 그리스도의 자기희생적인 모습에서 우리는 궁핍한 자들에게 값비싼 소유를 나누어 주는 실질적 사랑을 배워야 합니다. 본문은 사랑에 반대되는 미움과의 대조를 통해 사랑을 호소하고, 사랑의 속성을 해석해 줍니다. [2]
>
> _I. 하워드 마샬

10이러므로 하나님의 자녀들과 마귀의 자녀들이 드러나나니 무릇 의를 행하지 아니하는 자나 또는 그 형제를 사랑하지 아니하는 자는 하나님께 속하지 아니하니라 11우리는 서로 사랑할지니 이는 너희가 처음부터 들은 소식이라 12가인같이 하지 말라 그는 악한 자에게 속하여 그 아우를 죽였으니 어떤 이유로 죽였느냐 자기의 행위는 악하고 그의 아우의 행위는 의로움이라 13형제들아 세상이 너희를 미워하여도 이상히 여기지 말라

식물 세계에서 유전자 구성에 따라 열매가 결정되는 것처럼 사람도

심화 주석 사랑이 없는 사람은 여전히 하나님의 생명의 영역 밖에 있는 죽음과 어두움의 영역에 거합니다(참조, 요일 2:9~11). 이것은 자기 마음에 사랑이 없음을 알게 될 모든 사람에게 엄중한 경고가 될 것입니다. 믿음의 공동체에 속한 사람들에게 이 말은 자기 영혼을 살피고, 자신이 '믿음 안에' 있는지를 면밀히 검토할 기회가 됩니다.[3]

_다니엘 아킨

"인간 영혼의 기능 중에서 증오만큼 집요하고도 보편적인 것은 없습니다. 인종에 관한 증오가 있고 분파에 대한 증오가 있으며, 사회적이거나 개인적인 증오가 있습니다. 증오에 관한 생각이 천둥과 번개라면, 지구는 일 년 내내 폭풍으로 뒤덮일 것입니다."[4]

_헨리 워드 비처

그렇습니다. 모든 인류는 아담의 죄 된 본성을 물려받았습니다. 그래서 우리의 부패한 영적 DNA가 우리를 끌고 가는 곳은 오직 죽음과 도덕적 타락과 우리로서는 결코 메울 수 없는 하나님과의 거리입니다. 영적 DNA는 오직 예수님을 통해서만 변화됩니다. 그리스도를 믿을 때, 우리는 새 생명과 새로운 정체성과 새 목적으로 거듭납니다. 죽음과 부패라는 이전 상태는 사라지고, 그 자리에 영생과 영적 변화의 시작이 들어섭니다.

구원의 순간에 하나님은 우리 안에서 위대한 일을 시작하십니다. 이 사역이 우리로 하여금 점점 더 그분의 아들을 닮아 가게 합니다. 주님과 대면해 마침내 온전해지고 부족함이 없게 되는 그날까지 우리는 주님과 동역할 것입니다. 그때까지 우리 모두 과정 중에 있을 테지만, 우리에게 이 새로운 정체성이 주어졌다는 증거는 바로 이미 시작된 이 사역입니다.

> **Leader**
> 그리스도를 믿지 않는 사람들에게는 이러한 성화의 과정이 없습니다. 그들의 궤적은 우리와 완전히 다릅니다. 그러나 우리도 한때 그들과 같았습니다. 어떤 이들은 공개적으로 하나님을 모독하고 그리스도인들을 증오합니다. 그들은 하나님을 믿지도 않고 사랑하지도 않으며, 앞으로도 그럴 계획이 전혀 없다고 말합니다. 그들의 삶은 증오로 가득합니다. 분명히 우리는 그들로 인해 슬퍼해야 합니다. 그러므로 그들의 마음이 변화하도록 기도해야 합니다. 그들이 진리를 발견하고 기꺼이 하나님께 순종할 수 있도록 말입니다.
>
> 그리스도를 따른다 하면서도 세상과 다를 바 없는 사람들도 있습니다. 그들의 영적 DNA는 세상 사람들과 마찬가지로 부패했습니다. 심지어 교회에 출석하지만, 세상의 모습과 크게 다르지 않습니다. 그들은 그리스도인처럼 말하고 행동합니다. 그래서 우리는 진정한 영적 성장과 교회만 왔다 갔다 하는 기만행위의 차이를 구분하기가 어려울 때도 있습니다. 그러나 성경은 분명히 말합니다. 옥수숫대가 토마토를 맺지 못하는 것처럼, 영적으로 죽은 영혼은 그리스도의 생명력 있는 열매를 맺지 못합니다.

Q 당신이 그리스도인이 된 후 하나님은 당신 안에서 어떤 변화를 이루셨습니까?

가인과 아벨 이야기에서 어떤 것이 기억납니까? 둘 다 하나님께 제사를 드렸지만, 하나님은 아벨의 제사만 의로 받으셨습니다. 아벨은 히브리서 11장 4절의 '믿음의 전당'에 이름을 올렸습니다. 아벨의 제사가 더 나은 이유는 그의 믿음 때문이라고 합니다. 우리는 구원이 결코 우리가 행한 행위가 아닌 믿음으로 은혜롭게 주어지는 것이라는 사실을 압니다(엡 2:8~9). 그러므로 우리는 가인과 아벨이 모두 제사를 드리기는 했지만, 그중 한 명만이 진정한 믿음으로 드렸다고 가정해야 할 것입니다. 바로 아벨입니다.

우리에게 요구되는 사랑을 우리 힘으로 행할 수 없다는 사실을 깨달으려면, 그리스도와의 사랑의 관계를 경험해야 합니다. 그리스도께서 우리를 사랑하신 것처럼 다른 사람을 사랑하는 것은 오직 초자연적인 능력으로만 실천할 수 있는 행동입니다. 믿지 않는 사람들이 사랑의 영적 열매를 맺을 수 없는 이유가 바로 이것입니다. 그들 안에 성령님의 능력이 없기 때문입니다. 그들은 하나님이 사랑하셨듯이 사랑하라는 소명을 절대로 실천할 수 없습니다. 그리스도 안에 있는 자들도 하나님의 역사하심과 성령님이 주시는 능력과 은혜 없이는 결코 사랑을 실천할 수 없습니다.

Q 세상에서 점점 사람들의 분노와 증오가 많아지는 까닭은 무엇일까요?
Q 하나님의 사랑과 세상의 사랑은 어떻게 다릅니까?

2. 교회의 길은 사랑으로 특징지어집니다 (요일 3:14~15)

> Leader

코리 텐 붐의 《주는 나의 피난처》(*The Hiding Place*)라는 책에는 가슴 아픈 이야기가 담겨 있습니다. 네덜란드인 시계 제작자의 딸인 코리 가족이 제2차 세계대전의 공포 속에서 어떤 여정을 걸었는지 들려줍니다.

네덜란드가 독일 점령하에 있을 때, 코리 가족은 안전하게 있을지, 아니면 그리스도의 사랑을 베풀지 날마다 선택해야 했습니다. 그들은 숨어서 전쟁이 지나가기만을 기다릴 수도 있었고, 위험에 처한 주변 사람들에게 사랑을 베풀 수도 있었습니다. 그들은 나치를 대적해 유대인들의 은신처가 되며, 나치에게서 벗어나려는 망명자들을 위해 가짜 서류를 만들어 주기로 선택했습니다. 그들 가족은 매일 위험에 부딪혀야만 했습니다. 결국 그들은 배신당했고, 체포되어 끔찍한 포로수용소에 끌려갔습니다. 그러나 사람들을 사랑하라는 그들이 받은 소명은 거기서 멈추지 않았습니다. 수용소에 들어가자 그들의 사역은 실의에 빠진 동료 수감자들과 그들을 가두고 학대했던 야비하고 잔인한 나치 군인들을 사랑하고 그들을 위해 기도하는 사역으로 바뀌었습니다.

코리와 그녀의 가족이 보여 준 용기와 믿음과 사랑은 참으로 기이하고 감동적입니다. 코리는 원수를 사랑하는 일이 오직 그들을 통해 역사하시는 신실하시고 능하신 하나님의 사역으로 말미암아 가능했음을 분명히 밝혔습니다. 원수까지도

> "하나님이 원수를 사랑하라고 말씀하실 때는 우리에게 명령과 함께 사랑까지 주십니다."[5]
> _코리 텐 붐

심화주석 우리는 예수님의 모범을 보면서 사랑이 무엇인지를 이해할 수 있습니다. 주님은 우리를 위해 생명을 내놓으셨습니다. 우리도 서로를 위해 그와 똑같은 일을 할 준비가 되어 있어야 합니다. 서로를 위해 목숨을 버려야 하는 일은 드물지만, 서로의 필요를 채워 줄 기회는 많습니다. 그리스도인의 사랑에 관한 진정한 시험은 그의 말("말"과 "혀"로 사랑하는 것)이 아닌 형제를 위해 기꺼이 희생하려는 자세에 달려 있습니다. … 즉 "행동과 진리로" 사랑하는 것입니다(참조, 요일 3:18).[6]
_데이비드 월스 & 맥스 엔더스

**심화
주석**
"우리는 형제를 사랑함으로"(요일 3:14)라는 어구에서 "사랑하다"의 시제는 현재형입니다. 이는 죽음에서 생명으로 옮겨 간 자들의 특징으로, 동료 신자들을 향한 지속적인 사랑을 강조하는 것입니다. … 독자들은 동료들을 향한 사랑을 보고 하나님을 알게 되며 영생을 확신하게 될 것입니다. 모체가 되는 공동체에 남아있는 사람들이야말로 진정으로 하나님을 알고 영생을 경험하는 사람들입니다.[7]

콜린 G. 크루즈

사랑할 수 있었던 것은 오직 그리스도 때문이었습니다(고후 5:14~15). 그녀 자신이 그리스도께 사랑받았으므로 그녀도 사랑할 수밖에 없었습니다.

요한은 우리 안에 있으며, 우리가 그리스도인임을 확인시켜 주는 이 초자연적 사랑에 관해 말을 이어 갑니다.

¹⁴우리는 형제를 사랑함으로 사망에서 옮겨 생명으로 들어간 줄을 알거니와 사랑하지 아니하는 자는 사망에 머물러 있느니라 ¹⁵그 형제를 미워하는 자마다 살인하는 자니 살인하는 자마다 영생이 그 속에 거하지 아니하는 것을 너희가 아는 바라

요한은 여기서 우리에게 아주 놀라운 것을 알려 줍니다. 우리가 사망에서 생명으로 옮겨 간 것, 즉 구원받았다는 것을 알 수 있는 방법은 이웃을 사랑할 때입니다. 죄를 덜 짓거나 성경의 명령에 더 순종하는 것이 아닙니다. 예배 모임에 참석하거나 성경을 매일 읽는 것도 아닙니다. 그것들 모두 중요하고 구원의 증표가 될 수는 있습니다. 그러나 요한은 영생의 증거로 그리스도 안에 있는 형제자매를 사랑하라고 말합니다. 사랑은 우리를 세상과 구별되게 해 줍니다. 사랑에 실패하는 것은 증오인데, 증오는 세상의 특징입니다.

> **Leader** 하나님이 그리스도 안의 새 생명을 우리에게 어떻게 주셨는지를 생각하면, 우리가 왜 사랑의 열매를 맺어야 하는지 알 수 있습니다. 우리의 구원은 하나님 아버지가 자기 아들을 내어 주셨던 사실에 근거합니다. 그분의 아들은 세상 죄를 위해 육신을 입으셨고 거절당하셨으며, 십자가 위에서 극심한 고통 가운데 죽으셨습니다. 하나님이 우리에게 베푸신 사랑과 은혜에 합당한 유일한 반응은 사랑입니다. 우리가 사랑함은 하나님이 먼저 우리를 사랑하셨기 때문입니다(요일 4:19).

구원은 우리를 하나님의 사랑으로 인도합니다. 우리는 주님의 사랑을 드러내고 전해야 합니다. 하나님을 향한 사랑뿐만 아니라, 그 아들의 신부인 교회를 향한 사랑으로 확대되어야 합니다. 물론 이 말은 하나님의 사랑의 대상에서 믿지 않는 사람들을 제외해야 한다는 뜻이 아닙니다. 우리는 이웃을 사랑해야 하고(막 12:31) 원수까지도 사랑해야 합니다(마 5:44). 그리스도인들의 사랑은 믿지 않는 사람들의 세속적인 사랑과 분명히 달라야 합니다.

 성령의 열매 사랑을 삶에서 어떻게 경험하고 있나요?

사랑의 긍정적인 열매가 새로운 영적 DNA의 증거인 것처럼, 잘못된 육체의 행실이 지속적으로 나타나는 것은 우리가 아직 변화되지 않았다는 증거입니다. 산상수훈에서 예수님이 이 문제를 가르쳐 주셨습니다.

"내가 너희에게 이르노니 너희 의가 서기관과 바리새인보다 더 낫지 못하면 결코 천국에 들어가지 못하리라 옛 사람에게 말한 바 살인하지 말라 누구든지 살인하면 심판을 받게 되리라 하였다는 것을 너희가 들었으나 나는 너희에게 이르노니 형제에게 노하는 자마다 심판을 받게 되고 형제를 대하여 라가라 하는 자는 공회에 잡혀가게 되고 미련한 놈이라 하는 자는 지옥 불에 들어가게 되리라"(마 5:20~22).

서기관과 바리새인은 대단히 종교적인 사람들이었습니다. 그들은 창고에 보관 중인 향품의 십일조도 드렸습니다. 성경의 모든 규례를 꼼꼼하게 따르려고 노력했습니다. 서기관과 바리새인은 종교 전문가들이었습니다. 누군가를 의인으로 불러야 한다면 바로 그들이 아닐까 할 정도로 그들은 겉으로는 율법의 모든 규례를 지키려 했습니다. 그런데도 예수님은 비록 그들의 의가 대단해 보일지라도, 그것으로 충분하지 않다고 말씀하셨습니다. 구원에는 더 큰 의가 필요하기 때문입니다.

> 문제는 서기관과 바리새인들이 너무 종교적이었다는 것입니다. 그들은 단지 종
Leader 교에 매달렸을 뿐만 아니라 그 안에 안주했습니다. 그들은 의롭게 되기 위한 노력이 자신들을 구원하리라고 믿었기에, 자신들의 온 힘을 쏟아 부었습니다. 그러나 바로 그 점에서 그들은 실족했습니다. 그들은 구원이 은혜의 문제임을 깨닫지 못했던 것입니다. 우리는 하나님의 기준에서 절대로 그리고 충분히 선할 수 없습니다. '충분히 선하다'는 것은 완벽을 의미하기 때문입니다. 서기관과 바리새인들은 온갖 노력에도 불구하고 절대로 완벽해질 수 없었습니다(시 14:3).

물론, 겉으로는 그들이 이스라엘의 다른 모든 백성보다 훨씬 의롭게 사는 것처럼 보였고, 그들은 그것을 자랑스러워했습니다. 그들은 의인으로 알려졌고 자신들의 행위를 과시했습니다. 그들은 사람들이 자신들에게 존경을 표하는 것을 즐겼고, 자신들처럼 살지 못하는 사람들을 경멸했습니다. 하지만 그들은 하나님의 은혜가 필요하다는 것을 깨닫는 데 실패했고, 다른 사람을 사랑하는 데도 실패했습니다.

그래서 예수님이 마태복음 23장에서 "화 있을진저"를 연거푸 말씀하시며 서기관과 바리새인들을 그토록 심하게 비난하셨던 것입니다. 그들은 하나님의 사랑이 아닌 자기 노력으로 평가받으려는 자들로 참 제자가 아니었습니다(참조, 요 13:35). 우리가 주님의 완전한 사역을 유일한 희망으로 믿

"그리스도인의 사랑은 절대로 이론적이거나 추상적이지 않습니다. 언제나 실천적입니다."[8]
_알렉산더 스트라우치

심화주석 하나님의 자녀와 마귀의 자녀 사이에는 근본적인 차이점이 있습니다. 하나님께 속한 사람들은 사랑으로 특징지어집니다. 마귀에 속한 사람들은 미움으로 특징지어집니다. 사랑은 생명을 낳고 미움은 죽음을 낳습니다. 우리는 하나님께 속해 사랑의 길을 따르게 되거나, 마귀에 속해 미움의 길을 따르게 됩니다. 각 사람은 자신이 따를 길을 선택해야 합니다. 위대한 왕의 아들이요 딸로 불리는 것은 엄청난 특권입니다. 하나님은 우리의 공로나 행위 때문이 아니라 그분의 자비와 인자하심 때문에 우리에게 사랑을 부어 주셨습니다. 값비싼 예수 그리스도의 죽음을 통해 우리를 사셨습니다. 우리는 하나님의 존전에서 더 이상 이방인이 아닌 그분의 자녀입니다.

그러므로 하나님 앞에서 더는 죄를 짓지 말아야 합니다. 오히려 온 마음을 다해 하나님을 사랑해야 합니다. 하나님의 자녀는 형제애를 실천하며 상속자처럼 살아야 합니다. 마귀의 자녀는 이기주의와 미움과 폭력으로 특징지어집니다. 다른 사람을 사랑한다고 말하면서도 그 사랑을 나타내기 위해 아무것도 하지 않는다면, 마치 하나님의 가족에 속하지 않는 자처럼 행동하는 것입니다. 하나님의 참 자녀는 자신의 행동으로 진정한 사랑을 입증합니다. 하나님의 가족에 속한 사람들은 계속 죄짓는 것이 불가능하다는 사실을 발견하게 될 것입니다(요일 3:9). 미움이 사랑으로 바뀌기 때문입니다.[9]

_Africa Study Bible

으며 그리스도께 믿음으로 나아갈 때, 위대하고 영광스러운 교환이 이루어집니다. 죄의 짐이 벗겨지고 그리스도의 의가 주어지기 때문입니다(고후 5:21). 믿는 순간에 하나님과의 관계가 바로 서고, 우리 의가 서기관이나 바리새인의 의를 능가하게 됩니다. 바로 예수님의 의이기 때문입니다. 교회 출석이나 십일조나 적당한 말솜씨가 우리를 구원하는 것도 아니고 정의하는 것도 아닙니다.

그리스도의 참 제자를 특징짓는 것은 그리스도의 의입니다. 그리스도의 의는 성령의 열매를 맺습니다. 이 목록 맨 꼭대기에 사랑이 있습니다. 이 사랑이 우리를 세상과 구별되게 하고, 우리에게 하나님의 자녀라는 정체성을 부여합니다.

Q 하나님과의 바른 관계가 그리스도를 통해 믿음으로 이루어졌다는 사실을 깨달으면 다른 사람들을 향한 우리의 사랑 방식은 어떻게 달라질까요?

3. 사랑의 길은 행동으로 특징지어집니다(요일 3:16~18)

> Leader

한 무리의 흉한 해적들이 선장과 붙잡힌 해군 지휘관을 에워쌉니다. 배의 선장이 부하들을 불러 모으기 위해 고함을 지르기 시작합니다. "그를 상어 밥으로 만들어 버리자!", "그의 금을 빼앗자!" 그러자 선장 어깨 위에 앉아 있던 앵무새도 선장의 말을 따라 했습니다. 그러나 거기서 멈추지 않았습니다. 불행하게도 앵무새가 자기 주인에게서 들었던 다른 말들을 떠벌리기 시작했습니다. 즉 부하들을 경멸하는 말과 그들 몰래 금을 숨기려던 계획을 폭로한 것입니다.

이것은 미국 자동차 보험 회사 가이코(GEICO)의 재치 있는 광고의 한 장면입니다. 광고는 이렇게 끝을 맺습니다. "앵무새가 말을 따라 하는 것은 당연한 일입니다." 곧이어 "자동차 보험을 절약하려면, 가이코로 전환하는 것이 당연하듯이 말입니다"라는 말이 뒤를 잇습니다.

이 광고의 모티브는 일반적인 관찰에서 비롯된 것입니다. 어떤 존재든 자신의 일을 합니다. 앵무새는 말을 따라하고, 꽃은 꽃을 피우며, 치어리더는 응원을 합니다.

그리스도인은 사랑해야 합니다. 이것이 우리가 당연히 해야 할 일입니다. 요한이 편지에서 이 사실을 분명히 밝힙니다.

^{16}그가 우리를 위하여 목숨을 버리셨으니 우리가 이로써 사랑을 알고 우리도 형제들을 위하여 목숨을 버리는 것이 마땅하니라 ^{17}누가 이 세상의 재물을 가지고 형제의 궁핍함을 보고도 도와줄 마음을 닫으면 하나님의 사랑이 어찌 그 속에 거하겠느냐 ^{18}자녀들아 우리가 말과 혀로만 사랑하지 말고 행함과 진실함으로 하자

> **심화주석** 우리는 그리스도를 본보기로 삼아야 합니다(요일 3:16). 그분을 따르다 보면 다른 사람을 위해 희생할 준비가 됩니다. 이는 단지 영적 희생뿐만 아니라 자신이 가진 것을 궁핍한 자들에게 나누어 주는 것과도 관련 있습니다.[10]
>
> _라밀랄 페르난도

Leader

> 저는 이번 학기에 자녀들과 함께 천문학을 공부했습니다. 최근에는 별을 관찰했고, 행성들에 관해 더 많이 배울 겸해서 천체 투영관에 다녀왔습니다. 저는 그곳 기념품점에서 지휘봉처럼 생긴 투명한 관을 하나 샀습니다. 관 안에는 전선 다발과 작은 전구들이 들어 있었습니다. 한 손으로만 만지면 아무 일도 일어나지 않았지만, 한쪽 끝을 잡은 채로 다른 쪽을 만지면 불이 켜지면서 고약하게 큰 소리를 냈습니다.
>
> 나중에는 봉으로 다른 사람을 건드려서 빛을 내기도 했습니다. 그러나 어쨌든 전기가 통하게 해야 불이 켜졌습니다. 봉을 다른 사람에게 대고 있더라도 손이든 팔꿈치든 발이든 몸 어딘가에 닿아야만 했습니다. 빛과 소리는 전기의 순환이 이루어졌다는 증거였습니다.

> "하나님은 우리 주변에 '사랑하기 힘든' 사람들을 두심으로써 우리에게 '사랑하는' 법을 가르치십니다. 우리를 사랑해 주는 사람들을 사랑하는 데는 연단이 필요 없습니다."[11]
>
> _릭 워렌

하나님의 사랑을 하나의 순환으로 생각해 볼 수 있습니다. 다음 장에서 요한은 우리가 다른 사람을 사랑하는 이유가 하나님이 우리를 먼저 사랑하셨기 때문이라고 말합니다(요일 4:11, 19). 하나님은 우리를 향한 자기 사랑을 보여 주시기 위해 자기 아들을 보내셨습니다. 그리스도께서는 우리를 향한 사랑을 보여 주시기 위해 십자가로 걸어가셨습니다. 하나님은 우리가 그분의 사랑을 경험할 수 있도록 예수님을 죽은 자 가운데서 일으키셨습니다. 그리스도를 통해 우리가 사랑을 체험할 수 있는 순환을 시작하셨습니다. 이 사랑이 우리에게서 멈춰서는 안 됩니다.

우리는 하나님의 사랑의 통로입니다. 사랑은 우리가 스스로 낼 수 있는 능력이 아닙니다. 우리가 하나님의 사랑에 연결되어 있을 때에야 비로소 세상 가운데 생명을 전해 주는 사랑의 참 행위를 실천할 수 있습니다. 우리는 주변 사람들에게 사랑을 전하는 통로가 되어야 합니다. 우리의 손과 발로 하나님이 공급하시는 사랑의 순환을 완성해야 합니다. 그리스도의 빛을 절망에 빠진 주변 사람들에게 비추면서 말입니다.

Q 하나님의 사랑을 전하지 못하도록 가로막는 것들에는 무엇이 있습니까?

"우리 마음에 하나님의 참사랑이 부어졌다면, 우리 삶이 이를 보여 줄 것입니다. 사랑을 선포하기 위해 여기저기 다닐 필요가 없을 것입니다. 우리가 말하거나 행동하는 모든 것에서 나타나기 때문입니다."[12]
_D. L. 무디

그렇다면 어떻게 해야 사랑의 순환을 완성할 수 있을까요? 어떻게 해야 하나님의 사랑으로 타인을 사랑할 수 있을까요? 어떻게 해야 사랑의 부르심에 순종하지 못하게 가로막는 잠재적 장벽들을 극복할 수 있을까요? 우리를 둘러싼 세상에 그리스도의 사랑을 보여 주고자 애쓸 때, 고려해야 할 다섯 가지 행동이 있습니다.

첫째, 기도하는 것입니다. 기도가 시작점입니다. 인생의 시기나 소득 수준이나 사역 훈련에 상관없이 우리는 기도할 수 있습니다. 무엇을 위해 기도해야 할지 알 수 없고 좌절할 때, 성령님이 우리를 위해 중보하십니다. 성령님이 하나님 아버지의 마음을 아십니다. 또한 우리 마음을 아시고, 우리가 할 수 없는 방식으로 하나님과 우리를 연결해 주십니다.

둘째, 이웃에게 관심을 기울이는 것입니다. 도움이 필요한 사람들을 먼 곳에서 찾을 필요가 없습니다. 그러나 우리는 때로 너무 바빠서 눈앞에 있는 사랑을 실천할 기회를 지나칩니다. 때로는 단순히 눈을 열고 속도를 늦춘 채, 주변에서 어떤 일이 벌어지고 있는지에 관심을 기울일 필요가 있습니다.

셋째, 복음을 선포하는 것입니다. 그리스도께서는 지상 사역 중에 수많은 육체적 필요와 더불어 영적 필요를 채워 주셨습니다. 주변의 그리스도를 아는 사람과 모르는 사람을 둘 다 사랑함으로써 복음 진리의 계속적인 원천이 됩시다. 악한 자들은 도둑질하고 이웃을 죽이고 멸망시키려 합니다(요 10:10). 하나님에 대해 반박하고, 하나님의 선하심과 사랑에 관해 의심을 갖게 하려고 애씁니다. 그러니 다른 사람의 육체적인 필요를 공급하는 데서 그치지 말고, 하나님이 그들을 얼마나 사랑하시는지, 그리고 그들도 그리스도를 통해 하나님의 사랑을 경험할 수 있다는 사실을 알려 줍시다.

넷째, 손이 닿지 않는 곳에 있는 선교사들을 후원하는 것입니다. 우리 앞에 나타나는 필요들을 다 충족시킬 수는 없습니다. 인생의 시기에 따라 사랑의 손과 발 역할을 몸으로 감당하지 못할 수도 있습니다. 그런데 우리 주변에는 몸으로 섬길 수는 있지만 도움이 필요한 사람들이 있습니다. 모든 방언과 족속과 나라에 그리스도의 사랑을 신실하게 전하는 선교사와 단체가 그들입니다. 그들을 재정적으로 후원하는 일에 우리 모두가 참여해야 합니다.

다섯째, 누군가의 필요에 관한 정보를 나누는 것입니다. 도움이 필요한 사람을 만나면 그를 위해 기도하고 후원하고, 그들을 위해 다른 사람에게 도움을 요청하는 것을 잊지 마십시오. 하나님의 사랑을 이루어가는 일에 많은 사람이 동참할 수 있도록 초대하십시오. 우리는 하나님의 말씀에 순종하는 마음과 감사하는 마음으로 하나님의 사랑을 이루어가야 합니다. 사랑으로 특징지어지는 삶을 사는 사람들에게는 이 땅에서도 천국에서도 큰 보상이 있습니다. 우리 삶에 부어 주시는 은혜를 아직 체험해 보지 못한 다른 사람들에게 전해 그들이 사랑을 실천할 기회를 줍시다. 다른 사람들에게 전하라고 주시는 은혜이니 말입니다.

Q 사랑의 마음이 행동으로 나타나야 하는 이유는 무엇입니까?
Q 공동체의 유익을 위해 당신이 행해야 하는 사랑에는 무엇이 있습니까?

결론

그리스도를 따르는 사람들의 열망은 매 순간 하나님께 영광을 돌리는 것입니다. 제자들의 삶의 열매는 이웃을 향한 깊고도 변치 않는 사랑의 징표입니다. 그리스도의 자비와 사랑의 수혜자인 우리는 누구를 만나든 하나님의 사랑이 흘러넘쳐야 합니다. 또 사랑으로 특징지어지는 감사 예배를 향해 우리의 이웃과 함께 나아가야 합니다.

핵심교리 99 — 19. 사랑이신 하나님

"하나님은 사랑이시라"라고 말하는 것은 사랑이 하나님의 고유한 성품이며, 삼위일체 하나님이신 성부, 성자, 성령 세 위격이 서로 완전한 사랑 가운데 계시며 사랑을 드러내신다는 뜻입니다. 인간들이 나누는 불완전한 사랑은 하나님 안에 있는 완전한 사랑의 희미한 그림자에 불과합니다. 하나님이 우리에게 보여 주신 가장 큰 사랑은 세상에 속한 좋은 것들을 주신 일이 아니라 우리가 하나님과 화목할 수 있도록 그리스도 안에서 자신을 내어 주신 일입니다.

심화토론

• 당신이 사랑하는 사람들은 당신의 사랑을 어떻게 알 수 있을까요?
• 말이나 감정이나 행동이 어떻게 사랑의 표현이 될 수 있습니까?

그리스도와의 연결
사도 요한은 진정한 사랑의 본성에 관해 가르치면서, 그리스도인들에게 사랑이 단순한 감정이나 말의 문제가 아니라 행위의 문제임을 상기시켰습니다. 사랑은 하나님의 백성을 위해 자신의 생명을 내어주신 예수님의 행위에서 가장 분명하게 나타납니다.

하나님의 계획 우리의 사명

선교적 적용   하나님은 우리에게 도움이 필요한 사람에게 그리스도의 사랑을 전하기 위해 눈을 뜨라고 말씀하십니다.

1.   그리스도처럼 사랑하기 위해 당신 안에 있는 어떤 증오와 악의를 버려야 합니까?

2.   그리스도 안에서 받은 사랑을 따라 서로 사랑할 수 있는 실제적 방법에는 어떤 것들이 있을까요?

3.   동료 신자들의 필요를 채우기 위해 소그룹에서 연합해 할 수 있는 것은 무엇일까요?

금주의 성경 읽기
행 1~8장;
시 110편

Summary and Goal

바울이 디모데와 디도에게 보낸 목회 서신의 주요 본문에서 목사에 관한 중요한 신학적 주제를 살펴보게 될 것입니다. 하나님의 백성을 인도하기 위해 하나님은 교회에 목사를 보내 주셨습니다. 우리를 제자 삼는 사명으로 인도하기 위해 보내 주신 목사들을 위해 하나님은 기도하고 후원하라고 말씀하십니다.

하나님의
말씀에
순종한다는
것은

6

- **성경 본문**
  디모데전서 4:11~16
  디모데후서 4:1~8
  디도서 2:11~14

- **세션 포인트**
  1. 목사는 자신의 삶의 모습으로 하나님의 백성을 섬깁니다(딤전 4:11~16)
  2. 목사는 진리를 설교함으로써 하나님의 백성을 섬깁니다(딤후 4:1~8)
  3. 하나님의 백성은 말씀에 순종함으로써 목사를 따릅니다(딛 2:11~14)

- **신학적 주제**
  하나님의 백성이 말씀에 순종하게 하려고 하나님은 목사를 교회에 보내 주셨습니다.

- **그리스도와의 연결**
  바울은 말년에 그가 가장 신뢰했던 믿음의 두 자녀, 곧 디모데와 디도에게 편지를 보냅니다. 그들에게 좋은 목자이신 예수님의 본을 따르라고 권면합니다. 예수님이 교회를 섬기기 위해 죽으셨던 것처럼, 목사와 교회 지도자들은 교회를 섬기는 사역을 위해 부름받았습니다.

- **선교적 적용**
  하나님은 우리에게 제자 삼는 사명으로 인도하기 위해 보내 주신 목사들을 위해 기도하고 후원하라고 말씀하십니다.

Session Plan

도입

좋은 지도자가 필요하다는 사실을 말해 주십시오. '완벽한 목사'에 관한 모순적인 기대를 다룬 재미있는 이야기들을 나누어 주십시오.

좋은 목사의 요건은 무엇이라고 생각합니까?

목회 서신의 중요한 신학적 주제를 다룬 이 세션을 요약해 주십시오.

전개

1
목사는 자신의 삶의 모습으로 하나님의 백성을 섬깁니다
(딤전 4:11~16)

바울과 디모데의 관계에 관한 배경 이야기를 간략하게 들려주십시오. 그러고 나서 디모데전서 4장 11~16절을 읽으십시오. 바울이 다른 사람들에게 명하라고 디모데에게 지시한 것의 의미가 무엇인지 분명하게 말해 주십시오.

사람들이 성경의 진리와 명령을 다른 사람들에게 선포하는 데 지나치게 조심스러워하는 이유는 무엇일까요?

디모데가 교회에 어떤 본을 보여야 했는지를 제시해 주십시오.
첫째, 디모데는 외적으로나 내적으로나 본이 되어야 합니다(12절).
둘째, 바울은 말씀 선포를 강조합니다(13절).
셋째, 바울은 디모데에게 그가 받은 영적 은사를 가볍게 여기지 말라고 했습니다(14절).
넷째, 바울은 디모데에게 신자로서 계속해서 성장해 가라고 간곡히 말합니다(15~16절).
서너 명씩 짝지어 학습자용 교재에 실린 도표의 질문에 답하게 하십시오(질문은 아래에 있습니다). 몇 분 후에 발표하게 하십시오.

목사가 아니어도 바울이 디모데에게 지시했던 것을 삶에 어떻게 적용하면 좋습니까?

목사와 교회 지도자들이 하나님의 말씀을 선포하고 실천할 때, 어떻게 하면 그들을 격려할 수 있습니까?

2
목사는 진리를 설교함으로써 하나님의 백성을 섬깁니다
(딤후 4:1~8)

디모데후서 4장 1~8절을 읽으십시오. 바울은 자기 삶이 곧 끝날 것을 알고 있었음을 말해 주십시오. 바울이 2절에서 제안한 다섯 가지 권면을 다루고, 그것들이 중요한 이유를 말해 주십시오.

목사나 교회 지도자의 경책이나 경계나 권면이 도움되었던 적이 있습니까?

사역을 완수하기 위해 바울이 사용했던 운동선수와 군인의 비유를 설명해 주십시오. 올림픽 선수가 되기 위한 동기와 목사의 소명을 비교해 주십시오.

우리 문화에서 점점 더 신실하게 지키기 어려워져 가는 신학적 신념에는 어떤 것들이 있습니까?

어떻게 하면 믿지 않는 사람들을 향한 사랑과 연민을 놓지 않은 가운데 바른 교훈을 지킬 수 있을까요?

3
하나님의 백성은 말씀에 순종함으로써 목사를 따릅니다
(딛 2:11~14)

자원자에게 디도서 2장 11~14절을 읽게 하십시오. "모든 사람에게"(11절)가 의미하는 것과 의미하지 않는 것을 설명해 주십시오. 그러고 나서 하나님의 구원하시는 은혜가 한 사람의 삶에 가져오는 실질적이고 일상적인 변화에 초점을 맞추어 주십시오.

디도서 2장 11~14절에서처럼 하나님의 말씀에 순종하고자 한다면 집이나 교회, 직장, 동네 등에서 우리의 생활 태도와 방식은 어떻게 달라질까요?

복음이 지닌 소극적인 면과 적극적인 면을 강조해 주십시오. 복음은 이론적 선포가 아닌 실천적인 메시지입니다.

예수 그리스도의 이름으로 선행을 하는 데 열정적인 사람은 어떤 모습입니까?

그리스도의 재림과 장차 있을 만물의 구속이 우리의 삶에 영향을 끼치는 이유는 무엇입니까?

결론

목사와 교회 지도자들을 격려할 방법을 생각해 보게 하십시오. 이 세션에서 배운 진리를 '하나님의 계획, 우리의 사명'에서 적용해 보십시오.

6. 하나님의 말씀에 순종한다는 것은

> "참 목자의 영혼은 수많은 귀중한 은혜의 혼합체입니다. 그는 열정으로 뜨겁지만 욕정으로 불타오르지 않습니다. 그는 온화하지만 양 떼를 다스립니다. 그는 사랑이 넘치지만 죄를 못 본 체하지는 않습니다. 그는 양 떼를 다스릴 권세가 있지만 군림하려 들거나 모질게 굴지 않습니다. 그는 쾌활하지만 경박하지는 않고, 자유롭지만 방종하지 않으며, 근엄하지만 침울하지 않습니다."²
> _찰스 스펄전

도입

좋은 지도자는 거의 모든 조직에서 필수적입니다. 학교에는 교장 선생님이 필요하고, 정부에는 대통령이나 수상이 필요합니다. 팀에는 코치가 필요하고 사업에는 CEO가 필요합니다. 행군 악단에는 지휘자가 필요하고 군대에는 장군이 필요합니다. 그리고 교회에는 목사가 필요합니다.

> 소위 '완벽한 목사'에 대한 재밌고도 모순된 이야기가 있습니다.
>
> - 그들은 정확히 20분을 설교한 뒤에 앉습니다. 그들은 죄를 정죄하지만 다른 사람의 감정을 절대로 상하게 하지 않습니다. 그들은 오전 8시부터 오후 10시까지 설교와 양육 사역에 관련된 온갖 일을 맡아서 합니다.
> - 그들은 주당 6만 원의 사례비를 받으면서도 좋은 옷을 입고 양서를 정기적으로 구입합니다. 멋진 가정을 꾸리고 좋은 차를 타며 주당 3만 원을 교회에 헌금합니다. 또한 모든 좋은 일에 기여할 준비가 되어 있습니다.
> - 그들은 나이는 스물여섯 살인데 설교는 13년간 해 왔습니다. 키가 크기도 하고 작기도 하며, 마른 체형이기도 하고 건장한 체구이기도 합니다. 가운데 가르마의 왼쪽은 짙고 곧은 머리인데, 오른쪽은 갈색에 곱슬머리입니다.
> - 그들은 10대 청소년들에 대한 뜨거운 열정을 지니고 있는데, 장년층과 많은 시간을 보냅니다. 그들의 얼굴은 무표정이지만 유머가 많고 사역에 진지하게 헌신합니다. 그들은 매일 열다섯 명의 성도를 심방하고, 교회 다니지 않는 사람들에게 복음을 전하기 위해 많은 시간을 할애합니다.¹
>
> 목사로 섬긴 경험이 있는 나로서는 이 글을 읽고 웃어야 할지 울어야 할지 몰랐습니다. 그러나 이 재미있는 이야기는 사람들이 목사에게 다양한 필요와 요구를 보인다는 사실을 보여 줍니다.

> Leader

Q 좋은 목사의 요건은 무엇이라고 생각합니까?

Session Summary

바울이 디모데와 디도에게 보낸 목회 서신의 주요 본문에서 목사에 관한 중요한 신학적 주제를 살펴보게 될 것입니다. 하나님의 백성을 인도하기 위해 하나님은 교회에 목사를 보내 주셨습니다. 우리를 제자 삼는 사명으로 인도하기 위해 보내 주신 목사들을 위해 하나님은 기도하고 후원하라고 말씀하십니다.

1. 목사는 자신의 삶의 모습으로 하나님의 백성을 섬깁니다

(딤전 4:11~16)

> **Leader**
>
> 디모데는 활발하게 사역하던 젊은 목사였습니다. 머지않아 그는 위대한 사도 바울의 지도자직을 물려받을 것이고, 바울은 하나님이 디모데의 삶에 주신 목회자의 소명을 위해 믿음 안에서 아들이 된 디모데를 격려하고자 했습니다. 바울이 디모데와 그를 따르는 모든 목사에게 준 가르침은 교회에서 양 떼를 돌보는 목사들이 지닌 굉장한 책임과 엄청난 특권을 상기시킵니다.

¹¹너는 이것들을 명하고 가르치라 ¹²누구든지 네 연소함을 업신여기지 못하게 하고 오직 말과 행실과 사랑과 믿음과 정절에 있어서 믿는 자에게 본이 되어 ¹³내가 이를 때까지 읽는 것과 권하는 것과 가르치는 것에 전념하라 ¹⁴네 속에 있는 은사 곧 장로의 회에서 안수받을 때에 예언을 통하여 받은 것을 가볍게 여기지 말며 ¹⁵이 모든 일에 전심전력하여 너의 성숙함을 모든 사람에게 나타나게 하라 ¹⁶네가 네 자신과 가르침을 살펴 이 일을 계속하라 이것을 행함으로 네 자신과 네게 듣는 자를 구원하리라

본문에서 바울은 디모데에게 다른 사람들에게 명하고 가르칠 것을 지시합니다(11절). 이 말은 디모데나 여느 목사에게 군대를 호령하는 장군이 되라는 뜻이 아닙니다. 디모데가 목사 역할을 수행할 때 가져야 할 자신감에 관한 것입니다. 이 말을 할 때, 바울은 제자 디모데가 자기 앞에 놓인 임무 때문에 긴장하고 있다는 사실을 감지했던 것이 분명합니다.

디모데는 하나님의 진리를 선포하는 데 담대해야 했습니다. 디모데를 부르신 하나님이 의견이 아닌 명령을 내리십니다. 11절의 "이것들"이란 구체적으로 바울이 이전 구절들에서 언급했던 것들을 가리킵니다. "이것

심화주석 바울이 디모데전서 4장 12절에서 말한 목사가 보여야 할 본은 두 가지로 나뉩니다.

첫째, "말"과 "행실"입니다. 이 부분은 외적으로 관찰할 수 있거나 공적인 특성을 가지고 있습니다. "말"은 온갖 종류의 언어 표현을 의미하고, "행실"은 일반적인 행동을 가리킵니다. 바울은 디모데가 경솔하게 충동적으로 내뱉는 쓸데없는 말 대신에 지혜로운 말을 하기 원했습니다.

둘째, "사랑"과 "믿음"과 "정절"로 구성된 부류로 내적인 특성을 가리킵니다. 바울은 "사랑"이 하나님과 사람들에게 그 자체로 드러나기를 갈망했습니다. "믿음"이란 용어는 아마도 올바른 확신을 의미하기보다는 신실하고 신뢰할 만한 태도를 나타낼 것입니다. "정절"에 관한 호소는 성적인 순결과 마음의 정결, 둘 다를 요구합니다.[3]

_토마스 D. 레아 & 하이네 P. 그리핀 Jr.

심화주석 바른 가르침을 인내하며 계속 실천하는 것이 디모데로 하여금 구원의 은혜를 풍성히 누리게 할 것입니다. 즉 그로 하여금 믿음 안에서 인내하도록 인도함으로써 구원을 확증할 것입니다. 이런 종류의 사역은 그의 설교를 "듣는 자"들을 구원하는 데에도 효과적일 것입니다.[4]

_레이 반 네스테

> "진실의 가장 좋은 친구는 시간입니다. 하나님의 사람은 시간이 그의 무죄를 입증해 주기를 기다릴 줄 아는 인내가 있습니다. 그의 무죄가 이생에서 입증되지 않는다면, 영원이 해결해 줄 것입니다."[6]
>
> _벤스 하브너_

핵심교리
99

3. 성경의 영감

'성경의 영감'이란 성경을 기록한 인간 저자들에게 하나님이 지시하신 것을 가리키는데, 그들은 하나님이 인류에게 주시는 메시지를 자기 글로 작성하고 기록했습니다(딤후 3:16; 벧후 1:19~21). 성경의 영감은 하나님이 인간 저자에게 직접 말씀해 주시는 구술 방식으로 이루어지기도 했습니다. 그러나 대부분은 성령님이 저자들의 인격에 초자연적인 영향력을 행사하시는 방식으로 이루어졌으므로 그들의 글은 곧 하나님의 말씀으로 간주됩니다.

들"은 말씀 전체에 대한 충실한 가르침과 관련 있습니다.

Q 사람들이 성경의 진리와 명령을 다른 사람들에게 선포하는 데 지나치게 조심스러워하는 이유는 무엇일까요?

바울은 12~16절에서 디모데의 사역의 특징을 이야기하는데 무엇보다도 디모데는 "본"이 되어야 한다고 말합니다. 목사가 교회를 성숙으로 이끄는 필수적인 방법은 그가 보이는 본에 달렸습니다. 디모데는 젊은 목회자로 여겨지긴 하지만, 그의 나이가 교회에 스스로 본이 되지 못하는 것에 변명이 될 수는 없습니다. 심지어 그보다 나이가 훨씬 많은 사람에게도 본이 되어야 합니다. 디모데의 소명이 나이를 대신하기 때문입니다.

> **Leader**
>
> "연소함"이라고 하면 십 대를 떠올리기 쉽지만, 바울이 디모데에게 썼던 이 용어는 40살까지의 남성을 의미합니다. 그래서 디모데의 연소함이란 회중의 노인들과 비교할 때의 연소함이었습니다.[5] 바울은 디모데에게 그의 나이나 상대적인 연소함으로 인해 다른 사람들이 그를 어떻게 대할지에 연연하지 말고, 본을 보이는 삶을 살라고 권면합니다. 바울은 예전에 고린도 교회에 "내가 그리스도를 본받는 자가 된 것같이 너희는 나를 본받는 자가 되라"(고전 11:1)라고 말했습니다.

제 아버지는 30년 넘게 제강소에서 일하셨습니다. 공장에서 쇳물을 부어 주물을 만드셨습니다. 쇳물이 식으면 주형과 정확하게 일치하는 주물이 만들어졌습니다. 디모데는 그리스도께 헌신된 삶의 본이 되어야 합니다. 어떻게 본이 되어야 할까요?

첫째, 디모데는 외적으로나 내적으로나 본이 되어야 합니다(12절). 여기서 "말"이란 하나님의 말씀을 분명하게 전달하는 것뿐만 아니라 지혜롭게 말하는 것을 포함합니다. 예컨대, SNS에 악플 대신 은혜와 공감이 담긴 선플을 다는 것입니다. 지혜와 은혜로 행동하는 몸가짐에도 이를 적용할 수 있습니다. 바울은 디모데에게 내적인 본을 보이도록 촉구했습니다. "사랑", "믿음", "정절"(성적인 순결과 일반적인 진실성) 등의 덕목이 그의 삶을 특징지어야 합니다.

둘째, 바울은 말씀 선포를 강조합니다(13절). "읽는 것", 즉 성경 낭독은 오늘날 많은 교회에서 그 중요성이 경감되었지만, 초대교회 당시만 해도 말씀 낭독은 가장 중요한 예배의 요소였습니다. 예배나 소그룹 모임이나 가정에서 우리가 실제로 성경을 얼마나 읽는가를 점검해 볼 필요가 있습니다. "권하는 것", 즉 설교가 청중에게 말씀의 진리에 반응하도록 촉구하는 것이라면, "가르치는 것"은 지적 적용에 초점을 두고 성경 내용을 전달하는 것에 집중하는 것입니다.[7] 초대교회에서 성경은 순종을 권장하고 교리를 가르칠 목적으로 큰 소리로 낭독되고 선포되었습니다.

> Leader
> 사도들의 가르침에 헌신했던 교회의 초창기부터 하나님의 말씀을 선포하는 것이 교회 성장의 토대가 되었습니다(참조, 행 2:42). 그러나 만일 성경 정보를 전달하는 것만으로 변화를 일으킬 수 있다고 생각한다면, 크게 오해하고 있는 것입니다. 정보는 변화를 일으키지 못합니다. 성령님의 능력을 통해 성경 진리를 일상생활에서 묵상하고, 개인적으로 적용할 때야 비로소 변화가 일어납니다.
> 데릭 시버스의 관찰대로, "만일 (더 많은) 정보가 답이었다면, 우리는 모두 완벽한 복근을 가진 억만장자가 될 것입니다."[8] "우리 가운데 대부분은 성경을 실천하기보다 아는 데 그칩니다. 이런 이유로 하나님은 목사를 주셔서 가르침과 동시에 말씀 안에서 살라는 권면을 하십니다. 그렇게 해도 말씀을 듣지 않으면 말씀을 적용하고 나타낼 수 없습니다. 그래서 목사는 말씀을 가르치기도 하지만 그보다 더 할 수 있어야 하고 또한 해야만 하며, 덜 할 수는 없습니다."

셋째, 바울은 디모데에게 그가 받은 영적 은사를 가볍게 여기지 말라고 했습니다(14절). 모든 영적 은사는 하나님으로부터 온 것으로, 성령님을 통해 예수님이 주시는 것입니다. 영적 은사는 자기 자신을 넘어서는 목적을 위해 사용됩니다. 바울의 권면은 하나님이 은사로 주신 이 선물들을 교회 지도자들이 소중하게 여겨야 한다는 사실을 가르쳐 줍니다.

넷째, 바울은 디모데에게 신자로서 계속 성장해 가라고 간곡히 말합니다(15~16절). "이 모든 일에 전심전력하여"에는 일관된 일상이라는 개념이 담겨 있습니다. 바울은 디모데에게 건강한 일상을 개발하고 계속 발전시켜 가도록 권고했습니다. 그러면 그가 계속해서 성장해 가는 모습을 교회가 볼 수 있을 것입니다.

> Leader
> 저는 최근에 젊고 진지하며 열정적인 교회 개척자들과 이야기를 나누었습니다. 그들이 제게 조언을 구했습니다. 저는 그들에게 사역의 단조로움을 받아들이는 방법을 배우라고 조언해 주었습니다. 사람들이 그리스도께 나아오고 삶이 변화되고 성장하는 것을 목격할 때, 사역에는 큰 기쁨이 찾아옵니다. 그러나 또한 대부분의 사역이 단조로운 것도 사실입니다. 바울이 여기서 지적한 바와 같이, 일과를 한결같이 따르는 법을 배우는 것은 사역의 지속성을 위해 반드시 필요한 요소입니다.

> "사람들이 하나님을 더 좋아하게 만들기 위해 하나님을 실제와 다르게 만들어 버릴 권리가 우리에게 있기나 한다는 말입니까? 하나님에 관한 진리를 선포함으로써 그분께 영광을 돌리십시오."[9]
> _짐 엘리프

심화토론
- 다른 사람에게 본이 되는 삶을 사는 데 있어 잠재적인 위험 요소들은 무엇입니까?
- 그러한 위험 요소들을 극복하기 위해 어떤 노력이 필요합니까?

<table>
<tr><td>목사가 아니어도
바울이 디모데에게 지시했던 것을
삶에 어떻게 적용하면 좋습니까?</td><td>목사와 교회 지도자들이
하나님의 말씀을 선포하고 실천할 때,
어떻게 하면 그들을 격려할 수 있습니까?</td></tr>
<tr><td></td><td></td></tr>
</table>

심화 주석

'책망하다'라는 뜻의 헬라어 '에피티마오'는 거의 복음서에만 등장하고(27번), 일반적으로 '위협적인 명령'이나 '꾸지람을 받는' 사람에 관한 부정적인 암시를 주는 '꾸짖음'을 의미합니다. 예수님은 바람과 바다를 꾸짖으셨고(마 8:26), 열병을 꾸짖으셨으며(눅 4:39), 귀신을 꾸짖으셨습니다(마 17:18; 막 9:25; 눅 4:35, 41). 또한 야고보와 요한을 꾸짖으셨고(눅 9:55), 베드로도 꾸짖으셨습니다(막 8:33).

그러나 부적절한 행동을 방지하기 위해 '꾸지람을 받는' 사람들에게 쓰일 때는 '에피티마오'가 긍정적인 암시를 주기도 합니다. 이런 경우에는 '경고', '항변', 또는 '경계'로 번역되기도 합니다. 예수님은 제자들에게 "네 형제가 죄를 범하거든 경고"(눅 17:3)하라고 말씀하시고, 그들에게 자신의 정체를 아무에게도 이르지 말라고 "경고"하셨습니다(마 12:16; 눅 9:21). 베드로는 부적절하게도 예수님께 "항변"했습니다(마 16:22; 막 8:32). 제자들은 예수님의 복을 받게 하려고 자녀들을 데려오는 사람들을 "꾸짖었습니다"(마 19:13; 막 10:13; 눅 18:15). 서신서에서는 "경계"하고 "권하는 것"이 목사의 역할로 소개됩니다(딤후 4:2).[10]

_레이 반 네스테

2. 목사는 진리를 설교함으로써 하나님의 백성을 섬깁니다
(딤후 4:1~8)

> 나이가 어릴지라도 하나님의 말씀을 신실하게 선포하는 것은 중요한 일입니다. 큰 희생을 치르더라도 마찬가지입니다. 디모데후서에서 바울은 자기 때가 다가오고 있음을 알았고 결국 디모데의 때가 올 것을 알았습니다.

Leader

[1]하나님 앞과 살아 있는 자와 죽은 자를 심판하실 그리스도 예수 앞에서 그가 나타나실 것과 그의 나라를 두고 엄히 명하노니 [2]너는 말씀을 전파하라 때를 얻든지 못 얻든지 항상 힘쓰라 범사에 오래 참음과 가르침으로 경책하며 경계하며 권하라 [3]때가 이르리니 사람이 바른 교훈을 받지 아니하며 귀가 가려워서 자기의 사욕을 따를 스승을 많이 두고 [4]또 그 귀를 진리에서 돌이켜 허탄한 이야기를 따르리라 [5]그러나 너는 모든 일에 신중하여 고난을 받으며 전도자의 일을 하며 네 직무를 다하라 [6]전제와 같이 내가 벌써 부어지고 나의 떠날 시각이 가까웠도다 [7]나는 선한 싸움을 싸우고 나의 달려갈 길을 마치고 믿음을 지켰으니 [8]이제 후로는 나를 위하여 의의 면류관이 예비되었으므로 주 곧 의로우신 재판장이 그날에 내게 주실 것이며 내게만 아니라 주의 나타나심을 사모하는 모든 자에게도니라

여기서 바울은 진지합니다. 그는 죽음이 코앞에 다가왔다는 사실을 알았고, 그의 권면의 긴급함이 그의 말에 무게를 실어 주었습니다. "하나님 앞과 살아 있는 자와 죽은 자를 심판하실 그리스도 예수 앞에서 그가 나타나실 것과 그의 나라를 두고 엄히 명하노니"(1절)라는 말은 디모데의 주의를 확실히 끌 수 있는 진지한 방법이었습니다.

바울은 모든 목사에게 적용할 수 있는 다섯 가지를 권면합니다(2절).

첫째, "말씀을 전파하라." 목사는 하나님의 말씀을 신실하면서도 일관성 있게 열정적으로 설교하고 가르쳐야 합니다.

둘째, "때를 얻든지 못 얻든지" 또는 가깝든지 멀든지 상관없이 말씀을 끈질기게 전해야 합니다. 목사는 기분이 좋을 때나 나쁠 때나 말씀을 일관되게 선포해야 합니다.

셋째, 목사는 태만하거나 공격적인 사람들을 "경책"해야 합니다.

넷째, 목사는 성경에서 벗어나게 말하거나 행동하는 자들을 "경계"해야 합니다.

다섯째, 목사는 하나님의 영광을 위해 거룩한 삶을 살아가도록 양 떼에게 "권"해야 합니다.

> Leader

교회가 건강한 공동체인지를 확인하는 것은 격려와 책망이 모두 일어날 때 알 수 있습니다. 목사는 양 떼를 치면서 필요할 때는 책망하고 길을 잃으면 바로잡기도 하지만, 언제나 양 떼를 격려합니다. 훌륭한 지도자는 자신이 이끄는 사람들의 잠재력을 알아보기 때문에 목사는 사람들을 그리스도를 향한 더 큰 헌신과 희생과 순종으로 이끌기 위해 말씀을 계속해서 가르칩니다.

바울은 목사들이 "오래 참음과 가르침으로" 경책하고 경계하며 권해야 한다는 말로 권면을 매듭짓습니다. 예수님이 열두 제자와 3년 내내 함께하셨는데도 제자들은 예수님의 많은 가르침을 놓쳤습니다. 이에 비추어 보건대, 목사는 자신이 인도하고 가르치는 자들을 얼마나 더 인내해야 하겠습니까.

이것들이 중요한 이유는 무엇일까요? 바울의 마지막 편지였을 법한 글에서 그는 왜 이런 사안들에 초점을 맞추었을까요? 그는 우리가 내버려 두면 자연스럽게 나쁜 쪽으로 향하는 성향을 가지고 있음을 알았기 때문입니다. 가공식품들이 판치는 세상에서 식단에 주의를 기울이지 않는다면, 어느새 큰 옷과 큰 벨트를 사야 하는 때가 올 것입니다. 만일 자녀를 훈육하는 데 집중하지 않는다면, 자녀는 순종보다 반항의 길로 치닫게 될 것입니다. 바울은 사람들이 복음 중심적이라기보다 자기중심적이라는 사실을 간파했습니다. 따라서 디모데는 중요한 모든 사안을 진지하게 받아들여야만 합니다. 그는 목사라면 고집스럽고 종잡을 수 없는 양 떼를 쳐야 한다는 점을 이해하고 인내하며 "고난을 받아야" 합니다.

바울은 디모데에게 "전도자의 일"을 해야 한다는 것을 상기시켰습니다. 목사는 교회에서 영혼을 얻는 본을 보여 주어야 합니다. 교회에서 복음주의적인 문화를 형성할 수 있는 가장 실질적인 방법 중 하나는 목사가 그

심화 주석

디모데후서 4장 1~8절은 하나님의 구원하시려는 뜻을 이루는 데 참여하고 싶어 하는 사람들을 위한 성경 전체에서 가장 강력한 구절 중의 하나입니다. 여기서 바울의 생생한 비전과 성공의 축하를 볼 수 있습니다. 물론, 여기서의 화자는 사도 바울이며 그의 대화 상대자는 오늘날의 소위 '전임 선교사 혹은 목사'입니다. 그러나 주의 깊은 독자라면 본문을 끝맺는 말이 명시하듯이 이 비전이 예수님의 모든 제자를 위한 본문임을 알게 될 것입니다. 그리스도의 몸은 복잡한 유기체로서(고전 12장), 개별적인 부분들이 수많은 일들을 감당합니다. 하지만 그 유기체의 전반적인 목표는 하나님의 찬양과 영광을 위해 그분의 특별한 백성이 되는 것입니다(엡 1장). 현 시대에 이 말의 핵심은 하나님의 교회인 거룩한 성전을 짓는 것과 결부됩니다(엡 2:19~22; 벧전 2:4~6). 이것은 전문가들이나 전공자들의 과업이 아닙니다. 그리스도께서 재림하실 때까지 교회 전체에 주어진 임무입니다. 우리가 이 세상에서 사업, 정부, 가정, 의료, 교육, 연예, 금융, 예술, 과학, 미디어, 법률, 농업, 혹은 다른 어떤 분야에서 종사하든지 상관없이, 모든 신자의 삶의 중심은 그리스도의 몸의 생명과 목적이며 그분의 사역은 하나님의 성전을 세우는 일입니다.[11]

_존 C. 란스마

리스도를 전하고 있는 사람들을 격려해 주는 것입니다. 바울은 디모데에게 "네 직무를 다하라"라고 권면함으로써 본문을 마칩니다. 이것은 바울이 초점을 잃지 않고 실천했던 바로 그 일입니다(참조, 행 20:24).

Q 목사나 교회 지도자의 경책이나 경계나 권면이 도움되었던 적이 있습니까?

바울은 운동선수와 군인의 비유를 들어 디모데에게 사역을 어떻게 시작하느냐가 아니라 어떻게 끝내느냐가 가장 중요하다는 사실을 상기시킵니다. 그는 "선한 싸움"을 싸웠고 "달려갈 길"을 마쳤으며 "믿음"을 지켰습니다. 여기서 바울이 사용한 비유를 혼란스럽게 여기지 마십시오. 그는 교회에서 사람들과 불필요한 논쟁을 벌이거나 주먹다짐을 하라고 요구하지 않았습니다. 목사는 속물처럼 행동해서는 안 됩니다. 설교하고 가르쳐야 하며, 다른 사람과 논할 때는 겸손한 마음으로 다가서야 합니다. 바울은 디모데에게 충실한 교리에 관해 분명한 확신을 가지라고 말합니다. 말씀을 충실히 가르친다는 것은 그 가르침이 문화와 충돌할 때 신념이 흔들릴 수 있는 여지를 갖지 않는다는 뜻입니다.

> 저는 현직 목사와 목사 후보생들을 가르칠 때마다 매 학기 열 명의 학생 중에서 한 명을 일어서게 합니다. 이는 20대에 사역을 시작하는 사람이 많지만, 60대까지 사역할 사람은 한 명뿐임을 보여 주기 위해서입니다. 이것은 젊은 신학생들로 하여금 정신이 바짝 들게 하는 좋은 실례이며 우리에게도 좋은 본보기가 될 것입니다. 목사는 사역을 끝까지 잘 감당하기 위해 믿음의 선한 싸움을 해야 합니다.

바울은 자신을 모범으로 본문을 끝내는 대신에 초점을 하나님의 복에 맞추었습니다. 목사가 사람들의 칭송을 받기 위해 섬긴다면 오래가지 못할 것입니다. 하나님께 영광을 돌리고 그분을 존귀하게 만드는 것 이외에 다른 목적 곧 돈이나 명성을 위해 섬긴다면, 사역의 중압감은 감당하기에 너무나 버거워질 것입니다.

올림픽 선수들은 국가대표로서 수년간 훈련하고 경쟁하며 희생합니다. 어떤 선수들은 말 그대로 불과 몇 초 만에 끝나는 경기에 출전하는데 말입니다. 왜 그럴까요? 몇 년의 희생이 올림픽 선수라는 명예를 가져다준다는 것을 알고, 어느 정도 명예와 만족을 얻기 때문입니다. 그러나 목사는 평생 예수님과 교회를 섬깁니다. 그들이 그토록 희생적으로 기쁘게 섬기는 이유는 올림픽 금메달보다 훨씬 위대한 "의의 면류관"(8절)이 기다리고 있음을 알기 때문입니다. 상을 얻기 위해 시상대에 올라서기보다는 만왕의 왕 앞에 무릎을 꿇고 그것을 바칠 수 있는 영예를 얻을 것입니다.

"목사로 하나님의 소명을 받았다면, 주의 백성에게 흔히 일어나는 다양한 영적 시련을 맛보아야 합니다. 그러면 곤고한 자에게 때에 맞는 말을 어떻게 할지 배울 것입니다. 또한 '나를 떠나서는 너희가 아무것도 할 수 없음이라'라는 중요한 말씀을 항상 명심할 필요가 있습니다." [12]
_존 뉴턴

"오직 십자가에 못 박힌 설교자들만이 십자가에 못 박히신 구세주를 하나님의 권능으로 선포할 수 있습니다." [13]
_레이먼드 C. 오틀런드 주니어

Leader

Q 우리 문화에서 점점 더 신실하게 지키기 어려워져 가는 신학적 신념에는 어떤 것들이 있습니까?

Q 어떻게 하면 믿지 않는 사람들을 향한 사랑과 연민을 놓지 않은 가운데 바른 교훈을 지킬 수 있을까요?

3. 하나님의 백성은 말씀에 순종함으로써 목사를 따릅니다

(딛 2:11~14)

> 바울은 디모데를 격려했던 것과 같은 방식으로 디도에게도 목사의 사역에 관해 권면했습니다. 디도서 2장 1~10절에서 바울은 바른 교훈에 맞추어 일관되게 살도록 가르치는 실질적인 지침을 디도에게 제시했습니다. 11절부터는 이러한 삶의 교리적인 근거를 제시했습니다.

¹¹모든 사람에게 구원을 주시는 하나님의 은혜가 나타나 ¹²우리를 양육하시되 경건하지 않은 것과 이 세상 정욕을 다 버리고 신중함과 의로움과 경건함으로 이 세상에 살고 ¹³복스러운 소망과 우리의 크신 하나님 구주 예수 그리스도의 영광이 나타나심을 기다리게 하셨으니 ¹⁴그가 우리를 대신하여 자신을 주심은 모든 불법에서 우리를 속량하시고 우리를 깨끗하게 하사 선한 일을 열심히 하는 자기 백성이 되게 하려 하심이라

본문에서 바울은 먼저 디도에게 성경의 기본적인 메시지를 상기시킵니다. 구원은 하나님의 은혜로 모든 사람에게 열려 있습니다.

> 여기서 "모든 사람에게"라는 것이 보편적인 구원, 곧 하나님이 모든 사람을 받아들이신다는 것을 의미하지는 않습니다. 성경은 구원을 위한 믿음의 필요와 불신앙의 위험성을 분명하게 밝히고 있습니다.

이 말은 인종이나 사회·경제적 지위나 언어나 그 어떤 조건과도 상관없이 구원은 모든 믿는 자에게 열려 있다는 뜻입니다.

> 그리스도 없이는 우리 모두 거룩하신 하나님 앞에서 죄인이라는 사실을 기억하는 것이 중요합니다. 우리 가운데 구원받아 마땅한 사람은 아무도 없습니다. 실제로 하나님이 우리가 받아 마땅한 대로 우리를 대하신다면, 우리는 모두 지옥에 있을 것입니다.

구원을 가져오는 하나님의 은혜는 무슨 일을 할까요? 은혜가 죄 사

심화주석 바울은 이 세상에서 어떻게 살아야 할지를 가르쳐 주었습니다. 그는 자기 시대가 악하다고 말했습니다. 우리 시대도 악합니다. 때로는 옳은 것이 틀린 것으로 간주되고, 그릇된 것이 옳다고 여겨집니다. 오늘날에 불평등은 흔한 일입니다. 소수가 지나치게 많이 소유하고 있는 반면, 나머지 대부분의 사람은 필요도 충족하지 못하고 있습니다. 강하고 유력한 자들은 잘못을 저지르고도 처벌받지 않지만, 가난한 자들은 불의를 자주 겪습니다.

사막에는 물이 매우 귀합니다. 이런 곳에서 물줄기를 찾는 것은 생명을 구하고 새 희망을 얻는 경험입니다. 하나님은 사막에서 오아시스 역할을 하도록 신자들을 사회에 심으셨습니다. 우리의 오아시스는 진리, 관대함, 정의, 정직, 관심, 사랑을 제공해야 합니다. 성령님께 순종한 한 명의 삶이 공동체 전체를 뒤바꾸는 강력한 증거가 될 수 있습니다. 땅의 갈증이 극심하기 때문에 모범적인 그리스도인 한 명이 하나님의 소망을 가져올 수 있을 것이고, 세상은 여기에 이목을 집중할 수밖에 없을 것입니다.¹⁴

_*Africa Study Bible*

"성경에서 가르침을 받은 청중은 선생들이 한 말을 시험해 성경과 일치하는 것은 받아들이고 어긋나는 것은 거부해야 합니다."[15]
_카이사레아의 바실리우스

함과 하나님과의 새롭고도 생명력 있는 관계를 갖게 해 준다는 사실을 압니다. 하지만 바울은 여기서 은혜로 충만한 이 구원의 실질적이면서 일상적인 영향력에 초점을 맞춥니다. 예수 그리스도의 복음은 일상을 경험하는 방식을 바꾸어 놓습니다. 육체적으로 정서적으로 금전적으로 직업적으로 관계적으로 변화를 경험하게 합니다. 바울은 하나님의 말씀을 통한 구원이 삶의 방식을 매일 실제적 변화로 이끈다고 설명했습니다.

Q 디도서 2장 11~14절에서처럼 하나님의 말씀에 순종하고자 한다면 집이나 교회, 직장, 동네 등에서 우리의 생활 태도와 방식은 어떻게 달라질까요?

복음에는 소극적인 면과 적극적인 면이 둘 다 있는데, 우리는 두 가지를 모두 강조해야 합니다.

소극적으로는, 복음은 우리에게 "경건하지 않은 것과 이 세상 정욕"(12절)을 버리라고 강권합니다. 세속적이고 육신적이며 죄로 물든 갈망들이 매력적으로 보이기는 하지만, 하나님의 은혜는 그 어떤 갈망보다도 주님의 길이 더 낫다는 점을 상기시킵니다.

적극적으로는, 예수님 덕분에 이 세상 정욕을 버릴 수 있을 뿐만 아니라 한 발 더 나아가 합리적인 방식으로 살아갈 수 있게 됩니다. 기독교는 참되니 그것으로 충분합니다. 우리를 구원하시는 예수님의 사역 덕분에 기독교는 최고의 삶의 방식이라 할 수 있으며, 우리 안에 계신 성령님이 매일 합리적인 선택을 하도록 우리를 이끄시고 힘을 주십니다.

> **Leader**
바울은 "이 세상"을 언급함으로써 디도에게 현재 우리가 하나님과 원수 된 세상 체계 안에서 살고 있음을 상기시켜 주었습니다(갈 1:4; 엡 6:10~12). 이 세상은 또한 예수님이 만물을 회복시켜 주실 미래 세상의 도래를 고대합니다. 우리는 이 악한 세대에서도 이생이 끝이 아님을 알고 있기에 경건하게 살 수 있습니다. 만물의 회복에는 "복스러운 소망"이 있는데, 이 소망은 우리 하나님이시자 구원자이실 뿐만 아니라(13절), 구속자이시기도 한(14절) 예수님에 근거합니다.

예수님은 우리가 모든 불경건과 정욕을 부인하고 하나님께 영광을 돌리는 선행을 하면서 살 수 있게 하십니다. 그리고 이를 위해 우리를 모든 불의에서 구속해 주십니다. 분명하게 말하지만, 우리는 하나님으로부터 무엇인가를 보상으로 얻기 위해 선행을 하는 것이 아닙니다. 우리는 그분으로부터 어떤 보상도 받아 낼 수 없습니다. 우리가 선행을 하는 것은 우리 본성을 바꾸시는 성령님의 사역 덕분입니다(고후 5:16~17).

Q 예수 그리스도의 이름으로 선행을 하는 데 열정적인 사람은 어떤 모습입니까?

Q 그리스도의 재림과 장차 있을 만물의 구속이 우리의 삶에 영향을 끼치는 이유는 무엇입니까?

결론

하나님은 교회의 목사들에게 말씀의 본이 되어 말씀을 선포하라고 하셨습니다. 그리고 사람들이 그리스도의 권위와 말씀에 순종하도록 권면하는 사역을 하라고 하셨습니다. 목사는 교회에 보내 주신 하나님의 복입니다. 따라서 교회도 목사를 사랑하고 격려하며 목사를 위해 기도하고 지원함으로써 교회가 목사에게 복이 될 수 있도록 힘써야 합니다. 목사와 교회 지도자들을 어떻게 격려하고 도움을 줄 수 있을지를 생각해 보십시오.

> "에스라가 느헤미야 8장에서 사람들에게 설교했을 때, 그의 말씀을 들으러 왔던 청중의 태도가 중요했습니다. 우리도 그들의 본을 따라 말씀 앞에 나아올 때 기대하는 마음으로 참석하고 주의 깊게 들으며, 이를 적절히 적용해야 합니다. 그렇게 한다면 기쁜 마음으로 예배를 드릴 수 있을 것입니다."[16]
> _알리스테어 베그

그리스도와의 연결
바울은 말년에 그가 가장 신뢰했던 믿음의 두 자녀, 곧 디모데와 디도에게 편지를 보냅니다. 그들에게 좋은 목자이신 예수님의 본을 따르라고 권면합니다. 예수님이 교회를 섬기기 위해 죽으셨던 것처럼, 목사와 교회 지도자들은 교회를 섬기는 사역을 위해 부름받았습니다.

하나님의 계획 우리의 사명
선교적 적용   하나님은 우리에게 제자 삼는 사명으로 인도하기 위해 보내 주신 목사들을 위해 기도하고 후원하라고 말씀하십니다.

1. 목사와 교회 지도자들을 격려할 방법을 한 가지 찾아보고, 그것을 실행에 옮길 단계별 계획을 세워 보십시오.

2. 어떻게 하면 믿음과 확신으로 서는 데 필요한 진리 이해와 지식이 자랄 수 있을까요?

3. 어떻게 하면 교회/공동체가 세상에서 예수 그리스도의 이름으로 선행에 열심을 내도록 서로 격려할 수 있을까요?

Summary and Goal

하나님은 우리를 그리스도 안에서 변화시키십니다. 로마서 8장을 탐구하면서 우리는 그리스도인들이 급진적인 변화를 경험했다는 사실을 보게 됩니다. 죄와 두려움의 종에서 하나님의 자녀가 되었습니다. 우리는 하나님이 언젠가 만물을 새롭게 하실 것이라는 완전한 확신과 희망을 품고 살아갑니다.

종노릇하던
우리가
하나님의
자녀가 되다

- **성경 본문**
  로마서 8:12~39

- **세션 포인트**
  1. 종에서 하나님의 자녀로(롬 8:12~17)
  2. 탄식에서 영광으로(롬 8:18~30)
  3. 죽음에서 부활로(롬 8:31~39)

. . . .

- **신학적 주제**
  하나님은 우리를 죄와 죽음의 종노릇에서 구원하시고 성령님을 통해 생명을 주십니다.

- **그리스도와의 연결**
  하나님의 백성은 하나님의 아들의 형상으로 빚어지는 과정에 있습니다. 우리는 하나님의 가족으로 입양되었기에 더 이상 죄의 종이 아닌 하나님의 자녀로서 하나님을 '아버지'라 부릅니다. 우리는 그리스도의 십자가 사역으로 말미암아 하나님의 가족이 되었습니다. 이제 주님이 약속하신 영광스러운 미래를 간절한 마음으로 고대합니다.

- **선교적 적용**
  하나님은 우리에게 육신의 행위를 죽이고 주님의 자녀로서 살아가라고 명하십니다. 이를 위해 성령님의 능력을 의지하라고 말씀하십니다.

Session Plan

도입

애니메이션 〈업〉(Up)의 장면들과 로마서 8장을 비교해 주십시오.

예수님의 복음이 우리를 어떻게 뒤바꿔 놓았는지 한 문장으로 적어 보십시오(예, 한때 종이었으나 이제는 자녀가 되었다).

하나님이 그리스도 안에서 우리를 변화시키시는 것에 관한 내용을 다루는 이 세션을 요약해 주십시오.

전개

1
종에서 하나님의 자녀로
(롬 8:12~17)

하나님의 자녀가 되었으니 마땅히 해야 할 감사가 무엇인지 제시하십시오. 그러고 나서 자원자에게 로마서 8장 12~17절을 읽게 하십시오.

그리스도인은 죄와 죄짓는 것에 관해 어떻게 생각해야 합니까?

그리스도 안에 있으면 더 이상 육체의 종이 아님을 말해 주십시오. 그리스도인은 여전히 죄를 범할 수 있지만, 복음으로 변화되어 더 이상 죄의 종노릇을 하지 않음을 말해 주십시오. 하나님의 가족으로 입양된 사실이 어떻게 하나님을 바라보는 관점과 그리스도인으로서 살아가는 방식을 바꾸는지, 또 우리가 어떻게 완전히 새롭고도 영구적인 정체성을 얻게 되는지를 설명해 주십시오.

그리스도인들이 왜 하나님과의 관계에서 은혜를 "되갚아야 하는 것"으로 잘못 생각하게 될까요?

그리스도를 믿음으로써 하나님의 가족으로 입양되었다는 확신은 당신 삶의 방식에 어떤 영향을 줍니까?

2
탄식에서 영광으로
(롬 8:18~30)

그리스도와 함께 상속자가 된 우리가 항상 즐거울 수 없다는 현실적인 상황을 언급해 주십시오. 그러고 나서 로마서 8장 18~30절을 읽으십시오. 피조물의 탄식이 새 하늘과 새 땅을 고대하는 것임을 지적해 주십시오.

예수님이 만물을 새롭게 하실 것이라는 사실에서 얼마나 힘을 얻습니까?

세상을 향한 하나님의 계획은 당신이 세상을 대하는 데 어떤 영향을 줍니까?

하나님은 인간을 포함한 타락한 피조 세계를 회복할 계획을 가지고 계시지만, 지금은 피조 세계와 함께 탄식하고 있음을 말해 주십시오. 그러나 우리가 영원히 탄식하지 않을 것임을 복음이 확증한다는 사실을 분명히 해 주십시오.

이생에서 탄식할 때, 로마서 8장 28절은 어떤 희망을 줍니까?

로마서 8장 31~39절을 읽으십시오. 우리는 미래의 영광을 기다리면서 하나님과의 관계를 온전히 확신할 수 있습니다. 바울이 본문에서 그려 낸 법정 드라마와 그가 제기한 세 가지 질문의 요점을 설명해 주십시오.

············ 3
죽음에서 부활로
(롬 8:31~39)

불안이나 의심에 시달릴 때, 하나님의 끝없는 사랑의 복음은 어떤 도움을 줍니까?

우리가 인생에서 겪는 모든 일을 인내할 수 있는 열쇠는 장차 이루어질 것들에 시선을 고정하는 것임을 강조해 주십시오. 하나님께 사랑받는 자녀는 복음에서 약속된 변하지 않을 하나님의 약속들의 완전한 성취를 고대합니다.

죽음에 관해 그리스도를 믿는 사람의 견해와 믿지 않는 사람의 견해는 어떻게 다릅니까?

복음의 의미에 비추어 볼 때, 우리 삶이 어떻게 예배가 될 수 있을까요?

결론

하나님의 사랑이 우리 육체보다 강하고, 고난보다 크며, 죽음보다 영원하고, 죄보다 강력하다는 사실을 반복적으로 생각해 보십시오. 이 세션에서 배운 진리를 '하나님의 계획, 우리의 사명'에서 적용해 보십시오.

**Session
Content**

7. 종노릇하던 우리가 하나님의 자녀가 되다

> ⋮ Leader ⋮

도입 옵션

도입부에서 언급된 애니메이션 〈업〉(Up)의 짧은 동영상을 보여 주십시오.
https://www.youtube.com/watch?v=lLprjxFhs8s
그리고 나서 다음 질문을 던지십시오.

• 무엇이 이 장면을 그토록 사랑스럽게 보이도록 합니까? 이 영상은 긴 이야기를 담는 스토리텔링에 어떻게 성공했습니까?

"로마서 8장에서 우리는 소위 로마서에서 가장 감화를 주는 이야기를 만납니다. 여기서 사도 바울은 영적인 찬양의 물결에 정신없이 빠져듭니다. 그는 먼저 옛 사람을 극복하기 위해 하나님이 보내신 성령으로부터 시작해서, 현재 우리 현실을 특징짓는 고난을 관통한 뒤에, 그리스도 예수 안에 계시된 하나님의 측량 못할 사랑에 관한 찬사에서 절정에 다다릅니다. 우리는 신성한 문학의 연대기 어디에서도 이 놀라운 찬사에 버금가는 능력과 아름다움을 찾아볼 수 없습니다."[1]
_로버트 H. 마운스

도입

애니메이션 〈업〉(Up)은 아주 멋진 회상 장면으로 시작합니다. 심술궂은 홀아비 칼의 뒷이야기가 짤막짤막한 장면들로 이어지면서 눈물겹게 펼쳐집니다. 이것은 전체 이야기의 핵심을 요약한 탁월한 몽타주로, 수많은 관람객이 이 장면들을 스토리텔링의 명작으로 꼽습니다.

로마서를 바울이 교회들에 보낸 편지들을 특징짓는 정점에 해당한다고 생각하는 사람들이 많습니다. 몇몇 학자들은 이 편지의 신실한 설교가 모든 교회 역사의 부흥에 많은 영향을 끼쳤다고 주장하기도 합니다. 이 편지의 한가운데 위치한 로마서 8장에서 우리는 이 거대한 산의 정상을 발견합니다. 어쩌면 이 장이 그리스도께서 완성하신 사역의 핵심을 묘사하는 신약의 정점인지도 모르겠습니다.

로마서 8장도 명작에 담긴 명작입니다. 이 장은 하나님의 구속 이야기가 어떻게 우리를 완전히 뒤바꿔 놓았는지 보여 주는 거대한 전경 속으로 우리를 인도합니다. 즉 고통에서 축제로, 종살이에서 자유로, 그리고 죽음에서 부활로의 모습을 보여 줍니다. 성경의 수많은 장 가운데에서 자세히 알아야 할 장을 하나 선택해야 한다면, 로마서 8장보다 중요한 장을 발견하기는 쉽지 않을 것입니다.

Q 예수님의 복음이 우리를 어떻게 뒤바꿔 놓았는지 한 문장으로 적어 보십시오 (예, 한때 종이었으나 이제는 자녀가 되었다).

Session Summary

하나님은 우리를 그리스도 안에서 변화시키십니다. 로마서 8장을 탐구하면서 우리는 그리스도인들이 급진적인 변화를 경험했다는 사실을 보게 됩니다. 죄와 두려움의 종에서 하나님의 자녀가 되었습니다. 우리는 하나님이 언젠가 만물을 새롭게 하실 것이라는 완전한 확신과 희망을 품고 살아갑니다.

1. 종에서 하나님의 자녀로(롬 8:12~17)

> Leader

예수님의 유명한 비유 중 하나인 '탕자 비유'는 친숙해서, 대강의 줄거리는 기억할 것입니다. 작은아들이 아버지께 유산을 미리 달라고 요구합니다. 그리고 그는 제멋대로 쾌락을 좇으며 살다 재산을 탕진하고, 돼지가 먹는 쥐엄 열매를 먹고 있는 자신을 발견하게 됩니다. 그러고는 집으로 돌아가면, 이후로 자신의 인생이 어떻게 변화될지 상상하기 시작합니다.

아들이 집에 돌아왔을 때 아버지는 머리를 가로젓거나 한 손에는 삽을, 다른 손에는 작업복을 든 채 그를 맞이하지 않았습니다. 오히려 아들에게 뛰어갔습니다. 그는 아들을 끌어안고 종이 아닌 아들의 지위를 확인시켜 주었습니다. 그리고 아들이 자신에게 입혔던 상처와 어리석은 선택에 관해서는 일체의 언급도 하지 않았습니다. 아버지는 잃어버렸던 아들의 귀환을 축하하는 잔치를 베풀었습니다. 아버지는 아들의 모든 것을 용서했습니다.

아버지가 자신을 종이 아닌 아들로 영접해 주었을 때, 아들이 느꼈을 감사와 사랑을 상상해 보십시오. 하나님의 은혜로 우리가 경험하게 되는 변화를 요약한 로마서 8장 12~17절을 읽을 때, 우리도 이 아들과 같이 느끼게 될 것입니다.

> **심화 주석** 바울은 이제 그리스도인의 가장 영광스러운 특권이 무엇인지 밝힙니다. 그들은 "하나님의 상속자요 그리스도와 함께 한 상속자"(롬 8:17상)입니다. 그리스도인은 하나님의 노예가 아닙니다. 노예는 상속권이 없기 때문입니다. 하나님께 속한 것은 곧 그리스도인의 소유입니다. 사실 예수님은 자기 영광을 신자들과 나누기를 열렬히 바라십니다(요 17:22~24).
> 그러나 우리가 그리스도의 영광에 참여하려면, 그분의 고난에도 동참해야 합니다(롬 8:17하). 네팔의 속담이 말하듯이, "꽃에 가시가 있습니다." 구원에는 고난이 따릅니다. 구원자를 위해 당하는 핍박과 육체적으로나 정신적으로 겪게 되는 괴로움이 있습니다. 이 고난을 기쁜 마음으로 받아들이면 우리의 죄 된 본성은 점점 더 약화되고(고후 4:16~17), 우리는 그리스도를 더욱더 닮아 갑니다(고후 3:18; 빌 3:21). 이것이 우리가 성취할 수 있는 최고의 영광입니다.[2]
> _라메시 카트리

[12]그러므로 형제들아 우리가 빚진 자로되 육신에게 져서 육신대로 살 것이 아니니라 [13]너희가 육신대로 살면 반드시 죽을 것이로되 영으로써 몸의 행실을 죽이면 살리니 [14]무릇 하나님의 영으로 인도함을 받는 사람은 곧 하나님의 아들이라 [15]너희는 다시 무서워하는 종의 영을 받지 아니하고 양자의 영을 받았으므로 우리가 아빠 아버지라고 부르짖느니라 [16]성령이 친히 우리의 영과 더불어 우리가 하나님의 자녀인 것을 증언하시나니 [17]자녀이면 또한 상속자 곧 하나님의 상속자요 그리스도와 함께 한 상속자니 우리가 그와 함께 영광을 받기 위하여 고난도 함께 받아야 할 것이니라

Q 그리스도인은 죄와 죄짓는 것에 관해 어떻게 생각해야 합니까?

핵심교리

99

75. 양자 됨

하나님의 가족에 양자로 들어가는 것은 칭의로 얻게 되는 혜택 가운데 하나입니다. 우리는 칭의를 통해 우리에게 내려질 심판에서 사면을 받게 될 뿐만 아니라 하나님의 자녀가 되는 정체성의 변화를 경험하게 됩니다(요 1:12; 갈 4:5). 양자가 됨으로써 한때 타락으로 인해 잃었던 하나님과의 관계가 회복되고, 그 결과 그리스도와 함께 하나님 나라의 상속자가 되는 유익을 얻습니다(롬 8:16~17).

"노예가 자유롭게 되고 하나님의 아들이라 불리며 죽음에서 생명으로 인도된다면, 이 일을 하실 수 있는 분은 오직 인간의 본성을 가지시되 그 본성을 종노릇에서 구원하시는 분뿐입니다."[3]
_카이사레아의 바실리우스

> 본문에 앞서 바울은 육신을 따라 사는 것과 성령님을 따라 사는 것을 대조하면서 육신에 있는 자들은 하나님을 기쁘시게 하지 못한다고 확언했습니다(8절). 이 경고는 육신에 따라 사는 것의 심각성에 관해 경각심을 불러일으킵니다. 따라서 혹시라도 육신을 따라 살고 있지 않은지 자기 삶을 면밀히 살펴봐야 하고, 만일 그렇다면 그것이 하나님과의 관계에서 어떤 의미를 주는지 생각해 봐야 합니다. 바울은 그러한 우려를 예상했고, 그래서 본문에서 이 문제를 다뤘던 것입니다.

만일 우리가 그리스도 안에 있다면 우리는 더 이상 육신의 종이 아닙니다. 그리스도께서 우리를 해방해 주셨고, 성령님이 우리 안에 남아 있는 몸의 행실을 죽일 수 있게 도우십니다. 그리스도인이라도 여전히 죄를 지을 수 있습니다. 그러나 복음의 능력이 우리로 하여금 더 이상 죄의 종노릇을 하지 않도록 우리를 변화시킵니다. 육신의 사슬은 깨져 산산조각이 났습니다.

우리는 더 이상 두려움의 종이 아닙니다. 그리스도 안에 있으면 하나님께 거절당할까 두려워할 이유가 없습니다. 우리가 계속해서 치르게 되는 육신과의 전쟁은 언젠가 우리가 하나님으로부터 분리되는 것으로 끝나지 않을 것입니다. 왜 그럴까요? 양자의 영이 종의 영을 대체해 버렸기 때문입니다. 우리는 이제 하나님의 아들과 딸입니다.

요즘처럼 바울이 살았던 시대에도 아이는 입양 절차를 통해 새 가족의 완전한 일원으로 받아들여졌습니다. 입양을 통해 아이는 가족의 다른 자녀들과 똑같은 권리를 부여받습니다. 이전의 관계와 의무와 채무는 끝납니다. 입양된 아이에게 완전히 새로운 정체성이 본질적으로, 그리고 영구적으로 주어집니다. 바울이 육신의 종과 양자로 대조해 설명했던 이유가 바로 그것입니다.

> 그리스도의 죄 없으신 삶과 희생적인 죽음과 영광스러운 부활로 인해, 죄를 회개한 죄인들은 이제 하나님과 완전히 다른 관계를 맺게 되었습니다. 한때 죄 된 욕망에 붙들렸던 우리가 이제 그리스도의 의로우신 사역의 수혜자가 되어 하나님에게서 의롭다는 인정을 받았습니다. 이것이 바로 "전가"입니다. 그로 인해 하나님의 아들이라는 신분이 곧 우리 것이 됩니다.

구원받는 시점에 성령님이 그리스도를 영접하게 하려고 우리 마음을 깨우셨으며, 우리 삶에 그리스도의 주권을 세우기 위해 우리 안에 거하기 시작하셨습니다. 그 순간부터 우리와 하나님의 관계는 주인과 종, 곧 빚을 종용하는 주인과 빚을 갚기 위해 평생 일해야 하는 노예의 관계가 아닙니다. 영원한 빚을 갚을 길이 없는 현실에 부담감을 느낄 필요가 없게 되었

Leader

Leader

고, 충분히 행하지 못한 것에 관해 더는 두려워하지 않아도 됩니다. 우리는 사랑이 많으신 하나님 아버지의 자녀가 되었습니다. 그리스도께서 빚을 갚아 주셨기에 우리는 더 이상 빚진 자가 아닙니다. 또한 그리스도의 덕을 통해 그리스도와 함께 상속자가 되었습니다.

이것은 하나님과의 관계에 관한 우리의 관점을 바꿀 뿐만 아니라 우리가 살아가는 방식도 바꾸어 놓습니다. 그렇다고 우리가 해야 할 일이 없다는 뜻이 아닙니다. 우리는 하나님의 양자이기 때문입니다. 우리는 이미 충족된 것들을 되갚을 수 없고, 하나님이 주신 것을 잃어버릴 수도 없습니다. 우리는 미래가 불확실한 노예로서 사는 것이 아니라 유산을 확실히 물려받을 아들과 딸로서 살아가면 됩니다. 복음의 의미는 우리가 짐작하는 것보다 항상 훨씬 더 크고 깊습니다.

Q 그리스도인들이 왜 하나님과의 관계에서 은혜를 "되갚아야 하는 것"으로 잘못 생각하게 될까요?

Q 그리스도를 믿음으로써 하나님의 가족으로 입양되었다는 확신은 당신 삶의 방식에 어떤 영향을 줍니까?

2. 탄식에서 영광으로(롬 8:18~30)

바울은 우리가 하나님의 자녀로 입양되면서 "그리스도와 함께 한 상속자"가 되었다고 말합니다. 하지만 바울은 그리스도와 마땅히 공유할 모든 것이 유쾌하지만은 않다는 사실을 곧바로 덧붙입니다. 우리가 이제 그리스도의 고난에 참여해야 하기 때문입니다. 그리스도와 함께 영광을 받고 만물이 회복할 그날을 고대하면서 말입니다. 지금 세상은 본래의 모습을 잃었습니다. 더 나은 세상이 우리를 기다리고 있지만, 그 세상은 과거로 거슬러 올라감으로써 임하게 되는 것이 아닙니다. 장차 하나님이 만물을 재창조하셔서 모든 것을 다시금 본연의 상태로 되돌리실 것입니다.

> 창조주 하나님의 재창조 사역은 그리스도를 통해 우리뿐만 아니라 체제와 문화와 국가들에도 폭넓게 영향을 미칩니다. 실로 그리스도께서는 가장 깊은 바다의 흑암에서부터 구름에 뒤덮인 가장 높은 산맥들과 우주의 가장 먼 행성까지 이르는 온 피조 세계를 재창조하실 것입니다.
> 인간의 타락이 세상에 고난을 불러옴으로써 피조 세계 전체에 영향을 끼쳤듯이,

심화 주석 지금, 온 세상은 출산의 고통을 겪고 있습니다. 아이가 태어날 때처럼, 이 고통은 무의미하지 않으며 오히려 "온 피조물을 위한 새 생명의 소망"을 담고 있습니다. 마찬가지로 우리도 입양의 마지막 단계를 기다리며 속으로 탄식합니다. 바로 몸의 구속을 기다리는 것입니다(참조, 빌 3:21). 그리스도인은 "성령의 처음 익은 열매를 받은"(롬 8:23)자로서, '미래의 맛보기로 성령님'을 소유한 자들입니다. … 바울은 성령님의 은사를 종말론적 약속으로 언급할 때 이 말을 했습니다(참조, 고후 5:5. 여기서 성령님은 장차 일어날 일에 대한 "보증"으로 표현되었습니다). 성령님은 현재 우리가 "하나님의 자녀라"는 증거입니다(롬 8:14, 16). 그분은 또한 하나님의 가족의 일원으로서 받게 될 상속에 대한 '계약금'에 비유할 수 있습니다.[4]

_로버트 H. 마운스

심화 주석 소망이란 하나님이 약속하신 바를 받으리라는 믿음의 기대입니다. 우리는 세상의 폭정으로부터 해방되어 인생이 고난에서 자유롭게 될 때를 소망합니다. 우리는 하나님의 새로운 피조물 안에 담긴 영생을 소망합니다. 고난이나 손해나 고통을 겪을 때, 하나님께 시선을 고정하십시오. 그분과 함께 영원히 살게 되는 날이 오면, 우리는 그분의 특별한 자녀들로 영광을 받게 될 것입니다.[5]

_Africa Study Bible

"성령님이 거하시는 곳마다 그분의 거룩한 임재가 거룩함을 향한 갈망을 자아냅니다. 그분의 주된 과업은 그리스도를 영화롭게 하는 것이며(참조, 요 16:14~15), 신자들에게 그리스도를 닮고 싶은 열망을 주시는 것입니다. 우리에게는 그런 열망이 없습니다. 그러나 하나님의 영이 우리로 하여금 그리스도를 닮아 가게 하십니다(참조, 롬 8:29). 그리고 신자들 '안에서 착한 일을 시작하신 이가 그리스도 예수의 날까지 이루실 줄을 우리는 확신'(빌 1:6)합니다."[6]

_도널드 S. 휘트니

인류가 그리스도를 통해 하나님과 화목함으로써 하나님이 만물을 자신과 화목케 하십니다(참조, 골 1:20). 바울은 로마서 8장 18~30절에서 만물을 새롭게 만드시는 그리스도의 광범위한 영향을 다음과 같이 묘사합니다.

[18]생각하건대 현재의 고난은 장차 우리에게 나타날 영광과 비교할 수 없도다 [19]피조물이 고대하는 바는 하나님의 아들들이 나타나는 것이니 [20]피조물이 허무한 데 굴복하는 것은 자기 뜻이 아니요 오직 굴복하게 하시는 이로 말미암음이라 [21]그 바라는 것은 피조물도 썩어짐의 종노릇한 데서 해방되어 하나님의 자녀들의 영광의 자유에 이르는 것이니라 [22]피조물이 다 이제까지 함께 탄식하며 함께 고통을 겪고 있는 것을 우리가 아느니라 [23]그뿐 아니라 또한 우리 곧 성령의 처음 익은 열매를 받은 우리까지도 속으로 탄식하여 양자 될 것 곧 우리 몸의 속량을 기다리느니라 [24]우리가 소망으로 구원을 얻었으매 보이는 소망이 소망이 아니니 보는 것을 누가 바라리요 [25]만일 우리가 보지 못하는 것을 바라면 참음으로 기다릴지니라 [26]이와 같이 성령도 우리의 연약함을 도우시나니 우리는 마땅히 기도할 바를 알지 못하나 오직 성령이 말할 수 없는 탄식으로 우리를 위하여 친히 간구하시느니라 [27]마음을 살피시는 이가 성령의 생각을 아시나니 이는 성령이 하나님의 뜻대로 성도를 위하여 간구하심이니라 [28]우리가 알거니와 하나님을 사랑하는 자 곧 그의 뜻대로 부르심을 입은 자들에게는 모든 것이 합력하여 선을 이루느니라 [29]하나님이 미리 아신 자들을 또한 그 아들의 형상을 본받게 하기 위하여 미리 정하셨으니 이는 그로 많은 형제 중에서 맏아들이 되게 하려 하심이니라 [30]또 미리 정하신 그들을 또한 부르시고 부르신 그들을 또한 의롭다 하시고 의롭다 하신 그들을 또한 영화롭게 하셨느니라

피조물의 탄식이 고통스럽기는 하지만 죽음의 번민과 관련된 것이 아니라는 사실은 매우 흥미롭습니다. 무언가 무너지고 달라지지만 우리가 죽음에 이르는 것이 아닙니다. 오히려 세상은 새로워지고 있습니다. 특히 그리스도께서 재림하실 때, 하나님 나라를 완성하시며 새 하늘과 새 땅이 임하고 세상이 새롭게 회복될 것입니다. 그러므로 세상이 탄식하는 것은

죽음 때문이 아니라 하나님 자녀들의 구속의 완성을 고대하는 고통 때문인 것입니다.

Q 예수님이 만물을 새롭게 하실 것이라는 사실에서 얼마나 힘을 얻습니까?

Q 세상을 향한 하나님의 계획은 당신이 세상을 대하는 데 어떤 영향을 줍니까?

바울은 타락한 피조 세계를 회복하실 하나님의 계획에 관해 썼습니다. 하나님이 흠 잡을 데 없던 에덴동산보다 훨씬 나은 곳으로 회복하실 것이라고 말입니다. 언젠가 이 무너진 세계는 부패의 속박에서 벗어나, 영화롭게 된 하나님의 자녀들의 복받고 능력 있는 손에 맡겨질 것입니다(21절).

그러나 그날이 이르기까지 우리도 피조물과 함께 탄식할 것입니다. 우리는 고통으로 탄식하고 고난으로 탄식하며 불의 때문에 탄식합니다. 죄 때문에 탄식하고 유혹 때문에 탄식합니다. 우리는 단순히 나이 들고 점점 노쇠해지는 것 때문에 탄식합니다.

새 땅이 임하듯이 하나님의 자녀에게는 새 몸이 주어질 것입니다. 우리가 그리스도와 함께 상속자가 되었다면, 그것은 우리가 그분과 함께 죽었고 그분과 함께 살고 있기 때문입니다. 비록 우리는 언젠가 죽게 되겠지만 부활하리라는 것을 압니다. 그리스도께서 부활의 첫 열매가 되셨고, 우리는 이 약속의 성취를 알리는 첫 열매로서 성령님을 받았기 때문입니다.

> 따라서 우리는 희망을 가지고 있습니다. 그러나 지금 우리는 탄식합니다. 지금 세
>
> 상은 우리의 최종적인 고향이 아니기 때문입니다. 깨어진 세상도 우리의 연약한
>
> 몸도 영원하지 않습니다. 언젠가 우리는 죄와 고통으로부터 마침내 해방될 것입
>
> 니다. 그때까지는 하나님의 자녀로서 전적인 확신과 인내로 살아가야 합니다. 마
>
> 침내 충만하신 하나님의 영광을 경험하기까지 견디면서 말입니다.

Leader

복음은 우리가 영원히 탄식하지 않을 것이라고 확실하게 말합니다. 우리를 부르신 이가 미쁘시기 때문입니다. 하나님은 믿음의 주님이실 뿐만 아니라 믿음을 온전하게 하시는 분이십니다(히 12:2). 그분은 우리를 의롭게 하셨고 영화롭게 하실 것입니다(롬 8:30). 예수 그리스도의 죽음과 부활은 그분을 신뢰하는 사람들에게 어떤 면에서는 죽음조차 무의미하게 만드는 삶으로 나아갈 정도로 철저한 변화를 일으킵니다.

Q 이생에서 탄식할 때, 로마서 8장 28절은 어떤 희망을 줍니까?

"대개 우리는 로마서 8장 28절을 읽을 때 실 뭉치처럼 뒤엉킨 현실이 우리 유익을 위해 어떻게 서로 합력하게 될지 머리를 긁적이며 의아해합니다. 이 땅에서 보는 융단의 밑바닥은 뒤죽박죽에 불분명합니다. 그러나 천국에서 융단의 윗면을 보면 하나님이 우리의 유익과 주님의 영광을 위해 모든 상황을 얼마나 아름답게 수놓으시는지를 알고 감탄하게 될 것입니다."[7]
_조니 에릭슨 타다

심화토론

• 우리가 어느 때에 피조 세계와 함께 탄식하게 됩니까?

• 죽음 말고도 가장 떨쳐 버리고 싶은 저주가 있다면 무엇입니까?

심화주석

"누가 우리를 그리스도의 사랑에서 끊으리요"(롬 8:35 상). 이 질문에 대한 답변은 신자들의 구원의 확신에 관한 바울의 논증의 정점입니다. 그는 하나님과 우리 사이를 방해할 수 있는, 곧 자신이 경험했던 일곱 가지 상황을 언급합니다. "환난이나 곤고나 박해나 기근이나 적신이나 위험이나 칼이랴"(롬 8:35하). 그리스도의 사랑이 우리가 이런 것들을 경험하지 않게 막아 주는 것은 아니지만, 이것들을 극복해 나갈 수 있도록 우리를 돕습니다(롬 8:37). 인생의 전반을 살펴본 바울은 어떤 것도 그리스도의 사랑에서 우리를 끊을 수 없다는 것을 알았습니다.[8]

데이비드 M. 카살리

심화주석

바울의 '거대한 신념'(헬라어로 '페페이스마이')은 완료 시제로 쓰였습니다. 이는 과거의 행동이 계속해서 영향력을 행사한다는 것을 의미합니다. 하나님께 '권면'을 받은 그는 아무것도 '하나님의 사랑'에서 그를 끊을 수 없다는 믿음 위에 견고히 섰습니다. 예수님은 십자가 위에서 죽음과 사탄을 정복하심으로써 어떤 것도 우리를 향한 하나님의 사랑이나 목적을 변경할 수 없도록 보장하셨습니다. 우리는 "말세에 나타내기로 예비하신 구원을 얻기 위하여 믿음으로 말미암아 하나님의 능력으로 보호하심"(벧전 1:5)을 받았습니다.[9]

에드윈 A. 블룸

3. 죽음에서 부활로(롬 8:31~39)

> 명작이라고 할 수 있는 로마서 8장의 끝을 향해 나아가면서, 우리는 바울이 복음의 깊이를 찬양의 정점으로 고양시키는 모습을 발견하게 됩니다. 그는 은혜의 놀라움과 성령님의 능력에 압도되어서 자신을 주체하지 못한 채 한 편의 시를 읊조립니다. 복음으로 흥건한 마지막 모서리를 돌 때, 우리는 흡사 예배자의 어투로 설교하는 바울의 모습을 발견합니다.

[31] 그런즉 이 일에 대하여 우리가 무슨 말 하리요 만일 하나님이 우리를 위하시면 누가 우리를 대적하리요 [32] 자기 아들을 아끼지 아니하시고 우리 모든 사람을 위하여 내주신 이가 어찌 그 아들과 함께 모든 것을 우리에게 주시지 아니하겠느냐 [33] 누가 능히 하나님께서 택하신 자들을 고발하리요 의롭다 하신 이는 하나님이시니 [34] 누가 정죄하리요 죽으실 뿐 아니라 다시 살아나신 이는 그리스도 예수시니 그는 하나님 우편에 계신 자요 우리를 위하여 간구하시는 자시니라 [35] 누가 우리를 그리스도의 사랑에서 끊으리요 환난이나 곤고나 박해나 기근이나 적신이나 위험이나 칼이랴 [36] 기록된 바 우리가 종일 주를 위하여 죽임을 당하게 되며 도살당할 양 같이 여김을 받았나이다 함과 같으니라 [37] 그러나 이 모든 일에 우리를 사랑하시는 이로 말미암아 우리가 넉넉히 이기느니라 [38] 내가 확신하노니 사망이나 생명이나 천사들이나 권세자들이나 현재 일이나 장래 일이나 능력이나 [39] 높음이나 깊음이나 다른 어떤 피조물이라도 우리를 우리 주 그리스도 예수 안에 있는 하나님의 사랑에서 끊을 수 없으리라

> "그런즉 이 일에 대하여 우리가 무슨 말 하리요" 이것은 바울이 질문하는 방식입니다. "자, 그럼, 이제 어떤가요? 이 놀라운 일들을 모두 믿는다면, 마음과 인생이 어떻게 바뀌겠습니까?"

바울은 성령님의 조명으로 기록했던 이전 구절들을 되새기면서 기쁜 확신에 찼습니다. 우리는 여전히 육과 씨름해야 합니다. 고난과 고통을 경험하기도 할 것입니다. 그러나 하나님은 신실하시며 그 은혜는 변함 없습니다. 우리는 인내심을 가지고 미래의 영광을 기다리면서, 하나님과의 관계를 온전히 신뢰하며 살아갈 수 있습니다. 어떤 사람이나 피조물도 하나님이 이미 이루신 일을 번복할 수 없기 때문입니다.

바울은 자신의 확신을 납득시키기 위해 우리 앞에 법정 드라마를 펼쳐 놓습니다. 우리는 피고인석에 앉았고, 하나님은 심판자로 좌정하셨습니

다. 바울의 첫 번째 질문은 누가 심판자께 우리를 고소할 것인가 하는 것입니다. 대답은 "아무도 없다"입니다. 하나님은 우리를 의롭게 하시는 분이시며, 그분의 판결을 아무도 비난할 수 없기 때문입니다. 그러므로 법정은 이제 폐정되어야 마땅합니다. 고소 없이는 소송이 진행될 수 없기 때문입니다. 그런데도 바울은 드라마를 계속 이어 나감으로써 아무도 우리를 정죄할 수 없다는 사실을 더해 갑니다.

바울의 다음 질문은 누가 우리에게 유죄 판결을 내리며 누가 우리를 정죄할 수 있는가 하는 것입니다. 이번에도 대답은 "아무도 없다"입니다. 예수님이 자신의 죽음으로 우리 죗값을 대신 치르셨을 뿐만 아니라 죽은 자 가운데서 다시 살아나셨기 때문입니다. 이제 예수님은 우리를 위해 중보하고 계십니다.

마지막 질문은 누가 우리에게 유죄 판결을 내리며 무엇이 우리를 그리스도의 사랑에서 끊을 수 있는가 하는 것입니다. 이번에도 대답은 "아무도 없고, 아무것도 없다"입니다. 비록 기소를 당하고 심지어 유죄 선고가 내려질지라도, 우리는 하나님의 사랑에서 절대로 끊어질 수 없습니다.

복음이 직설적으로 말하는 것에 함축적인 의미가 있습니다. 다시 말해 바울의 주장, 곧 죄인들을 위한 그리스도의 죽음과 부활이 '참'이라면, 이에 대한 우리의 당연한 반응은 두려움 없이 죽음에 맞서는 것이며 세상 변혁에 대한 확신을 가지는 것입니다.

> 바울의 확신은 그가 하나님 앞에서 어떻게 전적으로 변화되었는지 아는 데서 나왔습니다. 예수님이 행하신 일 때문에 그는 더 이상 '자기 가치'를 인정받고 증명하기 위해 스스로 노예처럼 살아가서는 안 되었습니다. 그는 오히려 예수님 안에서 사랑을 받는 사람이자 형제였습니다(참조, 히 2:11~12). 맏형인 예수님은 바울을 탕자의 형처럼 화내며 불만스럽게 대하지 않으셨습니다. 오히려 형제애로 따뜻하게 안아 주셨습니다. 예수님이 하신 사역으로 인해 바울은 더 이상 탄식의 종도 아니었습니다. 그는 신실한 선교사로서 순교에 이르기까지 육체적인 고난과 심리적인 어려움을 견뎌냈습니다. 그는 모든 고난과 어려움에도 불구하고 하나님의 영광이 그보다 훨씬 거대하다는 사실을 알았습니다.

Leader

"만일 하나님이 우리를 위하시면 누가 우리를 대적하리요"(롬 8:31).

Ⓠ 불안이나 의심에 시달릴 때, 하나님의 끝없는 사랑의 복음은 어떤 도움을 줍니까?

> "만유의 심판자이자 만물을 창조한 전능하신 하나님이 우리를 위하신다면, 아무도 우리를 대적할 수 없습니다. 주님이 창조하신 모든 것이 창조주께 종속되기 때문입니다. 그러므로 그 반대도 참입니다. 하나님이 우리를 대적하신다면 아무도 우리를 위할 수 없습니다."[10]
_마르틴 루터

> "내가 왜 주 예수를 믿고 그분의 말씀을 믿는지 압니까? 왜냐하면 그분이 내게 가장 좋은 것을 알고 계심을 증명해 보이셨기 때문입니다. 그분이 하지 않으신 일이 무엇입니까? 그분은 이미 우리를 위해 자기 생명을 내어 주셨습니다."[11]
_데이비드 제레미아

**심화
주석**

로마 교회에 속한 유대인 신자들은 최근에 통치자들로부터 조직적인 괴롭힘을 당했습니다. … 이제 곧 로마에 사는 모든 신자가 네로 황제의 손에 의해 조직적인 박해를 받게 될 것입니다. 바울의 말은 계속 신실하게 살기로 결단한 이들에게 힘을 주었을 것이고, 조직적이며 체계적인 어떤 시도도 그들을 아버지의 사랑에서 끊지 못한다는 확신을 주었을 것입니다. 수년간 많은 사람이 신자들을 그리스도에게서 떼어 내려고 시도했지만 소용없었습니다. 흥미롭게도 역사는 박해가 종종 정반대 결과를 낳는다는 사실을 입증해 왔습니다. 증오에 직면한 수많은 신자가 믿음을 굳건히 지켰고 그리스도께 더욱 가까이 나아갔습니다. 교회도 이전에 복음을 듣지 못했던 곳까지 영역을 확장했습니다. 3세기의 교부 터툴리안의 말이 옳았습니다. 그는 "우리는 당신들에게 살육을 당할수록 그 수가 더욱 늘어날 것이다. 그리스도인의 피는 곧 씨앗이기 때문이다"라고 말했습니다.[12]

_마이클 프리스트
Biblical Illustrator

> **Leader**
신학적인 논증을 펼쳐 보이는 이 장에서 바울이 자신의 경험을 개관하듯이 보여 주는 것은 전혀 놀라운 일이 아닙니다. "환난이나 곤고나 박해나 기근이나 적신이나 위험이나 칼이랴"(롬 8:35). "사망이나 생명이나 천사들이나 권세자들이나 현재 일이나 장래 일이나 능력이나 높음이나 깊음이나 다른 어떤 피조물이라도"(롬 8:38~39). 모든 것이 그리스도 예수 안에서 하나님의 영광스러운 은혜의 주권에 종속되었습니다.

인생에서 온갖 일을 겪으면서도 꿋꿋하게 살아갈 수 있는 비결은 장차 있을 일에 시선을 고정하는 것입니다. 영생에 초점을 맞추면 삶의 질이 달라집니다. 우리는 사형수가 아닙니다. 우리는 하나님이 복음을 통해 우리에게 주신 돌이킬 수 없는 약속의 성취를 기다리는 하나님이 사랑하시는 자녀들입니다.

이것이 바로 복음의 능력으로 복음을 위해 살아가고자 하는 우리의 동기입니다. 그리고 우리가 전해야 할 기쁜 소식입니다. 바로 이 사실 때문에 우리는 인생의 고통과 고난을 억지웃음이 아닌 진정한 평안과 기쁨으로 이길 수 있습니다. 우리는 이 세상의 모든 고난이 일시적이며 잠시일 뿐이라는 확신으로 잠잠히 인내할 수 있습니다.

> **Leader**
로마서 8장은 길게 울려 퍼지는 할렐루야를 올려 드립니다. 특히 31~39절은 하나님이 우리를 위해 성취하신 일들에 관한 찬양을 구체적으로 알려 줍니다. 이 모든 것은 우리가 그리스도와 분리되었을 때는 죽었으나, 이제 그리스도 안에서 전적으로 영원히 살아 있다는 사실로 귀결됩니다.

Q 죽음에 관해 그리스도를 믿는 사람의 견해와 믿지 않는 사람의 견해는 어떻게 다릅니까?

Q 복음의 의미에 비추어 볼 때, 우리 삶이 어떻게 예배가 될 수 있을까요?

결론

Leader

종에서 아들로, 신음에서 영광으로, 죽음에서 생명으로 나아가며 우리는 은혜의 하나님을 예배합니다. 하나님은 왜 우리에게 이렇게 행하실까요? 불경건한 반역자들을 은혜로운 방식으로 대하시는 이유가 무엇입니까? 바울은 세상에서 가장 아름다운 편지의 이 아름다운 장에서 그 이유를 볼 수 있게 해 줍니다. 바로 하나님의 사랑 때문입니다. 사실 우리 안에 있는 죄보다 하나님 안에 있는 사랑이 더 큽니다. 그야말로 엄청난 사랑입니다!

하나님의 사랑은 인간이 경험하는 그 어떤 사랑보다 높고 깊고 위대하고 영광스러운 현실입니다. 하나님의 사랑은 우리 육신보다 강합니다. 고통보다 큽니다. 죽음보다 영원하며 죄보다 강력합니다. 하나님의 사랑은 인간 경험의 정점입니다. 우리는 믿음을 통해 그리스도의 속죄라는 깊은 샘에서 솟는 그 사랑을 경험하게 됩니다. 우리에게 주어진 복음이 얼마나 영광스럽습니까. 세상에 전하라고 하신 이 복음은 정말로 영광스럽습니다.

그리스도와의 연결
하나님의 백성은 하나님의 아들의 형상으로 빚어지는 과정에 있습니다. 우리는 하나님의 가족으로 입양되었기에 더 이상 죄의 종이 아닌 하나님의 자녀로서 하나님을 '아버지'라 부릅니다. 우리는 그리스도의 십자가 사역으로 말미암아 하나님의 가족이 되었습니다. 이제 주님이 약속하신 영광스러운 미래를 간절한 마음으로 고대합니다.

하나님의 계획 우리의 사명

선교적 적용   하나님은 우리에게 육신의 행위를 죽이고 주님의 자녀로서 살아가라고 명하십니다. 이를 위해 성령님의 능력을 의지하라고 말씀하십니다.

1. 성령님의 능력으로 죄 된 욕망과 행위를 죽이려면 어떻게 해야 할까요?

2. 로마서 8장 28절의 약속을 의지해야 하는 삶의 순간은 언제일까요?

3. 교회/공동체는 선교적인 삶을 살도록 서로 어떻게 격려해야 할까요?

하나님과
분리되었던
우리가 다시
하나님과
교제하다

8

Summary and Goal

우리의 마음은 공동체의 의미와 소속감을 갈망합니다. 이러한 갈망은 우리가 본질상 삼위일체로 "공동체"를 이루신 하나님의 형상으로 지어졌다는 사실에서 기인합니다. 하나님은 복음을 통해 우리를 서로 교제하게 하십니다. 우리는 이 교제를 세상에 확장 하는 사명을 수행해야 합니다. 이 세션에서는 하나님이 어떻게 우리를 변화시켜 우리 가 주님과 다른 사람과 교제하게 하시는지를 살펴볼 것입니다. 아울러 이 교제를 세상 으로 확장하는 임무를 어떻게 수행해야 할지를 배울 것입니다.

- **성경 본문**
  로마서 12:9~18
  고린도전서 1:9
  빌립보서 1:3~7

- **세션 포인트**
  1. 하나님과 멀어졌던 우리가 그리스도와 친교를 나눕니다(고전 1:9)
  2. 교회를 멀리했던 우리가 교회에서 서로 친교를 나눕니다(롬 12:9~18)
  3. 목적 없이 살았던 우리가 선교에 함께 참여합니다(빌 1:3~7)

- **신학적 주제**
  하나님은 우리로 하여금 하나님과 관계를 맺고 하나님의 백성과 교제하게 하 심으로써 우리를 변화시키십니다.

- **그리스도와의 연결**
  하나님의 백성으로서 우리는 예수 그리스도의 죽음과 부활로 말미암아 하나 님과 친교를 나눕니다. 또한 그리스도의 백성으로서 하나님이 우리를 사랑하 셨듯이 우리도 서로 사랑하는 가운데 친교를 나눕니다.

- **선교적 적용**
  하나님은 우리에게 다른 신자들과 함께 땅끝까지 복음을 전하라고 말씀하십 니다.

Session Plan

도입

문화적인 고립과 고독감에 관한 최근의 연구에 관해 토론하십시오.

오늘날 우리 문화 속에서 고립주의적인 경향으로 흐르는 것들에는 무엇이 있을까요?

세상과 우리 삶에서 나타난 죄의 결과로 공동체의 붕괴라는 고통을 받게 된다는 점을 말해 주십시오. 그리고 나서 하나님이 우리를 변화시키시고, 우리를 그분과 다른 사람과의 교제 안으로 이끄신다는 것에 관한 이 세션의 내용을 요약해 주십시오.

전개

1
하나님과 멀어졌던 우리가 그리스도와 친교를 나눕니다
(고전 1:9)

인간에게 내재된 소외감과 그에 대한 유일한 해답이신 예수 그리스도에 관해 논하십시오. 그리고 나서 고린도전서 1장 9절을 읽으십시오. 그리스도를 통한 하나님과의 교제에 관해 바울이 했던 말을 예루살렘 성전에 관한 시각 자료를 이용해 설명해 주십시오.

세상 사람들은 외로운 마음과 현실을 어떻게 다룹니까?

사람들이 하나님과 소원해진 관계와 자신의 외로움을 연결해서 생각하지 못하는 이유는 무엇일까요?

평안이나 위로나 기쁨이나 하나님께 받아들여짐은 오직 그리스도 안에서만 발견됩니다. 그러므로 세상은 이런 종류의 교제를 오직 그림자로밖에 경험하지 못한다는 점을 언급해 주십시오. 이 말은 그리스도인들이 모든 고난과 고통으로부터 면제된다는 의미가 아니라는 사실도 분명하게 말해 주십시오.

세상에서 하나님이 나를 온전히 알고 계실 뿐만 아니라 영원히 받아들이신다는 사실을 알게 되니 어떤 느낌이 듭니까?

2
교회를 멀리했던 우리가 교회에서 서로 친교를 나눕니다
(롬 12:9~18)

자원자에게 로마서 12장 9~18절을 읽게 하십시오. 본문에서 코이노니아, 즉 친교가 이루어지는 모습을 볼 수 있다고 말해 주십시오. 화목의 수직적인 면과 수평적인 면에 주목해 주십시오.

로마서 12장 9~18절을 다시 읽어 보십시오. 어떤 가르침이 가장 눈에 띕니까? 그 이유는 무엇입니까?

교회가 수평적인 관계를 정립하는 것이 왜 중요할까요?

은혜를 중심으로 관계를 맺는 것과 이타적으로 사는 것은 오직 복음의 능력을 통해서 할 수 있는 것임을 분명히 해 주십시오.

어떻게 하면 교회에서 "존경하기를 서로 먼저" 할 수 있을까요?

교회의 존재 목적은 세상을 향해 밖으로 움직이는 것임을 강조해 주십시오. 그러고 나서 빌립보서 1장 3~7절을 읽으십시오. 복음으로 만들어진 공동체는 세상에서 복음을 수호하고 선포하는 동역 관계임을 설명해 주십시오.

우리는 왜 선교에 헌신하는 것을 힘들어할까요?

사명을 함께 좇는다면, 자기 선택이 아니라 진정한 우선순위에 먼저 초점을 맞추어야 한다는 것을 지적해 주십시오.

하나님이 우리 안에서 그리고 우리를 통해서 일하는 분이시라는 사실을 인식하지 못하는 데서 오는 위험성은 무엇입니까?

복음 선포 사역에서 우리의 역할이 축소되면 어떤 위험성이 뒤따를까요?

············ **3**
**목적 없이 살았던 우리가
선교에 함께 참여합니다**
(빌 1:3~7)

결론

우리는 그리스도 덕분에 하나님과 교제하게 되었고, 서로 교제하는 공동체 안으로 들어오게 되었다는 사실을 거듭 말해 주십시오. 이것은 복음의 핵심적인 사실들입니다. 이 세션에서 배운 진리를 '하나님의 계획, 우리의 사명'에서 적용해 보십시오.

8. 하나님과 분리되었던 우리가 다시 하나님과 교제하다

"인간의 고립과 두려움은
긴밀한 동반자입니다." [2]
_에드워드 T. 웰치

핵심교리
99
71. 그리스도와의 연합

그리스도와의 연합은 구원의 핵심입니다. 성경은 구원을 하나님과 언약 관계를 맺는 것으로 묘사하고, 신자들의 모임인 교회를 그리스도의 신부로 묘사합니다(고후 11:2; 엡 5:23~32). 그리스도인은 믿음을 통해 그리스도께서 우리 안에 거하심과 우리가 주님 안에 거하게 됨을 믿습니다(엡 3:17; 골 1:27; 3:1~4). 이 연합은 깨뜨릴 수 없으며, 영원토록 계속될 것입니다.

도입

20년쯤 전에 미국의 정치학자 로버트 퍼트넘이 공동체의 붕괴와 부흥을 다룬 《나홀로 볼링》(Bowling Alone)이란 제목의 책을 냈습니다. 그가 말하고자 한 요점은 미국인들이 점점 더 개인주의적으로 변해 가고 있다는 것이었습니다. 그는 수많은 사회학적 자료와 인구통계학적 연구를 인용했습니다. 책 제목은 미국인들이 가장 널리 즐겼지만 이제는 잊힌 오락거리 중의 하나인 볼링 게임에 관한 단상에서 비롯되었습니다. 한때 많은 사람이 동네 볼링장에 모여서 동료애와 팀워크를 다졌고, 공동체의 행복에 필수적인 사회적 상호 작용을 나누었지만, 이제는 점점 더 많은 사람이 "나홀로 볼링"을 즐기고 있습니다.[1]

퍼트넘이 2010년에는 그와 다른 흐름을 제시하며 미국인들의 개인주의적이고 고립주의적인 태도에 관한 자신의 대담한 주장을 일부 번복하긴 했습니다. 그러나 문화적 고독이라는 문제는 다양한 형태로 계속되고 있는 것이 사실입니다. 커피숍에 모여 앉은 밀레니엄 세대 사이에 집단 동지애가 다시 일어나고 있는지도 모르겠습니다. 하지만 대부분은 아주 가까이 살면서도 대개는 홀로 지냅니다.

Q 오늘날 우리 문화 속에서 고립주의적인 경향으로 흐르는 것들에는 무엇이 있을까요?

Session Summary

우리의 마음은 공동체의 의미와 소속감을 갈망합니다. 이러한 갈망은 우리가 본질상 삼위일체로 "공동체"를 이루신 하나님의 형상으로 지어졌다는 사실에서 기인합니다. 하나님은 복음을 통해 우리를 서로 교제하게 하십니다. 우리는 이 교제를 세상에 확장하는 사명을 수행해야 합니다. 이 세션에서는 하나님이 어떻게 우리를 변화시켜 우리가 주님과 다른 사람과 교제하게 하시는지를 살펴볼 것입니다. 아울러 이 교제를 세상으로 확장하는 임무를 어떻게 수행해야 할지를 배울 것입니다.

1. 하나님과 멀어졌던 우리가 그리스도와 친교를 나눕니다

(고전 1:9)

인간의 선천적인 소외감은 인류 최초의 남녀에게서 비롯되었습니다. 아담과 하와가 하나님께 불순종했을 때, 그들의 반역은 육신뿐만 아니라 영혼에도 엄청난 결과를 안겨 주었습니다. 그러나 무엇보다 인류의 타락이 가져온 가장 큰 재앙은 죽음일 것입니다. 육신의 죽음과 하나님과 분리됨으로써 오는 영적인 죽음, 이 두 가지 죽음이 임한 것입니다. 하나님과의 분리는 온 인류의 가장 깊은 아픔입니다.

> 물론 모든 사람이 이 아픔의 원인을 인식하고 있는 것은 아니지만, 그렇다고 이
Leader 사실이 변하는 것은 아닙니다. 죄로 인해 우리는 하나님으로부터 멀어졌습니다. 그리하여 우리는 고독과 씨름하고, 잘못된 관계를 통해 이 문제를 치유하려고 하는 데서 비롯된 혼란과도 씨름합니다. 그러나 고통을 없애기 위한 이 모든 노력은 성공하지 못할 것입니다. 하나님과의 분리는 하나님과의 만남을 필요로 할 뿐이기 때문입니다. 하나님으로부터 떨어져 있으면, 비록 많은 사람 가운데 있을지라도 스스로 영원한 아웃사이더처럼 느낄 뿐입니다.

이러한 고통을 끝내고 하나님이 태초에 의도하셨던 주님과의 활기찬 관계로 다시 돌아갈 길이 있습니다. 그 답은 예수 그리스도의 인격에 달려 있습니다. 바울은 고린도전서 1장 9절에서 이렇게 말합니다.

⁹너희를 불러 그의 아들 예수 그리스도 우리 주와 더불어 교제하게 하시는 하나님은 미쁘시도다

바울의 말에 담긴 아름다움과 진의를 충분히 이해하려면 예루살렘 성전을 떠올려 보는 것이 도움이 됩니다. 성전은 동심원 구조로 설계되었습니다. 성전의 중심에는 출입이 제한된 지성소가 있고, 단계를 거쳐야만

심화 주석 하나님이 "미쁘시다"(고전 1:9)는 것은 신실하시다는 의미로 우리 믿음과 신뢰와 헌신을 받기에 합당하시다는 뜻입니다. 신실함이란 하나님이 모든 약속을 지키실 것을 신뢰할 수 있다는 점을 강조하는 언약의 말입니다. 바울은 하나님의 신실하심을 언약 백성을 자기 아들과의 교제로 부르신 것과 연결합니다. 그들을 구원하신 신실하신 하나님이 그들을 "끝까지 견고하게"(8절) 하실 것입니다.

여기서 하나님이 "부르셨다"(9절)는 말은 첫 인사말에서 "성도라 부르심을 받은 자들"(2절)이라는 호칭을 연상시킵니다.

"교제"(9절)는 지금 우리말이 가진 의미보다 헬라어 원문에서 그 의미가 더 깊습니다. 바울은 이 용어를 참여와 나눔이라는 개념으로 썼으며, "그리스도 안에서"라고 표현하기도 했습니다. 아들과 더불어 교제하라는 부르심은 고린도전서 1장 10절부터 이어지는 권면의 시작을 준비합니다. 여기서부터 바울은 부상하고 있는 교회의 분열 문제를 다루는데, 이것은 하나님의 아들과 긴밀한 연합으로 부름받은 자들에게 정반대되는 특징을 보이는 현상입니다.[3]

_마크 테일러

"그리스도인 공동체는 십자가로 시작되었으니 십자가가 공동체입니다. 이들 예배의 초점은 한때 죽임을 당하셨으나 이제는 영화롭게 되신 어린양이십니다."[4]
_존 R. W. 스토트

**심화
주석** 고린도전서의 도입부에는
바울이 쓴 모든 편지의 도입
부 중에서 "주"라는 단어가 가장 많
이 등장합니다(고전 1:2, 3, 7, 8, 9). 본
론으로 들어가는 부분에서 바울은
다시금 주제를 강조합니다. 그리스도
께 속한 자들에 대한 주님의 권위를
강조한 것입니다. 그는 고린도 교인들
을 교회의 주인이신 "그의 아들 예수
그리스도"와 연합된 교제 안으로 부
르신 아버지의 신실하심을 인정합니
다.[6]

_F. 알렌 톰린슨

"똑같은 소리굽쇠로 맞춘 100대의
피아노가 저절로 조율된다는
사실을 생각해 본 적이 있습니까?
그것들은 서로 일치하도록 조율된
것이 아니라 각각이 따라야 하는
외부 기준에 맞춤으로써 일치하게 된
것입니다. 따라서 100명의 예배자가
'연합'을 의식해 하나님으로부터
눈을 돌려 서로 더 긴밀하게
교제하려고 노력하는 것보다,
각자가 그리스도를 주시하면서
모일 때 진정으로 가까워집니다.
사회적 종교는 개인적 종교가
정화되었을 때 완벽해집니다."[7]

_A. W. 토저

중심에 다가갈 수 있습니다.

> 밖에서부터 시작하면, 이방인의 뜰까지는 모든 사람이 출입할 수 있습니다. 그러
나 다음 단계인 여인의 뜰에는 오직 이스라엘 백성만 들어갈 수 있습니다. 그다
음 단계는 남자들만 들어갈 수 있고, 그다음 단계는 제사장들만 들어갈 수 있습
니다.[5] 가장 깊은 곳에는 하나님의 임재와 언약궤가 있는 지성소가 있습니다. 지
성소는 오직 대제사장만 출입할 수 있고, 1년에 한 번 속죄일(히브리어로 '욤 키푸
르')에만 출입할 수 있습니다.

하나님의 메시지는 분명했습니다. 하나님은 거룩하십니다. 그러므로
그분의 임재에 들어가는 것은 이 세상 어떤 소망에도 비할 바가 못 됩니다.
하나님의 임재 가운데로 진입하는 이 소망은 세상 밖에서부터 오는 것이
며, 곧 예수님을 통해 이 땅에 들어왔습니다. 예수님이 죽으시자 하나님은
지성소를 가리고 있던 휘장을 위로부터 아래까지 찢어 둘로 나누셨습니다.
이것은 하나님과 백성 사이의 단절이 오직 하늘로부터 회복될 수 있음을
암시합니다. 부활 사건에서 예수님은 죄의 결과인 죽음을 이기심으로써 거
룩하신 하나님과 추방된 죄인들이 화해할 수 있게 하셨습니다.

아담이 죄지은 곳에서 예수님은 구원을 이루셨습니다. 아담이 넘어
진 곳에서 예수님은 일어나셨습니다. 아담 때문에 분열된 세상을 예수님이
하나 되게 하셨습니다. 한때 하나님과 분리되었던 우리가 이제 그리스도와
함께 교제를 누리고, 그 교제 안에서 번성하게 되었습니다.

> 복음의 능력 덕분에 우리는 절대로 혼자가 아닙니다. 비록 곁에 아무도 없을지라
도 말입니다. 하나님은 언제나 우리와 함께하십니다. 실제로 그분의 영이 우리 안
에 거하시고, 우리는 "그리스도와 함께 하나님 안에 감추어졌"(골 3:3)습니다. 하
나님이 우리를 "불러 그의 아들 예수 그리스도 우리 주와 더불어 교제하게"(고전
1:9) 하셨다는 말씀은 바로 이것을 뜻합니다. 우리는 이제 그분과 깨지지 않는 영
원한 관계로 끈끈하게 연결되었습니다.

그리스도 안에 있음으로써 삼위일체 하나님이 영원토록 누리셨던 사
랑의 교제를 우리도 경험할 수 있게 되었습니다. 예수님이 우리 죄를 짊어
지심으로써 죗값을 대신 치러 주셨으며, 우리 죄를 그분의 의로 덮어 주셨
기에 우리는 하나님께 완전히 받아들여졌고, 하나님과의 관계로 형통해졌
습니다. 우리는 마침내 담대하게 그러나 겸손한 모습으로 하나님 앞에 설
수 있게 되었습니다(히 10:19~22).

 세상 사람들은 외로운 마음과 현실을 어떻게 다룹니까?

Q 사람들이 하나님과 소원해진 관계와 자신의 외로움을 연결해서 생각하지 못하는 이유는 무엇일까요?

예수님과의 교제로 우리는 이전에 느껴보지 못한 평안과 위로와 기쁨을 경험하게 됩니다. 우리가 하나님을 알고 하나님이 우리를 속속들이 아시고 받아들여 주시는 것이 곧 자유입니다. 비록 우리가 하나님을 외면할지라도 하나님은 언제나 우리와 함께하시며, 언제나 우리를 사랑하시며, 그분의 평안과 위로와 기쁨을 우리에게 주십니다.

세상은 평안과 위로와 기쁨의 그림자만 경험할 뿐입니다. 기쁨의 실체는 오직 예수 그리스도 안에서만 발견할 수 있기 때문입니다. 그렇다고 그리스도 안에 있으면 모든 고난과 고통에서 벗어날 수 있다는 뜻은 아닙니다. 세션 7에서 살펴봤듯이, 그리스도의 구원과 함께 고난 또한 나누어야 하기 때문입니다. 그러나 고난에 목적이 있음을 알기에 우리는 인내심을 가지고 견딜 수 있습니다. 우리는 고난이 일시적이고, 이를 통해 하나님이 영광을 받으신다는 사실을 알기에 위안을 얻습니다.

> **Leader** 이것이 복음의 능력이 가져다주는 화목입니다. 이것은 우리 죄를 위해 죽으시고, 그분 안에 있는 영생을 위해 부활하신 하나님의 아들과의 연합을 통해 하나님께 돌아가는 길을 알려 줍니다. 그러나 복음은 우리가 상상하는 것 이상으로 깊으므로 하나님과의 개인적인 화목 이상으로 나아가야 합니다.

Q 세상에서 하나님이 나를 온전히 알고 계실 뿐만 아니라 영원히 받아들이신다는 사실을 알게 되니 어떤 느낌이 듭니까?

2. 교회를 멀리했던 우리가 교회에서 서로 친교를 나눕니다
(롬 12:9~18)

> **Leader** 인간의 타락으로 인한 일차적 "죽음"은 하나님과의 관계가 소멸되는 것입니다. 죄로 인해 우리는 주님과 분리되었습니다. 그런데 창세기 3장을 보면, 아담과 하와의 죄가 그들을 하나님과 개별적으로 분리시킨 것으로 끝나지 않고, 그들 서로 간에도 나뉘게 했다는 사실을 알 수 있습니다(창 3:16). 이처럼 죄는 모든 관계에 영향을 미칩니다.
> 이 사실을 고려할 때, 복음은 그리스도 안에서 우리 각자 하나님과 연합하게 하

심화토론
• 어떤 사람들은 친밀한 관계를 두려워하는데 그 이유는 무엇일까요?

심화주석 하나님의 뜻은 그분의 자녀들이 한 가족을 이루어 한 명이 기쁘면 모두가 기쁘고, 한 명이 아프면 모두가 기꺼이 그 아픔을 나누는 것입니다. 그리스도인의 경험은 세상에 맞선 개인이 아니라 서로 돌보라는 명령을 함께 수행해 나가는 대가족 안에서 이루어집니다. 그러므로 즐거워하는 자들과 함께 즐거워하고 우는 자들과 함께 우십시오(롬 12:15). 탕자의 비유는 맏형이 함께 기뻐하는 데 실패한 예를 보여 줍니다(눅 15:25~32). 그와 반대로 복음서들은 형제를 잃은 마리아를 만났을 때 "예수께서 눈물을 흘리시더라"(요 11:35)라고 기록합니다.[8]

_로버트 H. 마운스

"여러분은 공동체에 들어가도록 부름받았습니다. 이 소명은 여러분 자신만을 위한 것이 아닙니다. 부름받은 공동체에서 자기 십자가를 지고 몸부림치며 기도해야 합니다. 여러분은 죽는 순간에조차 혼자가 아닙니다. 마지막 날에 예수 그리스도를 따르는 큰 무리 가운데 한 명이 될 것입니다. 여러분이 형제들과의 친교를 경멸한다면, 예수 그리스도의 부르심을 거절하는 셈이니 홀로되어 마음만 상하게 될 것입니다." [9]
_디트리히 본회퍼

는 것만이 아닙니다. 우리가 하나 되어 하나님과 연합하게 합니다. 예수님과의 교제 안으로 들어갈 때, 우리는 그리스도 안에서 화목하게 된 다른 모든 사람과의 교제 안으로 들어가게 됩니다. "교회"로 불리는 공동체 안으로 말입니다. 신약에서 복음이 화목하게 하는 장면을 수없이 발견할 수 있습니다. 화목하게 하는 복음이 실질적으로 작동하는 방식에 관한 가장 생생한 그림 중 하나는 로마서 12장 9~18절에서 찾을 수 있습니다.

[9]사랑에는 거짓이 없나니 악을 미워하고 선에 속하라 [10]형제를 사랑하여 서로 우애하고 존경하기를 서로 먼저 하며 [11]부지런하여 게으르지 말고 열심을 품고 주를 섬기라 [12]소망 중에 즐거워하며 환난 중에 참으며 기도에 항상 힘쓰며 [13]성도들의 쓸 것을 공급하며 손 대접하기를 힘쓰라 [14]너희를 박해하는 자를 축복하라 축복하고 저주하지 말라 [15]즐거워하는 자들과 함께 즐거워하고 우는 자들과 함께 울라 [16]서로 마음을 같이하며 높은 데 마음을 두지 말고 도리어 낮은 데 처하며 스스로 지혜 있는 체하지 말라 [17]아무에게도 악을 악으로 갚지 말고 모든 사람 앞에서 선한 일을 도모하라 [18]할 수 있거든 너희로서는 모든 사람과 더불어 화목하라

　　본문은 '코이노니아'가 실현되는 모습을 보여 줍니다. '코이노니아'란 '친교'로 번역되는 헬라어로 신약 전반에 등장합니다. 하나님의 백성으로서 우리는 예수 그리스도의 죽음과 부활로 말미암아 그분을 통해 하나님과 친교를 나눕니다. 또한 그리스도의 백성으로서 하나님이 우리를 사랑하셨듯이 우리도 서로 사랑하는 가운데 친교를 나눕니다.

　　로마서 12장 9~18절에서 우리는 그리스도를 통해 위로 하나님과 화목을 이룬 죄인들이 수평적으로도 화목을 이루는 것을 보게 됩니다. 이 둘은 연결되어 있습니다. 우리가 그리스도 안에 있고 그분의 사랑을 받는다면, 우리는 당연히 다른 사람을 사랑할 것이고 그들과 함께 연합해 살기를 소망할 것입니다. 이 연합은 그리스도 안에서 믿는 자들이 공유하는 정체성과 그분을 향한 사랑에 기초한 것입니다.

> 십계명에서도 이 두 가지 차원의 관계가 결합하는 모습을 발견하게 됩니다. '나 외에는 다른 신들을 네게 두지 말라', '우상을 만들지 말라' 등 앞의 네 계명은 수직적인 관계에 관한 것이고, 주변 사람들과 사랑하며 살라고 명하신 뒤의 여섯 계명은 수평적인 관계에 관한 것입니다.

　　예수님은 율법을 수직적 차원과 수평적 구도로 요약하셨습니다.

"예수께서 이르시되 네 마음을 다하고 목숨을 다하고 뜻을 다하여 주 너의 하나님을 사랑하라 하셨으니 이것이 크고 첫째 되는 계명이요 둘째도 그와 같으니 네 이웃을 네 자신같이 사랑하라 하셨으니"(마 22:37~39).

> **Leader**
> 십계명과 예수님이 주신 이 새 계명은 죄가 하나님과 이웃에 대한 적대감으로 우리를 몰아넣는다는 사실을 상기시킵니다. 그러나 예수 그리스도의 복음은 두 영역 모두에 화목을 가져옵니다. 그럼으로써 우리가 에덴동산에서 누리도록 하나님이 의도하셨던 수평적이면서도 수직적인 관계를 제공해 줍니다.

Q 로마서 12장 9~18절을 다시 읽어 보십시오. 어떤 가르침이 가장 눈에 띕니까? 그 이유는 무엇입니까?

Q 교회가 수평적인 관계를 정립하는 것이 왜 중요할까요?

바울이 로마서 12장에 나열한 명령들을 살펴보면, 하나님이 우리에게 바라시는 관계의 깊이를 깨닫는 데 그리 오랜 시간이 걸리지 않음을 알 수 있습니다. 특히 10절은 은혜를 중심으로 한 궁극적인 아름다운 교제를 보여 줍니다. 즉 서로 상대를 높이려고 애쓰는 것입니다. 교회가 자기 욕구나 필요를 추구하기보다 서로를 세워 주고 환영하고 격려하고 위로하는 데만 매진한다고 상상해 보십시오. 이런 교회는 아름다운 복음의 공동체가 될 것이고, 세상 문화에도 깊은 인상을 남기게 될 것입니다. 사심 없이 살면 세상 문화를 거스르게 됩니다. 다른 삶이기 때문입니다. 그러나 좋은 의미에서 다릅니다.

이것은 복음이 하는 일입니다. 오직 복음만이 할 수 있는 일입니다. 복음은 우리로 하여금 다른 사람이 제대로 섬기며 살고 있는지를 늘 평가하는 작은 심판자가 되게 하지 않습니다. 또한 끊임없이 서로 재고 판단하고 상대의 결점을 계속해서 지적하는 사람들로 만들지도 않습니다. 복음은 비난의 주파수에 맞추어져 있지 않습니다.

복음은 계시된 하나님의 사랑이며, 교회는 하나님 사랑을 보여 주는 곳입니다. 하나님의 사랑은 우리를 부추기거나 교만하게 하거나 이기적으로 만들거나 오만하게 하거나 무례하게 만들지 않습니다. 또한 남의 험담을 하거나 비난하는 자로 만들지도 않습니다. 우리가 아직 죄인 되었을 때에 하나님의 사랑이 우리에게 부어졌기 때문입니다. 우리가 복음에 깊숙이 젖어들수록 복음이 우리의 마음을 더욱 장악하게 되고, 그로써 우리의 죄된 본성은 줄어들 것이며, 로마서 12장 9~18절 말씀이 이루어지는 것을 보

심화 주석 그리스도인들은 '세상의 행동과 관습을 따라 하지 말라'는 권면을 받지만, 계속해서 세상에 관여하고 세상에 영향력을 끼치게 될 것입니다. 흐름을 거슬러 나아간다고 해서 우리가 아무짝에도 쓸모없는 '그리스도인 섬'이 되는 것은 아닙니다. 우리는 세상의 소금입니다. 이 짠맛은 현실적인 사랑을 통해 전달됩니다. 현대 사회는 과학과 기술의 발전을 축하할지 몰라도 사랑에 있어서는 발전하지 않고 있습니다. 교회 밖의 사람들은 기독교와 관련된 모든 것을 무시할 수는 있어도 사랑에는 절대 등을 돌리지 않을 것입니다. 이것이 세상을 위해 우리가 공헌할 일입니다. 세상처럼 차별적이고 이기적인 사랑이 아닌 장벽을 허무는 하나님의 사랑을 전해야 합니다. 사랑은 기대한 것보다 많은 것을 줍니다. 사랑은 적대감을 용기 있게 대면하게 하고 화목을 추구하게 합니다.[10]

_Africa Study Bible

"저는 하나님이 교회를 사랑하시므로 교회에 갑니다. 그리고 저는 그분이 사랑하시는 것들을 사랑하고 싶습니다."[11]
_트릴리아 J. 뉴벨

**심화
주석** 바울이 "첫날부터 이제까지 복음을 위한 일에 참여하고"(빌 1:5)라고 말할 때, 그는 아마도 빌립보에 처음 도착한 날을 떠올렸을 것입니다. 그는 두 번째 선교 여행 중에 에게해를 건너 마게도냐의 가장 중요한 도시인 빌립보에 도착했습니다(행 16:11~12). 이곳에서 그는 예수 그리스도의 복음을 전적으로 받아들인 '자색 옷감 장수' 루디아를 만났습니다. 그녀는 주 예수 그리스도를 믿었을 뿐만 아니라 자기 집을 모임과 예배 장소로 개방했습니다(행 16:15, 40).

빌립보의 간수와 그의 집안도 그리스도인이 되었습니다(행 16:34). 바울과 실라가 받았던 환대를 생각하면, 빌립보 교인들을 복음의 동역자로 부르는 것이 합당합니다. 이러한 동역 관계는 바울의 생애가 끝날 때까지 계속되었습니다. 이 편지가 쓰였을 당시에 그들은 선물을 보내어 그를 물질적으로 후원하고 있었습니다(빌 4:18). 복음의 메시지는 받아들일 만한 마음을 만나면, 열매를 맺고 행동하게 합니다.[12]

_에세투 아바테

게 될 것입니다.

> Leader

우리는 점점 거룩해지는 동시에 자신이 남들보다 더 거룩하다는 태도를 가질 수 없습니다. 따라서 복음 중심적인 교회는 교인들의 죄에 직면할 수밖에 없을 것입니다. 위선이든 공공연한 반란이든 우리는 이렇게 반응해야 합니다. "복음을 기억하세요! 하나님은 그런 죄에도 불구하고 당신을 사랑하셨어요. 그리스도께서 당신을 그 죄에서 해방시키기 위해 죽으셨습니다. 당신 안에 거하시는 성령님이 그 죄를 책망하시고, 거기서 돌이키도록 능력을 주십니다." 우리가 만일 "악을 미워하고 선에 속하고" 동일한 일을 할 수 있도록 서로 격려한다면, 하나님의 은혜가 우리 안에서 더욱 힘을 발휘하는 것을 볼 수 있습니다.

하나님이 모든 통치권을 자신에게 위임하셨다고 믿는 사람들은 당연히 겁에 질릴 것입니다. 그러나 모든 존귀와 영광과 능력은 우리 왕이신 예수 그리스도께만 속한 것입니다. 우리가 "존경하기를 서로 먼저"(10절) 할 때 우리는 그 안에서 아무런 정죄도 찾지 못하고, 우리를 연결해 주신 예수님의 복음을 가치 있게 할 것입니다. 우리는 한때 하나님과 분리되었으나 이제는 그리스도와 교제를 나누고 있으며, 한때 교회와 분리되었으나 이제 그분 안에서 서로 교제한다는 사실을 기억하십시오.

Q 어떻게 하면 교회에서 "존경하기를 서로 먼저" 할 수 있을까요?

3. 목적 없이 살았던 우리가 선교에 함께 참여합니다(빌 1:3~7)

> Leader

나는 종종 극단적인 고립감에 대해 떠올리곤 합니다. 예를 들면, 바다나 숲에서 길을 잃는 이야기 같은 것 말입니다. 이런 것들 중에서 가장 상투적인 이야기는 물론 무인도 이야기일 것입니다. 톰 행크스가 외딴 섬에 좌초된 페덱스 종업원 척 놀랜드 역을 맡은 영화 〈캐스트 어웨이〉(Cast Away)는 현대물 중 꽤 괜찮은 본보기입니다. 영화는 주로 대사가 없는 침묵으로 이어집니다. 척이 끊임없이 씨름했던 불안한 적막과 절망적인 고독을 나타낸 것입니다. 그는 고독으로 몸부림치다가 절망에까지 내몰리고, 어느 순간 자살을 생각하기까지 합니다. 그러나 결국 계속 살아가기로 결심합니다. 섬에서 탈출하겠다는 한 가지 목적에 헌신하기로 한 것입니다. 어떤 면에서 척은 구조되기 전에 이미 구원받은 셈입니다. 사명감이 그에게 새로운 삶의 열정을 불어넣었기 때문입니다. 그의 목적은 살아야만 하는 이유 한 가지를 그에게 주었습니다.

교회도 이와 같습니다. 우리도 목적을 위해 존재하고, 그 목적이 우리 삶에 의미를 줍니다.

교회는 목적을 위해 존재하고, 이 목적은 우리 삶에 의미를 부여해 줍니다. 하나님이 우리로 하여금 하나님과 그리고 다른 사람과도 화목하게 하셨는데, 우리끼리만 모여서 복음을 나눈다고 상상해 보십시오. 우리가 경험한 것을 다른 사람과 나누지 않는다면, 복음을 냉대하는 셈이 됩니다. 하나님이 성도와 교회에 행하신 일은 결국 믿지 않는 세상과 잃어버린 영혼들에게 비전이 됩니다.

바울은 빌립보서 1장 3~7절에서 이렇게 말합니다.

³내가 너희를 생각할 때마다 나의 하나님께 감사하며 ⁴간구할 때마다 너희 무리를 위하여 기쁨으로 항상 간구함은 ⁵너희가 첫날부터 이제까지 복음을 위한 일에 참여하고 있기 때문이라 ⁶너희 안에서 착한 일을 시작하신 이가 그리스도 예수의 날까지 이루실 줄을 우리는 확신하노라 ⁷내가 너희 무리를 위하여 이와 같이 생각하는 것이 마땅하니 이는 너희가 내 마음에 있음이며 나의 매임과 복음을 변명함과 확정함에 너희가 다 나와 함께 은혜에 참여한 자가 됨이라

여기서 바울은 복음으로 세워진 공동체를 동역 관계로 바라봅니다. 화목하게 하는 복음 사역은 예수님이 재림하실 때까지 끝나지 않을 것입니다. 그러므로 그때까지는 동역을 통해 세상에 복음을 수호하고 선포해야 합니다. 복음은 간직하기만 하면 안 되고, 아낌없이 선포해야 합니다.

> 물론, 이 말은 교회에 관한 수많은 그리스도인의 이해가 거꾸로 되었음을 의미합니다. 구원받은 그리스도인들은 흔히 믿음을 개인적인 것으로 간주하거나 심지어 대중적으로 알릴 내용이 아닌 것으로 보기까지 합니다. 그 결과 그들은 복음 안에서 다른 사람과 동역하는 관계의 중요성과 깊이를 받아들이는 데 고심합니다. 교회에 출석하기는 하지만, 교회 사역에 진정으로 헌신하지 않을지도 모릅니다. 교회 사역을 위해 헌금하기도 하지만, 그 이유는 이것이 더 '안전하고' 직접 섬기는 것에서 떨어져 있을 수 있기 때문입니다.

복음이 우리를 개인적으로 구원하기는 하지만, 개인주의적인 신앙으로 인도하지는 않습니다. 복음이 우리로 하여금 화목하게 한 만큼 이제 우리를 화목의 전도자로 만듭니다(고후 5:18). 만일 우리가 세상에 복음을 전하지 않는다면, 그리스도와 연합해야 한다는 복음의 명령을 스스로 따르지 않고 있는 것입니다. 교회의 지체가 되는 것은 하나님이 그리스도인을

심화주석 바울은 기도하면서 빌립보 교인들을 기억했고, 그들도 끊임없이 바울을 실질적으로 돌봤습니다. 타락한 세상에서 우리는 곤란에 처할 것입니다. 물론, 바울에게도 나쁜 기억은 있습니다(예를 들면, 사도행전 16장에서 관리들과 무리에게 부당하게 당한 일). 그러나 전반적으로 감사할 만했습니다. 그는 큰 그림을 떠올리며 감사했습니다. 몇몇 걸림돌이나 힘든 일 때문에 감사와 기쁨을 잃지 마십시오. 큰 그림을 보며 하나님께 감사하는 법을 배우십시오. 예수님이 십자가와 부활을 통해 당신의 가장 큰 문제를 이미 해결하셨습니다. 그리스도 안에 있는 자들에게는 정죄함이 없습니다. 하나님이 신실하신 사랑으로 당신을 어디로 이끄시고, 어떻게 손을 뻗어 구원하셨는지를 묵상할 때, 마음에 감사가 차오르지 않습니까? 당신에게 영향을 준 사람들과 믿음의 공동체를 생각할 때 기쁘고 감사하지 않습니까? 이것이 바로 역사상 가장 위대했던 선교사 바울의 자세였습니다.[13]

_토니 메리다 & 프랜시스 챈

부르신 후에 더해지는 일이 아닙니다. 케이크 위에 생크림을 더하는 것과 같은 것이 아닙니다. 다른 신자들과 동역하려면 복음을 중심으로 연합해야 하고, 서로의 차이점을 극복하고 사명을 공유하며 희생해야 합니다. 이것이 복음에 담긴 핵심 그 자체입니다.

"지상 명령을 완수하려면
엄청나게 고생해야 할 것입니다.
그러나 영원은 그만한 가치가
있음을 입증할 것입니다."**14**
_데이비드 플랫

Q 우리는 왜 선교에 헌신하는 것을 힘들어할까요?

우리가 사명을 함께 좇는다면, 자기 선택은 제쳐 놓고 진정한 우선순위에 초점을 맞추어야 합니다. 우리는 자신의 만족을 추구하기보다 다른 사람의 번영을 먼저 추구해야 합니다. 그러면 성도로서 교회를 소중히 지키기 위해 애쓸 것입니다. 교회에서 누릴 특권 때문이 아니라 사명을 완수하도록 도울 책임과 의무가 있기 때문입니다. 중요한 것은 우리가 교회에서 무엇을 얻느냐가 아니라 교회 사명에 무엇을 기여할 수 있느냐 하는 것입니다.

이것은 교회와 우리 자신을 바라보는 도전적인 관점입니다. 그러나 이를 이루시는 분이 누구신지를 놓쳐서는 안 됩니다. 우리 안에 선한 일을 시작하신 이는 하나님이시고, 하나님이 이 일을 완성하실 것입니다. 하나님은 우리 안에서 그리고 우리를 통해 일하고 계십니다. 우리는 복음을 전하는 역할을 담당해야 하지만, 이 일을 할 수 있도록 우리에게 능력 주시는 이는 하나님이십니다.

> 우리는 모두 이 사역에 동참합니다. 교회에 속해 있더라도 유의미하게 복음 선교에 동참하지 않는다면, 우리는 복음이 없애려고 한 고독에 다시 자신을 노출하게 될 것입니다. 〈캐스트 어웨이〉에서 척은 구조되는 데서 목적을 찾았습니다. 그러나 우리는 그리스도 덕분에 이미 구조되었습니다. 이제 우리의 임무는 죽어 가는 세상을 향해 구조될 수 있다고 선포하는 것입니다.

Leader

하나님이 우리에게 관대하게 주셨고 지속적으로 주고 계시는 은혜가 있으므로 인색하게 굴지 맙시다.

Q 하나님이 우리 안에서 그리고 우리를 통해서 일하는 분이시라는 사실을 인식하지 못하는 데서 오는 위험성은 무엇입니까?

Q 복음 선포 사역에서 우리의 역할이 축소되면 어떤 위험성이 뒤따를까요?

결론

죄와 이기심이 우리를 고립되게 만들고, 문화는 이를 가중시킬 따름입니다. 우리는 유의미한 공동체에 속하고 싶고, 생기 넘치고 만족스러운 관계를 누리고 싶지만, 스스로는 그럴 수 없습니다. 그러나 우리가 할 수 없는 것을 하나님은 하실 수 있습니다. 하나님은 우리가 그분과 연결되고 사람들과 관계하는 길을 만들어 주셨습니다. 이 길은 유일한 길이며, 우리 영혼의 가장 깊은 갈망을 만족시켜 주는 길입니다. 그 길은 물론 그리스도를 통해 가는 길입니다.

우리는 그리스도 덕분에 하나님과 교제하게 되었고, 서로 교제하는 공동체 안으로 들어오게 되었습니다. 이러한 수직적이면서도 수평적인 교제는 복음에 근접한 어떤 것이 아닙니다. 즉 복음에서 얻을 수 있는 부수적인 유익이 아니라 복음의 핵심이라는 뜻입니다. 복음은 관계 중심적입니다. 그러므로 우리에게는 이러한 관계들에 가능한 한 많이 투자할 자유와 소명이 있습니다. 우리가 하는 모든 일은 그리스도 안에서 가능해진 관계로부터 영향을 받을 수밖에 없습니다. 사랑으로 말미암아 우리는 하나님과 교제할 수 있게 되었습니다. 그러므로 이제 우리는 그 사랑으로 나아가 다른 사람을 하나님과의 교제로 이끌어야 합니다.

> "선교하지 않는 교회는 예수님이 오실 때 사라지게 될 것입니다."[15]
> _F. B. 마이어

그리스도와의 연결

하나님의 백성으로서 우리는 예수 그리스도의 죽음과 부활로 말미암아 하나님과 친교를 나눕니다. 또한 그리스도의 백성으로서 하나님이 우리를 사랑하셨듯이 우리도 서로 사랑하는 가운데 친교를 나눕니다.

하나님의 계획 우리의 사명

선교적 적용　하나님은 우리에게 다른 신자들과 함께 땅끝까지 복음을 전하라고 말씀하십니다.

1. 어떻게 하면 믿지 않는 사람들이 예수 그리스도를 통해 하나님과 교제해야 할 필요성을 인식하게 도울 수 있을까요?

2. 우리가 함께 즐거워하고 울어야 할 사람들은 누구이며(롬 12:15), 그들과의 교제는 어떤 방식으로 하면 좋을까요?

3. 교회/공동체의 복음 사역에 동참하는 것이 평범한 일상에 어떤 의미를 줍니까?

금주의 성경 읽기
**갈 4~6장;
행 15~16장**

육체의 일을
일삼던
우리가
성령의
열매를 맺다

9

Summary and Goal

누군가에게 어떤 일을 하도록 강권하거나 강요할 수 있습니다. 하지만 일의 의미와 성취감을 느끼게 하려면, 그 일을 자신이 원해서 하게 해야 합니다. 이것이 행동 수정과 마음의 변화 사이에서 볼 수 있는 차이의 핵심입니다. 즉 행동의 변화 이면에 자리한 동기의 변화를 가리킵니다. 바울이 갈라디아 교인들에게 보낸 편지에서 바로 그러한 대조를 볼 수 있습니다. 특히 성령의 열매를 다루는 5장에서 볼 수 있습니다. 바울은 복음에 비추어 은혜와 사역과 개인적인 변화에 관해 가르쳤습니다. 행함이 중요하기는 하지만 그 동기가 훨씬 중요합니다.

- **성경 본문**
  갈라디아서 5:16~26

- **세션 포인트**
  1. 육체의 욕심이 아닌 성령님을 따르십시오(갈 5:16~18)
  2. 육체의 일을 벗어 던지십시오(갈 5:19~21)
  3. 성령의 열매를 맺으십시오(갈 5:22~26)

- **신학적 주제**
  그리스도인은 육신을 십자가에 못 박고 성령 안에서 행합니다.

- **그리스도와의 연결**
  바울은 육체의 일과 성령의 열매를 비교함으로써 예수 그리스도께 속한다는 것이 무엇인지를 갈라디아 교회에 보여 주었습니다. 그리스도와 함께 십자가에 못 박히는 것은 육체의 정욕과 탐심을 버리고 성령님을 따르는 것을 의미합니다.

- **선교적 적용**
  하나님은 우리에게 세상과 구별되는 그리스도인의 성품을 기르기 위해 겸손히 성령님을 따르라고 명하십니다.

Session Plan

도입

토요일 오후, 아버지와 아들 사이에 불거진 방 청소 문제에 관한 이야기를 들려주십시오.

언제 다른 사람에게서 존중과 존경을 받는다고 느낍니까?

행함에 있어 속마음이 중요합니까? 그렇거나 그렇지 않다면 그 이유는 무엇입니까?

행동 수정과 마음의 변화 사이의 핵심적인 차이를 보여 주는 갈라디아서 5장에 관한 이 세션의 내용을 요약해 주십시오.

전개

1
육체의 욕심이 아닌 성령님을 따르십시오
(갈 5:16~18)

오노다 히로의 이야기를 통해 그리스도인이 죄와의 싸움에서 어떤 잘못을 하게 되는지를 들려주십시오. 그리고 나서 갈라디아서 5장 16~18절을 읽으십시오. 이 본문이 이신칭의와 어떻게 관련 있는지를 보여 주십시오.

십자가에 자신을 못 박는 것은 일상에서 어떤 모습으로 나타납니까?

성령님을 따라 행한다는 것은 어떤 의미이며, 우리가 어떻게 그렇게 행할 수 있는지를 설명해 주십시오. 기도와 말씀 공부와 인도하심에 순종하는 일 등을 예로 들 수 있습니다.

바울은 왜 하나님께 영광을 돌리는 순종의 삶에 관해 말하면서 율법보다 성령님을 더 강조할까요?

2
육체의 일을 벗어 던지십시오
(갈 5:19~21)

갈라디아서 5장 19~21절을 읽게 하십시오. 바울의 목록이 얼마나 포괄적인가에 주목하게 하십시오. 우리는 모두 어떤 식으로든 죄에 물들어 있습니다. 제시된 죄들이 각각 다른 결과를 낳기는 하지만, 모든 죄를 똑같이 심각하게 여겨야 한다는 점을 강조해 주십시오.

자기 죄보다 다른 사람들의 죄가 눈에 잘 들어오는 이유는 무엇일까요?

이런 죄들을 '행하는' 자들이 하나님 나라를 유업으로 받지 못하는 이유를 설명해 주십시오. '행위'는 '존재'의 문제임을 강조해 주십시오. 행위의 문제는 결국 믿음의 문제입니다. 육체의 일을 벗어 버리는 것은 그리스도 안에서 누리는 새로운 삶의 일

부에 지나지 않다는 것을 말해 주십시오. 우리는 성령님의 사역을 통해 새 사람을
입어야 합니다.

어떻게 하면 자기 죄에 민감해질 수 있을까요?

어떻게 하면 새 사람을 입을 수 있습니까?

'행위'가 '존재'의 문제임을 보여 주기 위해 잠시 아버지와 아들의 방 청소 문제로 돌
아가십시오. 그러고 나서 갈라디아서 5장 22~26절을 읽으십시오. 성령의 열매를 앞
에서 언급된 "육체의 일"과 비교하십시오. 성령님이 이러한 성품을 우리 안에 만드
신다는 점을 강조해 주십시오. 우리는 수동적인 존재가 아니지만, 그렇다고 해서 주
동자도 아닙니다.

・・・・・・・・・・・・ **3**
**성령의 열매를
맺으십시오**
(갈 5:22~26)

그리스도 안에서 자기 정체성을 기억하면, 다른 사람을 섬기는 데 어떤 도움을 얻을 수 있을까
요?

성령 안에서의 삶이 하나님에 관한 새로운 관점을 우리에게 제공한다는 사실을 강
조하십시오. 그리스도인은 마지못해 억지로 복종하는 것이 아니라 순종하고 싶기에
순종하는 것입니다. 이렇듯 복음 중심의 삶이란, 우리 자신이 늘 복음으로 성장하는
'가스펠 프로젝트'를 의미한다는 사실을 말해 주십시오.

예수 그리스도는 온 우주의 왕이십니다. 그런데도 우리를 위해 자기 목숨을 내놓으시고자 이
땅에 오셨습니다. 이 사실은 우리의 이기적 경향에 어떤 영향을 줍니까?

결론

복음은 율법과 별개이지만 율법에 상반되지는 않는다는 점을 명시하면서 마무리하
십시오. 하나님은 우리가 거룩해지기를 바라시지만, 우리의 거룩함이 은혜로 충만
한 마음에서부터 흘러나오기를 바라신다는 점을 말해 주십시오. 이 세션에서 배운
진리를 '하나님의 계획, 우리의 사명'에서 적용해 보십시오.

9. 육체의 일을 일삼던 우리가 성령의 열매를 맺다

> "성령님께 온전히 의지해야 한다는 사실을 깨닫는 것이 중요합니다. 물론, 성화 과정에 행위가 전적으로 관련되어 있다는 사실을 잊어서는 안 됩니다. 그러나 자기 자신의 결단력이나 의지에 의존해서는 안 됩니다. 우리는 약할 때 강합니다. 은혜로 말미암아 구원을 얻었던 것처럼 우리는 지금도 은혜로 구원받고 있습니다. 자기 자신의 무력감에 민감하지 않으면, 성화의 수단을 자기 의와 자랑의 수단으로 사용함으로써 결국 성화의 목적을 무효화할 수 있습니다. 우리는 성화의 수단이 아니라 모든 은혜의 하나님께 의존해야 합니다. 자신만만한 도덕주의는 교만을 불러일으키고, 성화는 겸손과 참회를 가져옵니다."[1]
> -존 머레이

도입

오늘날 수많은 가정에서 흔히 볼 수 있는 장면이 있습니다. 토요일 오후에 아버지가 아들의 방을 지나치다가 방바닥에 옷과 책과 운동 기구 등 잡동사니가 널브러져 있는 것을 발견합니다. 그리고 거실에서 텔레비전을 보고 있는 아들을 보고 한숨짓습니다.

"애야, 방 좀 빨리 치워 주지 않을래? 저녁에 손님이 오시기로 했어."

아들이 대답합니다.

"알았어요, 아빠. 이것만 보고 치울게요."

"손님이 오시기 전에 끝낼 수 있게 지금 바로 치우면 좋겠는데…."

"금방 치울게요. 근데 먼저 이걸 보고 나서 할게요."

아버지는 슬슬 짜증이 나기 시작합니다.

"아들아, 이제 곧 저녁 식사 준비를 해야 하는데, 시작하기 전에 깨끗해진 네 방을 보고 싶다. 손님이 오시기 전에 다시 확인할 시간이 없을 거야. 그러니 제발 당장 가서 방 좀 치우기 바란다."

"알았어요."

아들이 한숨을 내쉬며 소파에서 일어나 자기 방으로 향합니다. 아버지는 아들이 지나갈 때 그의 일그러진 얼굴을 볼 수 있었습니다.

> **Leader**
>
> 이야기는 결국 아버지가 원하는 대로 끝났습니다. 아들이 자기 방을 치우러 갔으니 말입니다. 하지만 그 일이 어떻게 이루어졌는지도 중요합니다.

방을 청소하라는 간단한 요구로 시작된 대화가 아버지와 아들 모두에게 좌절감을 안겨 줍니다. 결국, 문제는 방 청소나 TV 시청이 아닙니다. 존중과 존경에 관한 문제입니다. 아버지는 단순히 방 청소를 원한 것이 아니라 아들이 스스로 치우기를 원한 것입니다. 아버지는 아들이 자신의 말에 기꺼이 따라주기를 바랐습니다. 일일이 설명할 필요 없이 말입니다.

Q 언제 다른 사람에게서 존중과 존경을 받는다고 느낍니까?

Q 행함에 있어 속마음이 중요합니까? 그렇거나 그렇지 않다면 그 이유는 무엇입니까?

Session Summary

누군가에게 어떤 일을 하도록 강권하거나 강요할 수 있습니다. 하지만 일의 의미와 성취감을 느끼게 하려면, 그 일을 자신이 원해서 하게 해야 합니다. 이것이 행동 수정과 마음의 변화 사이에서 볼 수 있는 차이의 핵심입니다. 즉 행동의 변화 이면에 자리한 동기의 변화를 가리킵니다. 바울이 갈라디아 교인들에게 보낸 편지에서 바로 그러한 대조를 볼 수 있습니다. 특히 성령의 열매를 다루는 5장에서 볼 수 있습니다. 바울은 복음에 비추어 은혜와 사역과 개인적인 변화에 관해 가르쳤습니다. 행함이 중요하기는 하지만 그 동기가 훨씬 중요합니다.

 심화 주석 바울은 육체와 사랑을 대비하고서(갈 5:13~14) 육체를 성령님 반대편에 놓습니다. 육체를 정복하는 유일한 길은 성령님께 순종하는 것입니다. "성령을 따라 행하다"라는 말은 방향성과 권한 부여를 의미합니다. 즉 성령님의 인도를 따라 결정하고 선택하며, 성령님이 공급하시는 영적 능력으로 행동하는 것을 의미합니다. 성경에서 '행하다'라는 말은 자주 한 사람의 삶 전체의 행동 양식을 뜻합니다. "육체의 소욕"은 단지 육체의 갈망뿐만 아니라 타락한 인간 본성의 일상적인 모든 욕구를 의미합니다(참조, 갈 5:19~21).[2]

_사이먼 J. 개더콜

1. 육체의 욕심이 아닌 성령님을 따르십시오(갈 5:16~18)

> Leader

1945년에 일본이 연합군에게 항복함으로써 제2차 세계 대전이 종식되었습니다. 그런데 오노다 히로라는 군인은 수십 년 동안 제복을 입은 채 은둔자처럼 살았습니다. 그는 부하들과 함께 필리핀 정글에 진을 치고 1974년까지 지역 주민들을 대상으로 전쟁을 계속했습니다. 부하들이 점점 줄어 갔지만, 그는 마침내 일본군 사령관이 찾아와 싸움을 멈추고 복무를 종료할 것을 명령할 때까지 계속 전투태세로 있었습니다. 오노다는 이미 끝난 전쟁을 치르느라 30년을 보낸 것입니다.

오노다가 한 일이 무엇입니까? 그는 죽지 말고 계속 싸우라는 마지막 명령에 복종하며 살았습니다. 그는 현실을 직면하지 못했습니다. 오히려 옛 현실을 따라 움직였습니다. 그래서 이미 결판난 전쟁을 계속했던 것입니다.

회개하지 않고 죄를 범하며 율법을 따라 자신이나 다른 사람을 대한다면, 우리는 옛 현실을 따라 사는 셈입니다. 실제로는 이미 예전에 전복되었고 취소되었으며 십자가에 못 박혀 버린 현실인데 말입니다.

바울은 골로새서 3장 1~3절에서 이렇게 말합니다.

"그러므로 너희가 그리스도와 함께 다시 살리심을 받았으면 위의 것을 찾으라 거기는 그리스도께서 하나님 우편에 앉아 계시느니라 위의 것을 생각하고 땅의 것

심화 주석

"성령을 따라 행하다"는 말은 매일 성령님께 순종해야 한다는 뜻입니다. 직장에서든 운동장에서든 집에서든 모든 곳에서 말입니다. '행하다'로 번역되는 헬라어 '페리파테이테'는 넓은 의미에서 '누구를 따라다니다' 혹은 '특정한 방향으로 걸어가다'라는 뜻입니다. 아리스토텔레스의 제자들이 자기 스승을 따라다니곤 해서 그들을 소요학파(Peripatetic school)라고 불렀습니다. 그리스도인이 성령님을 따라 행하는 것이나 성령님의 인도하심을 받는 것은 곧 우리의 스승이신 주님을 따라다니는 것을 의미합니다. 우리는 성령님의 말씀에 귀를 기울이고, 그 뜻을 분별하며 인도하심을 따라야 합니다. 이것은 심오하거나 고상한 삶이 아니라 평범한 그리스도인의 삶입니다.[3]

_데이비드 플랫 & 토니 메리다

을 생각하지 말라 이는 너희가 죽었고 너희 생명이 그리스도와 함께 하나님 안에 감추어졌음이라"

이와 똑같은 개념을 갈라디아서 5장 16~18절에서는 다음과 같이 표현합니다.

16내가 이르노니 너희는 성령을 따라 행하라 그리하면 육체의 욕심을 이루지 아니하리라 17육체의 소욕은 성령을 거스르고 성령은 육체를 거스르나니 이 둘이 서로 대적함으로 너희가 원하는 것을 하지 못하게 하려 함이니라 18너희가 만일 성령의 인도하시는 바가 되면 율법 아래에 있지 아니하리라

본문은 앞에서부터 자연스럽게 흘러와 마무리되는 내용입니다. 바울은 갈라디아 교회가 자기 의의 문제로 벼랑 끝에 서게 된 것을 염려하며 이 편지를 썼습니다. 그들은 우리가 의롭게 되려면 복음에 행위(이 경우에는 할례)가 더해져야 한다고 주장하는 거짓 선생들의 먹잇감이 되었습니다. 사실, 은혜에서 떨어진다는 것은 바로 이런 상황을 두고 하는 말입니다(참조, 갈 5:4). 즉 엄청나게 음란한 죄를 지어야만 은혜에서 떨어지는 것이 아닙니다. 사람이 은혜에서 떨어지면 믿음으로 의롭게 된다고 생각하다가도 행위로 의롭게 된다는 생각으로 바뀔 수 있습니다. 그래서 바울이 "우리가 성령으로 거듭났으면 성령으로 행하여야 한다"라고 말하는 것입니다.

> **Leader** 회개하지 않는 죄를 범할 때, 즉 육체의 욕심을 이룰 때, 우리는 일본 군인처럼 옛 현실을 따라 사는 것입니다. 근본적으로 자신이 누구인지를 잊어버린 것입니다. 이에 관한 하나의 역사적인 예로 바울이 베드로의 위선을 비판했던 사건을 상기해 보십시오(갈 2:11~16). 바울은 베드로에게 그의 정체성을 상기시켰습니다. 그는 베드로에게 그리스도를 믿음으로써 하나님의 은혜로 받은 의를 상기시켰습니다. 바울은 베드로가 마치 거짓 현실에서 사는 것처럼 "복음의 진리를 따라 바르게 행하지 아니"했다고 말합니다.

바울은 "너희가 이같이 어리석으냐 성령으로 시작하였다가 이제는 육체로 마치겠느냐"(갈 3:3)라고 묻습니다. 그럴 수 없습니다. 갈라디아서 5장에 따르면, 우리는 성령으로 말미암아 거듭났으니 이제는 "성령을 따라 행해야"(16절) 합니다. 여기서 우리는 모든 것을 아우르는 온전한 은혜를 발견합니다. 마귀의 유혹과 육체의 욕심을 따르는 것은 우리의 참 자아를 부인하고 그리스도와 함께 십자가에 못 박힌 우리의 옛 자아를 다시 입는 것입니다(갈 2:19~20). 바울은 우리가 만일 율법을 따라 의롭게 되는 옛 현실 아래 살기로 선택한다면, 실패할 경우에 뒤따르는 형벌을 받아야 할 것이라고 경고합니다. 율법의 요구를 따라 구원을 받는다는 것은 율법의 결과에 종속된다는 것을 의미하기 때문입니다.

Q 십자가에 자신을 못 박는 것은 일상에서 어떤 모습으로 나타납니까?

그렇다면, 성령님을 따라 행한다는 것은 무슨 의미입니까? 여기서 "행하다"로 번역된 헬라어 단어에는 단순히 몸을 움직이는 것만이 아니라 어떤 방향으로 걷거나 누군가의 뒤를 따라간다는 뜻도 들어 있습니다. 따라서 성령님을 따라 행하는 것은 곧 그분을 따르거나 그분이 가리키는 방향으로 움직이는 것입니다. 즉 성령님을 따라 행할 때, 우리는 그분이 가시는 길을 따라가는 것입니다. 더 정확하게 말하면, 성령님이 지시하시는 대로 사는 것입니다.

어떤 그리스도인은 이 문제로 고심합니다. 성령님의 인도를 따르기 싫어서가 아니라 인도하심을 분별할 줄 모르기 때문입니다. 성령님을 따라 행하기 위해서는 잠잠한 가운데 그분의 음성에 귀를 기울일 시간이 필요합니다. 하나님은 우리가 그분을 알기 원하신다는 사실을 기억해야 합니다. 하나님은 우리가 순종하기를 원하시며 우리와 소통하기를 원하십니다. 시간을 들여 기도함으로써 하나님과 대화하며 귀 기울이는 것은 주님의 음성을 들을 수 있는 한 가지 방법입니다.

성령님을 따라 행하기 위해 우리 삶을 향한 주님의 뜻을 구해야 합니다. 주님께 귀 기울이는 것도 필요하지만, 주님의 뜻을 아는 또 다른 방법이 하나 있습니다. 우리가 종종 간과하는 것이기도 합니다. 바로 말씀입니다. 하나님의 말씀을 읽고 공부하고 묵상하는 데 시간을 많이 들이면 들일수록 우리를 향한 주님의 뜻을 더 잘 알게 됩니다.

마지막으로 성령님을 따라 행하려면, 그분의 인도하심을 좇아야 합니다. 다시 말해 성령님이 인도하시는 대로 행해야 합니다. 성령님을 따라 행할 때 우리 삶이 변화됩니다. 육체의 욕심과 성령님의 인도는 우리 삶을 각각 정반대 방향으로 이끌기 때문입니다. 성령님을 따라 행합시다. 그러면 성령님이 우리 안에 거하심으로써 그리스도를 영화롭게 하는 열매를 맺게 될 것입니다.

Q 바울은 왜 하나님께 영광을 돌리는 순종의 삶에 관해 말하면서 율법보다 성령님을 더 강조할까요?

> "우리는 서로 노엽게 하거나 투기해서는 안 됩니다. 교만한 자리에서 내려와 성령님과 함께 걷기 시작해야 합니다. 그리스도인의 삶은 하늘 높이 날아오르는 엄청나게 압도적인 경험을 하게 되는 열기구의 상승이 아닙니다. 오히려 일상적인 걷기와도 같습니다. 성령님을 의지해 한 발 한 발 앞으로 나아가는 문제인 것입니다."[4]
> _J. 버넌 맥기

심화 주석

바울이 언급한 죄는 네 가지 범주로 나눌 수 있습니다. 첫째, 성적 범죄입니다. "음행"은 온갖 종류의 불법적인 성적 관계를 가리킵니다. "더러운 것"은 생각과 말과 행동의 도덕적 불결을 말합니다. "호색"이란 이러한 악들을 공개적으로 뻔뻔하게 드러내는 것을 암시합니다. 둘째, 종교적 범죄입니다. "우상 숭배"는 이방 신과 우상을 경배하는 것과 관련 있습니다. "주술"은 흔히 최면 상태를 만드는 약을 써서 사악한 힘을 숭배하는 것을 말합니다. 셋째, 관계적 범죄입니다. "원수 맺는 것"은 주로 집단 간의 대립을 나타냅니다. "분쟁"은 원수 맺는 것의 자연스러운 결과이며, 의심할 여지없이 갈라디아 교회가 안고 있던 문제였습니다. "시기"는 종종 "분 냄"으로 표현되는 자기중심적인 죄를 가리킵니다. "당 짓는 것"은 다른 사람을 희생시켜서라도 앞서가려는 데서 나타납니다. "분열함"과 "이단"은 문젯거리나 유명인을 놓고 다툼으로써 마음을 상하게 하고 분열을 일으키는 것을 가리킵니다. 바울이 공동체를 파괴하는 이러한 행위들에 집중했다는 것은 그의 주요 관심사가 갈라디아 교회의 연합과 평화였음을 보여 줍니다. 넷째, 방종적 범죄입니다. "술 취함"은 개인이 독주를 과음하는 것을 말하는데, "방탕함"은 포도주의 신 바쿠스를 숭배하는 것과 같은 일에 연관된 술잔치를 의미합니다.[5]

_피니 필립

2. 육체의 일을 벗어 던지십시오 (갈 5:19~21)

> Leader

설교자들이 진짜로 나쁜 사람들만이 죄를 저지르는 것처럼 설교하는 것을 종종 듣습니다. 제 말씀은, 그들이 죄에 관해 말할 때마다 간음이나 술 취함과 같은 많은 사람이 큰 죄로 여기는 명백한 죄만 다룬다는 것입니다. 그들이 험담이나 폭식과 같은 죄를 강조하는 것은 드뭅니다. 그와 동시에 그리스도인들이 교회 안에서 벌어지는 "우리 안의 죄"보다 믿지 않는 사람들이 범하는 "저 밖의 죄"를 더 걱정하는 것을 자주 듣곤 합니다.

자기 죄보다 다른 사람의 죄를 진단하기는 확실히 쉽습니다. 다른 사람들에게서 발견되는 분명하고 두드러진 결함들을 강조하는 것이 우리 증언을 조금씩 깎아내리는 사소한 성격적인 문제를 다루는 것보다 쉬운 것도 사실입니다. 그러나 바울은 그러지 않았습니다. 그는 "육체의 일" 목록에서 큰 죄와 작은 죄, 문화적으로 용인되거나 용인되지 않는 죄를 나눌 여지를 남기지 않았습니다. 모든 죄는 그리스도의 목적에 어긋나며, 온통 성령님을 따라 행하는 것이 아니라 육체의 욕구를 탐닉할 뿐입니다. 바울은 다음과 같이 썼습니다.

19 육체의 일은 분명하니 곧 음행과 더러운 것과 호색과 20 우상 숭배와 주술과 원수 맺는 것과 분쟁과 시기와 분 냄과 당 짓는 것과 분열함과 이단과 21 투기와 술 취함과 방탕함과 또 그와 같은 것들이라 전에 너희에게 경계한 것같이 경계하노니 이런 일을 하는 자들은 하나님의 나라를 유업으로 받지 못할 것이요

얼마나 많은 사람이 여기에 해당하는지에 주목하십시오. 비교적 짧은 목록인데도 원수 맺는 것과 음행이 함께 열거된 것을 볼 수 있습니다. 분쟁과 술 취함이 함께 나열되었습니다. 교회 밖에서나 일어날 법한 일이 교회 안에서도 자주 일어나는 것을 봅니다. 죄란 방탕함이나 주술처럼 분명히 '명백한' 것도 있지만, 투기나 분열함처럼 기만적이면서도 교묘할 수 있다는 사실을 알게 됩니다. 이 고발장에서 자유로울 사람은 아무도 없습니다. 각 사람의 성적표가 여기서 더럽혀집니다. 게다가 바울의 목록이 전부인 것도 아닙니다.

우리는 각 사람과 적어도 얼마간 깊이 연관된 죄들의 다양성을 목격할 뿐만 아니라 모든 죄가 똑같이 심각하게 드러나는 것을 보게 됩니다. 시기는 음행 못지않게 심각하고, 분 냄도 우상 숭배 못지않게 심각합니다. 당 짓는 것은 주술과 똑같습니다. 바울은 어떤 죄는 다른 죄보다 더 심각하다거나 덜 심각하다는 생각을 깨뜨리는 데 집중했습니다.

죄의 결과는 각기 다르지만, 모든 죄에 대한 율법의 판단은 같습니다. 거룩하신 하나님 앞에서 정죄받는다는 사실입니다. 그리스도 안에 있는 사람들에게 이 각각의 죄는 하나님이 누구이신지와 하나님이 자기 백성을 위해 무슨 일을 행하셨는지에 관한 그릇된 인식을 보여 줍니다. 여기에 나열된 육체의 일들은 심각하니 버려야만 합니다.

> 우리가 주목해야 할 또 한 가지가 있습니다. 어떤 육체의 일은 외적으로 드러나는 속성 때문에 눈으로 볼 수 있습니다. 술 취함이나 분 냄 같은 것들이 그렇습니다. 하지만 어떤 것들은 내적인 속성이 있다는 사실을 주목하십시오. 우리 안에 있는 미움은 눈에 보이지 않습니다. 시기나 분쟁이나 투기도 그렇습니다. 그러나 이러한 마음 자세도 마찬가지로 버려야 합니다. 눈에 바로 보이지 않더라도 어떤 식으로든 표출되게 마련이기 때문입니다. 그리스도를 따르는 사람이라면 내적이든 외적이든 모든 육체의 일을 버려야 합니다.

Leader

성령님을 따라 행한다면, 이런 죄들을 범할 수 없습니다.

Q 자기 죄보다 다른 사람들의 죄가 눈에 잘 들어오는 이유는 무엇일까요?

가장 무서운 점은 바울이 이런 죄를 범하는 자들은 하나님 나라를 유업으로 받지 못할 것이라고 지적했다는 사실입니다. 왜 그럴까요? 하나님 나라는 육체를 따라 살던 것을 회개하고, 성령님을 따라 살기로 헌신한 사람들을 위한 곳이기 때문입니다.

이 말은 그리스도인들이 더 이상 죄를 짓지 않는다는 뜻일까요? 그렇게 보일 수도 있습니다. 그렇지 않습니까? 본문에서 바울이 질타한 죄 된 삶을 피할 길이 없습니다. 하나님께 불순종하는 것은 엄중하고도 무시무시한 일입니다. 그러나 "이런 일을 하는 자들"이란 바울의 말이 도움이 됩니다. 분명히 영광의 편에 선 그리스도인들은 여전히 죄와 씨름하고 있습니다. 이것이 바로 요점입니다. 싸우고 있다는 것 말입니다. 바울은 자신이 열거한 일들을 하는 자들을 언급할 때, 이런 죄를 저지르면서도 죄책감이 없는 자들이나(그들 삶에 성령님이 안 계시다는 뜻입니다) 회개하고자 하지 않는 자들을(성령님께 불순종한다는 뜻입니다) 가리킨 것이었습니다. 문맥상 "이런 일을 하는"이란 단순히 죄가 나타남을 가리키는 것이 아니라 죄 된 생활 방식에 헌신하는 것을 의미합니다.

> 바울은 이런 종류의 육체의 일로 특징지어지는 삶을 사는 사람들은 스스로 그리

심화 주석 육체는 한 사람이 그리스도인이 된 이후에도 지속되는 인간의 죄 된 본성으로 주로 이해됩니다. 어떤 주석가들은 이것을 회심한 후에도 죄 된 생각과 행동 양식을 계속 보이는, 곧 구원받지 않은 상태에 있는 인간을 의미하는 것으로 받아들입니다. 육체의 욕망이 우세할 때 "육체의 일"이 분명하게 드러납니다. … 일부는 추한 죄이긴 하지만, 상당수는 용인할 만한 행동으로 간주되곤 합니다. 바울의 요점은 이런 종류의 행동이 삶의 양식("이런 일을 하는 자")이 되면, "하나님의 나라를 유업으로 받지 못할 것"이 분명하다는 것입니다(갈 5:21; 참조, 고전 6:9~10). 그러므로 율법주의자는 "율법의 행위"(갈 2:16)로 의롭게 될 수 없고, 음란한 사람은 육체의 일로 인해 하나님 나라에서 배제됩니다.[6]

_A. 보이드 루터

"그리스도께서 나처럼 사악하고 나약한 자를 위해 죽으셨다면, 나는 더 이상 죄 가운데 살 수 없고, 나를 구속하신 분을 사랑하고 섬기기 위해 나 자신을 북돋아야 합니다. 나는 가장 친한 친구를 죽인 악을 대수롭지 않게 여길 수 없습니다. 나는 그분을 위해 거룩해야 합니다. 그분이 나를 죄에서 구원하려고 죽으셨는데, 내가 어찌 죄 가운데 살 수 있겠습니까?"[7]

_찰스 스펄전

The Gospel Project

> "교회는 하나님의 성품을 반영합니다."[8]
> _마크 데버

핵심교리 99

76. 성화

믿음으로 의롭다 하심을 받고, 그리스도의 의로 말미암아 하나님과 바른 관계에 놓이게 되었다는 선포를 받은 후에 우리는 평생 성화의 과정을 거치게 됩니다. 이는 성령님의 역사를 통해 계속해서 그리스도를 닮아 가는 과정입니다(갈 5:16~26; 살후 2:13). 성경은 성화를 (이미 성결하게 되었다는) 현재 상태로 말하기도 하고 계속되는 과정으로 말하기도 합니다. 성화는 한 사람의 심령과 정신과 성품이 그리스도를 닮아 가도록 변화시킴으로써 전 인격에 영향을 미칩니다.

스도인이라고 주장하든 말든 구속의 영광에 참여할 수 없는 사람들이라고 말하고 있습니다. 그들은 구원하시는 하나님의 영으로 변화되지 않았다는 증거를 수 없이 보여 줍니다. 그러니 그리스도와 함께 부활할 수 없고, 새 생명으로 살아갈 수도 없습니다.

행위는 존재에서 비롯됩니다. 행동의 문제는 결국 믿음의 문제인 것입니다. 어떤 사람이 될지 또는 무슨 일을 하는 사람이 될지에 따라 삶의 방식이 정해질 것입니다. 그러므로 그리스도와 함께 십자가에 못 박혔다는 것은 육체적인 정욕과 갈망을 벗어 버리고 성령님을 좇는 것을 의미합니다.

그러나 육체의 일을 벗어 버리는 것은 그리스도 안에서 누리는 새로운 삶의 일부에 지나지 않습니다. 옛 사람이 죽음으로써 이제는 내가 사는 것이 아니요 내 안에 그리스도께서 사시는 것임(갈 2:19~20)을 정말로 입증하려면 "새 사람"을 입어야 합니다(엡 4:24; 골 3:10). 새 사람에 관한 좋은 소식은 우리에게 약속하신 성령님이 새 사람이 나타나게끔 하실 것이라는 사실입니다.

Q 어떻게 하면 자기 죄에 민감해질 수 있을까요?

Q 어떻게 하면 새 사람을 입을 수 있습니까?

3. 성령의 열매를 맺으십시오(갈 5:22~26)

> 잠시 아버지와 아들의 이야기로 돌아갑시다. 아버지가 진정으로 아들에게 바란 것이 무엇일까요? 힘든 집안일을 하는 것이 아닙니다. 그는 아들이 아들답게 사는 모습을 정말로 보고 싶은 것입니다. 즉 아버지의 사랑을 받는 만큼 아버지를 사랑할 줄 아는 아들로서 말입니다. 아버지가 기뻐할 테니 방을 치우고자 하는 것은 아들이 아버지에게 사랑과 존경을 보여 줄 수 있는 한 가지 작은 방법입니다. 설사 TV 쇼를 못 보게 되더라도 말입니다. 그러므로 방을 치우고자 하는 것은 곧 아들이 아들로서 할 일인 것입니다.

행위는 존재에서 비롯됩니다. 우리는 매 순간 자신이 생각하는 대로 행동합니다. 자기 자신을 제대로 아는지 모르는지 상관없이 말입니다. 성경에도 기록된 이 개념에서 벗어날 길은 없습니다. 성경적으로 말하면, 우리가 그리스도 안에서 새로운 정체성을 받아들일 때 그리스도의 능력이 우리로 하여금 그 정체성을 따라 살 수 있게 해 주신다는 뜻입니다. 순종의

134

능력과 거룩함의 원천은 우리의 노력이 아닌, 예수 그리스도께서 이루신 일을 우리 삶에 적용하시는 성령님의 역사에 있습니다.

> **Leader**
>
> 자기의 기쁘신 뜻을 위해 우리에게 소원을 두고 행하게 하시는 분은 하나님이십니다(빌 2:13). 우리의 선한 일은 하나님이 예비하신 것입니다(엡 2:10). 우리를 회심하게 한 복음이 또한 우리로 성화에 이르게 합니다(롬 6:22; 고전 15:1~2; 딛 2:11~12). 우리 믿음의 주요 온전하게 하시는 이는 예수님이십니다(히 12:2). 우리 안에서 착한 일을 시작하시고 이루실 분은 오직 하나님 한 분뿐입니다(빌 1:6). 물론, 우리가 애쓰지 않는다는 말이 아닙니다. 우리는 "은혜가 수고의 반대말이 아니라 벌의 반대말이라는 점"을 상기해야 합니다.[9] 즉 하나님을 기쁘게 하려고 마음에서부터 순종할 때 쓰는 에너지가 하나님의 영으로부터 나온다는 것입니다(골 1:29).

바울은 의의 원천을 갈라디아서 5장 22~26절에서 다음과 같이 설명합니다.

[22] 오직 성령의 열매는 사랑과 희락과 화평과 오래 참음과 자비와 양선과 충성과 [23] 온유와 절제니 이 같은 것을 금지할 법이 없느니라 [24] 그리스도 예수의 사람들은 육체와 함께 그 정욕과 탐심을 십자가에 못 박았느니라 [25] 만일 우리가 성령으로 살면 또한 성령으로 행할지니 [26] 헛된 영광을 구하여 서로 노엽게 하거나 서로 투기하지 말지니라

> **Leader**
>
> 가장 먼저 주목할 점은 성령의 열매 목록과 이전의 "육체의 일" 목록(갈 5:19~21)이 어떻게 다른가 하는 것입니다. 육체의 일이란 곧 일입니다. 또는 사람들이 행하는 행위를 말합니다. 그런데 성령의 열매 목록은 대부분 우리가 자질이나 특징으로 부르는 것들로 구성되어 있습니다. 두 목록의 일반적인 비교에서 무엇인가를 끄집어낸다면 바로 이것일 것입니다. 악행의 해결책은 선행이 아니라 그리스도 안에 있음으로써 얻어지는 선함이라는 것 말입니다.
>
> 많은 사람이 음행이나 술 취함이나 포르노에 빠지지 않고 건전하게 살아가지만, 또 많은 사람이 사랑도 기쁨도 참을성도 친절함도 온화함도 없이 살아갑니다. 그래서 여기서 오늘날 그리스도인의 제자 훈련에 관한 수많은 접근법에 기본적인 문제가 있음을 발견합니다. 존재의 변화보다는 다르게 행동함에 근거를 둔 접근법이기 때문입니다.

바울은 이러한 자질들을 "성령의 열매"로 불렀는데, 성령님이 만드시는 것임을 보여 줍니다. 우리는 수동적인 존재가 아니지만, 그렇다고 해서

심화주석 "열매"는 단수입니다. 이는 성령님의 지배하에 있는 모든 기독교 공동체와 모든 신자에게서 발견되어야 하는 단일한 특징을 의미합니다. "사랑"이 제일 먼저 열거된 것은 사랑이 다른 은혜의 기초가 되기 때문입니다. "희락"은 그리스도 안에 거하는 자들에게 약속된 깊고도 변치 않는 내적 기쁨입니다. "화평" 또한 그리스도의 선물입니다. … "오래 참음"은 화가 치밀 때도 인내하는 것입니다. 심지어 부당한 대우를 받았더라도 보복할 마음을 품지 않는 것입니다. "자비"는 하나님이 우리를 향해 보여 주신 것과 같은 행동을 하는 선행입니다. "양선"은 영혼의 강직함과 다른 사람에게 손을 내밀어 선을 베푸는 것과 관련 있습니다. … "충성"은 한 사람을 신실한 종처럼 믿음직스럽고 신뢰할 만한 인물로 만들어 줍니다. "온유"는 하나님의 말씀에 순종하고 훈육이 필요할 때 다른 사람을 배려하는 자의 특징입니다. "절제"는 주로 앞에서 언급된 죄 된 행동에 빠지도록 유혹받을 때 자제하는 것입니다.[10]

_피니 필립

> "우리 마음에 사랑을 일깨우는 분은 하나님의 영이시기에, 사랑을 자신의 것으로 주장할 수 없습니다. 다른 사람을 사랑할 수 있는 것은 훈련의 결과가 아닙니다. 그것은 기적입니다."[11]
> _스캇 맥나이트

심화주석 바울은 "열매들"이 아니라 "열매"라고 말합니다. 이는 이 모든 특징이 집합적으로 그리스도를 닮은 특징을 구성한다는 점을 가리킬 것입니다. 우리가 그리스도 안에 거할 때 성령님의 모든 "열매"가 맺힙니다. 이 말은 모든 특징이 우리 안에서 똑같이 강하게 나타난다는 말이 아니라 성령님이 우리를 모든 면에서 그리스도를 닮아 가도록 빚으신다는 뜻입니다. 게다가 성령의 열매는 근본적으로 그리스도의 성품입니다. 성령님이 우리 안에서 어떤 일을 하고 계십니까? 그분은 사랑과 언급된 모든 미덕을 완벽하게 구현하신 예수님의 형상으로 우리를 빚어 가고 계십니다.[12]
_데이비드 플랫 & 토니 메리다

주동자도 아닙니다. 우리가 죄를 회개하고 예수 그리스도를 신뢰하면(이것 또한 성령에 힘입어야 할 수 있는 것입니다만), 성령님이 우리 안에 역사하셔서 이 열매들을 맺게 하십니다.

성령님이 우리 안에 사랑과 희락과 화평과 오래 참음과 자비와 양선과 충성과 온유와 절제의 열매를 맺어 주실 때, 우리의 외적인 행동도 변화되는 것을 보게 됩니다. 사랑의 사람이 사랑을 실천합니다. 희락으로 가득한 사람이 다른 사람들 앞에서도 기쁘게 행동합니다. '존재'가 '행동'으로 이어집니다. 우리 내면이 하나님을 점점 닮아 갈 때, 외적으로도 주님과 닮은 삶을 살게 됩니다.

Q 그리스도 안에서 자기 정체성을 기억하면, 다른 사람을 섬기는 데 어떤 도움을 얻을 수 있을까요?

이제 우리는 율법과 하나님의 명령이나 기대하심을 완전히 새로운 시각으로 보게 되었습니다. 우리는 율법의 정죄로부터 해방되어 율법에서 자유하게 되었습니다. 하나님은 우리를 거룩하게 하기로 작정하셨습니다. 그러므로 "내가 거룩하니 너희도 거룩할지어다"(벧전 1:16)라는 말씀은 명령일 뿐 아니라 약속이기도 합니다. 우리는 거룩해지도록 부름받았고, 거룩하신 성령님을 받았습니다.

이것만으로도 복된 소식입니다. 그리스도인이라면 마지못해서가 아니라 순종하길 원하기에 순종합니다. 우리 안에 거하시는 하나님의 영이 보증하는 바입니다. 우리는 좋은 열매를 맺을 것입니다. 이것으로 죄를 없애지는 못하지만, 자기 죄를 더욱 의식하고 인정하도록 하며 영적으로 확실히 성장하게 합니다.

복음 중심의 삶이란 우리 자신이 늘 복음으로 성장하고 지어져 가는 '가스펠 프로젝트'라는 사실을 의미합니다. 또한 우리 안의 변화는 자기 자신의 노력이 아니라 우리 안에 역사하시는 그리스도의 영을 통해 일어난다는 사실을 인정한다는 뜻입니다. 영광은 우리가 받는 것이 아니라 주님이 받으시는 것입니다.

Q 예수 그리스도는 온 우주의 왕이십니다. 그런데도 우리를 위해 자기 목숨을 내놓으시고자 이 땅에 오셨습니다. 이 사실은 우리의 이기적 경향에 어떤 영향을 줍니까?

결론

Leader

바울은 갈라디아에 보내는 짧은 편지에서 유대주의자들에게 빌미를 준 교회를 책망하는 데 많은 지면을 할애했습니다. 유대주의자들은 복음에 율법이라는 짐을 지우려 했습니다. 일례로, 거짓 선생들은 할례가 구원에 필수적이라고 우기면서 기본적으로 "그렇죠. 은혜입니다. 그러나 …"라고 말하곤 했는데, 은혜에 "그러나"를 붙일 때마다 은혜에 먹칠하는 셈입니다(참조, 롬 11:6).

바울은 갈라디아 교인들이 상당히 교묘한 형태의 율법주의에 빠짐으로써 은혜에서 떨어져 나간 것에 관해 마음 아파했습니다(참조, 갈 5:4). 바울은 책망하는 과정에서 성경의 언약들을 다룸으로써, 그가 이 복음을 만들어 낸 것이 아니라는 사실을 보여 주었습니다. 그 후에 복음이 율법과 구별되기는 하지만 상반되지는 않는다는 점을 가르치고자 했습니다. 그는 하나님이 거룩함을 향한 우리의 순종에 무관심하지 않으시다는 사실을 우리가 모두 깨닫기를 원했습니다. 그는 은혜로 충만한 마음에서 멀어져 행위로만 복종하는 것은 쓸모없고 무의미하다는 것을 우리가 알기를 원했습니다.

> "성령의 열매가 특히 필요한 때는 바로 고난과 환난 중에 있을 때입니다. 그럴 때면 하나님은 우리로 하여금 다른 사람을 어루만지게 특별히 역사하십니다. 우리가 삶에서 성령의 열매를 맺을 때, 다른 사람이 우리 안에서 '하나님의 가족으로서 그리스도와 닮은 점'(참조, 롬 8:29)을 발견하게 되고, 그는 구세주께 이끌리게 됩니다."[13]
> _빌리 그레이엄

그리스도와의 연결
바울은 육체의 일과 성령의 열매를 비교함으로써 예수 그리스도께 속한다는 것이 무엇인지를 갈라디아 교회에 보여 주었습니다. 그리스도와 함께 십자가에 못 박히는 것은 육체의 정욕과 탐심을 버리고 성령님을 따르는 것을 의미합니다.

하나님의 계획 우리의 사명

선교적 적용　하나님은 우리에게 세상과 구별되는 그리스도인의 성품을 기르기 위해 겸손히 성령님을 따르라고 명하십니다.

1. 성령님을 따라 행하며 육체의 욕심을 채우지 않기 위해 어떻게 해야 할까요?

2. 육체의 일들 가운데 회개해야 할 것과 구해야 할 하나님의 능력이 있다면 그것은 무엇인가요?

3. 성령의 열매가 복음을 나누는 기회를 어떻게 만들어 낼 수 있을까요?

금주의 성경 읽기
행 17:1~18:18;
살전 1~5장

Summary and Goal

하나님은 악한 세력과의 전쟁에서 우리가 견고하게 서도록 준비시키십니다. 하나님은 우리의 연약함을 그분의 능력으로 바꿔 주셨습니다. 또 사탄의 어떤 저항에도 우리가 복음을 전할 수 있도록 능력의 영적 전신 갑주를 우리에게 주셨습니다. 대적 사탄과 그의 책략과 부하들과의 싸움은 그리스도께서 쟁취하신 승리를 축하하며 나아가는 교회의 최후 승리 행진입니다.

연약했던 우리가 강인해지다

- **성경 본문**
  에베소서 6:10~20

- **세션 포인트**
  1. 대적에 맞서도록 능력을 주십니다(엡 6:10~12)
  2. 영적 전쟁에서 견고히 맞서도록 능력을 주십니다(엡 6:13~17)
  3. 기도로 승리하도록 능력을 주십니다(엡 6:18~20)

- **신학적 주제**
  하나님은 우리가 대적에 맞설 수 있도록 강한 능력을 주십니다.

- **그리스도와의 연결**
  사도 바울은 그리스도인들에게 이 세상의 통치자들과 권세들과 영적 전쟁을 치를 준비를 하라고 권면했습니다. 예수님이 죽으시고 부활하심으로써 악을 이기셨으므로 우리도 주님의 발자취를 따릅니다. 따라서 우리는 승리를 위해 싸우는 것이 아니라 승리한 위치에서 싸우는 것입니다.

- **선교적 적용**
  하나님은 우리에게 영적 갈등이 난무한 세상 속에서 평안의 복음을 전할 준비를 할 수 있도록 전신 갑주를 입으라고 명하십니다.

Session Plan

도입

다윗과 골리앗 이야기를 되새겨 주십시오(자원자에게 이 이야기를 요약하게 하는 것도 좋습니다). 자기 자신을 겁에 질린 이스라엘 백성과 동일시해야 할 근거를 제시해 주십시오.

성경을 읽을 때, 이야기의 주인공하고만 자신을 동일시하는 데서 오는 위험성은 무엇입니까?

십자가와 부활을 통해 사탄과 죄와 죽음과 지옥을 이기신 그리스도의 이야기와 다윗과 골리앗 이야기가 어떻게 연결되는지를 보여 주십시오. 그리고 나서 영적 전쟁을 위해 하나님이 우리에게 능력을 주신다는 사실을 다루는 이 세션의 내용을 요약해 주십시오.

전개

1
대적에 맞서도록 능력을 주십니다
(엡 6:10~12)

우리의 대적인 사탄의 노련함을 밝혀 주십시오. 그리고 나서 에베소서 6장 10~12절을 읽으십시오. 사탄은 마귀이며 그가 영적인 영역에서 우리를 공격한다는 점을 강조해 주십시오.

우리가 다른 사람과 다투도록 유혹받는 이유는 무엇입니까?

영적 전쟁을 치르기 위해서는 하나님의 전신 갑주가 필요하다는 사실을 짚어 주십시오. 영적 전쟁을 위해 하나님이 우리를 어떻게 준비시키시는지를 보여 주려고 바울이 다음 본문에서 로마 군인의 이미지를 사용했다고 언급해 주십시오.

전신 갑주를 벗어 버리고 싶은 유혹을 받을 때가 있었나요? 언제 무슨 이유로 그랬나요?

주님으로부터 대적의 계략을 와해하는 능력을 받으려면 어떻게 해야 할까요?

2
영적 전쟁에서 견고히 맞서도록 능력을 주십니다
(엡 6:13~17)

삶의 모든 영역을 거대한 영적 전쟁터로 여겨야 함을 강조하고, 그리고 나서 에베소서 6장 13~17절을 읽으십시오.

우리를 마귀로부터 보호하는 방패가 행위가 아닌 믿음인 이유는 무엇입니까?

구원은 어떻게 해서 우리 삶을 보호하는 투구가 됩니까?

전신 갑주의 각 부분이 어떻게 하나님의 사역과 대응되는지를 설명해 주십시오. 예수님이 사탄의 공격을 받으셨을 때 성경을 어떻게 사용하셨는지도 강조해 주십시오.

몇 분 동안 조원들로 하여금 전신 갑주를 그려 보게 합니다. 매일 전신 갑주를 입을
수 있도록 상기시킬 방법들을 생각해 보게 하십시오.

잠시 시간을 내어, 바울이 묘사한 하나님의 전신 갑주를 자신이 이해한 대로 그려 보십시오.
직면한 영적 전쟁을 위해 이 전신 갑주를 매일 입을 수 있도록 스스로 기억할 만한 몇 가지 방
법을 말해 보십시오.

기도에 관해 어떻게 생각해야 하는지 분명하게 말해 주십시오. 그러고 나서 에베
소서 6장 18~20절을 읽게 하십시오. 기도는 마술이 아니라 무력함의 표현임을 설
명해 주십시오. 기도는 성령님께 명령하는 것이 아니라 우리 자신이 '순종'의 자세
를 취하는 것임을 강조해 주십시오.

3
기도로 승리하도록
능력을 주십니다
(엡 6:18~20)

"깨어 기도하라"라는 말의 의미는 무엇입니까?

기도가 무력함의 표현임을 안다면, 자기 자신이나 다른 사람을 위해 어떻게 기도해야 할까요?

하나님은 복음을 전하는 데 있어서도 승리를 거두기 원하신다는 사실을 강조해 주
십시오. 영적인 전신 갑주는 다른 사람으로부터 복음을 지켜 내는 것이 아니라 자신
을 보호해 복음을 전할 수 있도록 하는 것임을 덧붙여 주십시오.

바울은 "담대히"라는 말을 두 번이나 합니다. 그가 특별히 담대함을 위해 기도하라고 한 이유
는 무엇입니까?

복음을 위한 담대함을 다른 노력이 아닌 기도로 이끌어내야 하는 이유는 무엇입니까?

결론

그리스도인은 끊임없이 싸워야 하는 전쟁에 참전하고 있습니다. 하지만 사실상 그리
스도께서 이미 결정적인 승리를 거두셨다는 사실을 상기시켜 주십시오. 이 세션에
서 배운 진리를 '하나님의 계획, 우리의 사명'에서 적용해 보십시오.

Session Content

10. 연약했던 우리가 강인해지다

"비록 실패하게 되더라도,
부패와의 싸움을 절대로
포기하거나 조금이라도 늦추지
않기로 결심했습니다."[1]

- 조나단 에드워즈

도입

그리스도인 대부분은 사무엘상 17장의 다윗과 골리앗 이야기에 친숙합니다. 이 역사적인 이야기를 곰곰이 생각하면서 목동 다윗의 입장에서 자신을 바라보는 경우가 많습니다.

> **Leader** 물론, 그의 용감한 행동과 투지에서 배울 점이 있습니다. 주님이 우리 편에 계실 때는 어떤 반대도 두려워할 필요가 없습니다. 이 이야기는 수십 년간 주일 학교에서 이런 식으로 가르쳐져 왔습니다.

그런데 이스라엘 백성의 입장에서 보면 어떨까요? 겁에 질린 채 공포에 떨고 있는 소극적이며 연약한 백성들 말입니다. 대적을 보니 그들을 이길 방법이 없음을 깨달을 뿐입니다.

Q 성경을 읽을 때, 이야기의 주인공하고만 자신을 동일시하는 데서 오는 위험성은 무엇입니까?

베들레헴 출신의 선한 목자이신 예수 그리스도께서 이 땅에 오셨습니다. 이분은 죽음과 지옥과 공중권세 잡은 자와 대결을 펼치셨고, 그것들을 모두 물리치셨습니다. 그 덕분에 우리는 골리앗이 죽은 후에 이스라엘 백성이 그랬던 것처럼 우리를 위해 대가가 지불된 승리를 만끽하게 되었습니다. 우리가 올린 승리도 아니고 스스로 획득할 수 있는 승리도 아니었습니다. 다윗이 골리앗을 넘어뜨리고 승리하자 온 백성이 의기양양하게 적의 진영을 공격해 모든 물건을 약탈했습니다.

이것은 그리스도인의 영적 전쟁에 관한 훌륭한 예화입니다. 우리는 승리를 '위해서'가 아니라 승리한 위치에서 싸우게 됩니다. 그리스도께서 이미 승리하셨기 때문입니다. 주님이 주권을 선포하고 존재의 모든 영역에서 통치권을 주장하며 이미 정복하셨습니다. 우리는 이제 주님의 승리에 힘입어 살아가게 됩니다.

Session Summary

하나님은 악한 세력과의 전쟁에서 우리가 견고하게 서도록 준비시키십니다. 하나님은 우리의 연약함을 그분의 능력으로 바꿔 주셨습니다. 또 사탄의 어떤 저항에도 우리가 복음을 전할 수 있도록 능력의 영적 전신 갑주를 우리에게 주셨습니다. 대적 사탄과 그의 책략과 부하들과의 싸움은 그리스도께서 쟁취하신 승리를 축하하며 나아가는 교회의 최후 승리 행진입니다.

1. 대적에 맞서도록 능력을 주십니다(엡 6:10~12)

사탄은 인류에 관해 자세히 알고 있는 전문가입니다. 수 세기에 걸쳐 인간을 연구해 왔으니 당연한 일입니다. 사실 사탄은 인간에 대해 수천 년간 연구해 왔습니다. 사탄은 우리의 약점과 맹점과 취약점을 다 압니다. 그는 우리가 가장 고군분투하는 죄가 무엇이며, 무엇이 우리를 종종 짜증나게 만들고, 우리에게 좌절감을 안겨 주며 혼란스럽게 하는지를 알고 있습니다. 또한 우리의 갈망과 마음에 품은 육체적 갈망을 잘 알고 있습니다. 그리고 매일같이 수년간 수집해 온 정보를 활용해 우리를 넘어뜨리려고 온갖 수단을 동원합니다. 그는 우리를 확실히 이기기 위해 매 순간 일하고 있습니다.

이런 식으로 생각해 본 적이 있습니까? 대적은 우리 자신보다 우리의 약점을 더 잘 인식하고 있습니다. 그리고 우리가 믿음을 소홀히 하고 하나님의 은혜를 잊어버리도록 만들기 위해 무슨 일이든 할 것입니다. 우리를 쓰러뜨리거나 우리를 통해 다른 사람을 실족하게 만들 수만 있다면 끝까지 최선을 다할 것입니다. 그가 이 모든 일을 하는 이유는 예수님을 미워하기 때문이며, 예수님의 영광이 세상에 드러나지 않기를 바라기 때문입니다.

바로 이런 이유로 바울이 영적 전쟁에 관해 강하게 말했던 것입니다. 태연하게 있을 문제가 아닙니다. 사도 베드로는 이렇게 경고합니다.

"근신하라 깨어라 너희 대적 마귀가 우는 사자같이 두루 다니며 삼

**심화
주석** 바울은 이미 에베소서에서 "마귀"를 언급한 적이 있습니다(엡 4:27). 마귀로 번역되는 헬라어 '디아볼로스'는 '중상하는 자'라는 뜻입니다. 그는 대적하고 고발하는 자입니다. 히브리어 '사탄'은 '대적하는 자'를 의미합니다. 몇 가지 다른 명칭들을 살펴보십시오.

- "마귀"(마 4:1; 13:39; 25:41; 계 12:9; 20:2)
- 사탄은 "악의 영들"과 그 부하들의 머리입니다(엡 6:12; 참조, 욥 1:6; 눅 11:18)
- "뱀"(창 3:1,14; 고후 11:3; 계 12:9; 20:2)
- "바알세불"(마 10:25; 12:24, 27; 눅 11:15)
- "이 세상의 임금"(요 12:31; 14:30; 16:11)
- "이 세상의 신"(고후 4:4)
- "악한 자"(마 13:19; 요일 2:13)
- "용"(계 12:9)

사탄에 관한 다양한 명칭들은 그가 사악하고 강력하고 교활하다는 사실을 보여 줍니다.[2]

_토니 메리다

핵심교리
99

32. 천사

성경은 하나님이 인간과 동물뿐 아니라 다른 피조물들도 창조하셨다고 말합니다. 그중에는 '하나님의 아들들', '영들', '통치자들', '권세들', '거룩한 자들'로 불리는 천사도 있습니다. '천사'로 번역된 헬라어 단어는 원래 '메시지를 전달하는 사자'를 뜻합니다. 하나님의 말씀을 전하는 것이 그들의 존재 이유임을 알 수 있습니다. 성경 전반에 걸쳐서, 천사들은 여러 가지 역할을 수행합니다. 하나님께 영광을 돌리거나, 하나님의 계획과 목적에 따라 임무를 수행하며, 보이지 않는 세계가 실제로 있음을 인간에게 일깨워 주기도 합니다.

킬 자를 찾나니"(벧전 5:8).

바울은 에베소서 6장 10~12절에서 다음과 같이 준비하라고 말합니다.

¹⁰끝으로 너희가 주 안에서와 그 힘의 능력으로 강건하여지고 ¹¹마귀의 간계를 능히 대적하기 위하여 하나님의 전신 갑주를 입으라 ¹²우리의 씨름은 혈과 육을 상대하는 것이 아니요 통치자들과 권세들과 이 어둠의 세상 주관자들과 하늘에 있는 악의 영들을 상대함이라

첫째, 전쟁의 제1원칙은 적을 현실적으로 인식하는 것입니다.

> 누구와 싸우는지 모르거나 적군이 어디에 있는지 모르면 제대로 싸울 수 없습니다. 적군의 특징(무엇을 할 준비가 되었는지)과 그들의 위치(어디에서 공격할지)를 아는 것은 승리의 핵심 요소입니다. 여기서 바울은 우리에게 매우 중요한 두 가지 사항을 알려 줍니다.

대적은 마귀이지 인간이 아닙니다. 이것이 중요한 이유는 우리가 종종 믿지 않는 사람들을 대적으로 오인하기 때문입니다. 바울은 우리가 "혈과 육"을 상대로 싸우는 것이 아니라고 말합니다. 우리는 모두 죄인이기에 그리스도의 피로 의롭게 된 사람들입니다. 그래서 다른 죄인들과 싸울 수 없습니다. 십자가 아래에서는 온 땅이 균일합니다. 믿지 않는 사람은 성령님의 일에 관해 무지하긴 해도 이 전쟁에서 우리의 대적은 아닙니다.

둘째, 대적의 진지가 어디인지를 기억해야 합니다. 그들은 영적인 영역에서 우리를 공격합니다. 종종 그리스도인들은 마귀의 방법으로 그들의 계략에 맞서려고 시도합니다. 예를 들어, 율법주의적인 행위로 죄 문제를 해결할 수 있으리라고 가정하곤 합니다. 그러나 마귀는 모든 그리스도인이 더욱 종교적인 사람이 되어도 개의치 않습니다. 실제로 예수님을 사랑하지 않는 한 말입니다. 인간의 힘으로는 영적 전쟁을 치를 수 없습니다. 우리는 주님께 힘을 얻어야 하며, 그분의 어마어마하신 능력 아래에서 일해야 합니다. 우리 힘으로는 아무것도 할 수 없습니다.

Q 우리가 다른 사람과 다투도록 유혹받는 이유는 무엇입니까?

> 우리는 영적 전쟁을 치르고 있습니다. 그러므로 대적으로부터 자신을 보호하고 그들과 싸우기 위해 영적인 무기들이 필요합니다. 이것이 우리가 하나님의 전신 갑주를 계속해서 입고 있어야 하는 이유입니다. 갑주를 절대로 벗어서는 안 됩니

다. 잠들 때도 잠옷처럼 입고 있어야 합니다. 아침에도 일어나자마자 최대한 빨리 복음으로 나아감으로써 갑주를 가장 먼저 챙겨 입어야 합니다. 지금은 전시이기 때문입니다. 전쟁 중에는 갑주를 벗는 것이 아닙니다. 평화 시에만 벗을 수 있습니다. 대형 트럭이 시속 100km로 우리를 향해 달려오는데, 그때서야 안전벨트를 매지는 않습니다. 주차장을 떠나기 전에 매야 합니다. 이와 마찬가지로 대적이 나타날 때까지 기다렸다가 허겁지겁 갑주를 입기 시작해서는 안 됩니다. 공격이 언제 올지 모르지만, 공격이 있으리라는 사실은 분명히 압니다. 그러므로 잘 때도 군화를 신고, 손에는 검을 쥔 채로 자는 것이 상책입니다.

영적 전쟁에 참여하는 것인 만큼 우리에게는 자신을 보호하고 대적과 싸우기 위한 영적 무기들이 필요합니다. 또한 영적인 갑옷을 입어야 스스로를 보호하고 힘 있게 설 수 있습니다. 바울은 다음 단락에서 로마 군인의 모습을 이용해 이것을 가시화합니다. 당시 독자들에게 꽤 익숙한 모습이었을 것입니다. 로마 군인은 구석에 웅크리고 있으려고 방패와 투구와 검을 받은 것이 아닙니다. 그들은 전쟁에서 굳건히 싸우기 위해 갑옷을 입었습니다. 우리도 똑같은 이유로 영적 갑옷을 입습니다. 자기 자신을 보호하면서 하나님의 능력으로 설 수 있도록 말입니다. 대적은 강합니다. 그러나 우리 하나님은 더 강하십니다. 두려움 때문에 대적을 피해 숨을 필요가 없습니다. 우리는 대적에 맞설 수 있습니다. 하지만 전쟁에서 승리하기 위해서는 전신 갑주를 입어야 하고 하나님의 능력에 의지해야 한다는 사실을 잊어서는 안 됩니다.

Q 전신 갑주를 벗어 버리고 싶은 유혹을 받을 때가 있었나요? 언제 무슨 이유로 그랬나요?

Q 주님으로부터 대적의 계략을 와해하는 능력을 받으려면 어떻게 해야 할까요?

2. 영적 전쟁에서 견고히 맞서도록 능력을 주십니다(엡 6:13~17)

> Leader

우리는 삶 전체를 거대한 영적 전쟁터로 보는 데 익숙해져야 합니다. 예수님이 사탄의 시험을 받기 위해 광야로 이끌려 가셨던 일을 기억합니까? 예수님은 40일간 고독하게 금식하심으로써 굶주리고 피곤하셨습니다. 사탄의 첫 번째 유혹은 단순히 돌들로 떡덩이가 되게 해 주린 배를 채우라는 것이었습니다. 우리도 매일 이런 유혹을 받습니다. 물론, 우리는 먹을 것으로 유혹받지 않습니다. 그러나 하

핵심교리
99

33. 귀신

귀신은 천사였으나 하나님께 죄를 지음으로써 오늘날 세상에서 악한 일을 계속하는 존재입니다(욥 1:6; 슥 3:1; 눅 10:18). 성경은 귀신들의 우두머리인 사탄이 "도적질하고 죽이고 멸망시키고자" 한다고 말하는데, 귀신도 하나님을 대적하고 하나님의 일을 파괴하고자 합니다. 귀신에게도 능력이 있지만 그 능력은 하나님의 통제하에 있으므로 하나님이 허용하신 범위 안에서만 작용합니다. 종국적으로는 모든 귀신이 본래 그들을 위해 지어진 불 못에 던져질 것입니다.

심화토론

• 영적 전쟁에 참여하고 있다는 생각과 자세를 유지하기 어려운 이유가 무엇입니까?

• 일상생활에서 자신이 어떤 식으로 영적 전쟁에 참여하고 있다고 믿습니까? 어떤 면에서 그렇지 않습니까?

**심화
주석** "불화살"(엡 6:16)은 불붙인
화살로 나무 방패 및 다른
방어물들을 파괴하기 위해 고안되었
습니다. 그러나 "믿음의 방패"(16절)
는 마귀의 공격을 무력화할 수 있습니
다. "성령의 검 곧 하나님의 말씀"
(17절)에 의지하는 것보다 더 분명한
것은 없습니다. 검은 영적 무기 목록
에서 유일한 공격 도구입니다. 하나
님의 말씀은 성령의 강력한 능력에
힘입어 좌우에 날 선 검처럼 휘둘려
야 합니다.[3]

_S. M. 바우

*"신자가 가진 유일한 공격 무기는
하나님의 말씀입니다. 이 무기에는
대적에게 상처를 입히고 대적을
물리칠 충분한 능력이 있습니다."[4]*
_유수푸 투라키

나님 외의 다른 것이나 다른 사람에게서 궁극적인 만족을 찾도록 유혹받습니다. 사탄은 그러한 작은 식욕 문제에서 더 큰 문제로 옮겨 갑니다. 예수님께 세상 모든 나라를 보여 주면서, 예수님이 하나님 아버지에 대한 충성을 저버리기만 한다면 이 모든 것이 예수님의 것이 될 것이라고 약속한 것입니다. 이것도 우리가 일상적으로 받는 유혹과 비슷합니다. 우리는 깨어 있는 매 순간 자신의 영적 상속을 세상적인 보물과 맞바꾸려는 유혹에 노출되어 있습니다. 무엇이 이 끊임없는 유혹의 맹공격에서 우리를 보호해 줄 수 있을까요? 바울이 그 답을 알고 있습니다.

[13]그러므로 하나님의 전신 갑주를 취하라 이는 악한 날에 너희가 능히 대적하고 모든 일을 행한 후에 서기 위함이라 [14]그런즉 서서 진리로 너희 허리띠를 띠고 의의 호심경을 붙이고 [15]평안의 복음이 준비한 것으로 신을 신고 [16]모든 것 위에 믿음의 방패를 가지고 이로써 능히 악한 자의 모든 불화살을 소멸하고 [17]구원의 투구와 성령의 검 곧 하나님의 말씀을 가지라

Q 우리를 마귀로부터 보호하는 방패가 행위가 아닌 믿음인 이유는 무엇입니까?
Q 구원은 어떻게 해서 우리 삶을 보호하는 투구가 됩니까?

바울은 불경스러운 공격에 맞서 경건하게 방어할 수 있는 청사진을 우리에게 주었습니다. 앞으로 치르게 될 치열한 전쟁에서 머리부터 발끝까지 하나님의 전신 갑주를 입고 방어에 나서야 합니다. 열거된 갑주의 각 부분은 하나님이 행하시거나 제공하시는 일들에 해당한다는 것을 알 수 있습니다. 하나님이 주시니 우리는 휘두를 따름입니다.

첫째, 띠는 하나님의 진리를 아는 지식입니다.

> 로마 군인은 소매가 없는 헐렁한 옷(튜닉)을 입었는데, 전쟁 중에 적군이 이 옷자락을 잡아 넘어뜨리지 못하도록 꽉 조여야 했습니다. 전쟁을 준비할 때, 띠로 옷을 단단히 조였습니다. 하나님의 진리가 우리를 위해 하는 역할이 바로 이것입니다. 하나님의 진리를 알고, 이 진리에 비추어 살아야 대적과의 전쟁을 준비할 수 있습니다.

둘째, 호심경은 그리스도의 의입니다.

> 대적이 마음을 공격해 올 때, 자기 의가 아닌 의 자체로 호심경 삼아 자신을 보호해야 합니다. 즉 우리에게 전가된 그리스도의 의로 날마다 살아가야 합니다.

셋째, 우리 발은 그리스도께서 십자가 위에서 이루신 일과 무덤에서 부활하셨다는 복음으로 감싸져야 합니다.

> 오늘날 우리는 신발을 당연하게 여기거나 주로 패션 액세서리로 간주합니다. 그러나 로마 군인에게 튼튼한 샌들은 필수였습니다. 맨발이나 허름한 신발을 신고 돌과 가시밭길을 행군하고 나면 싸울 수가 없었습니다. 이와 마찬가지로, 우리가 세상에서 평안의 복음을 선포할 때 예수님의 복음이 견고하게 설 수 있도록 능력을 줍니다.

Leader

넷째, 방패는 하나님이 우리에게 주신 믿음을 나타냅니다. 우리는 믿음을 통해 하나님의 은혜를 받았고, 그 은혜 안에서 살아갑니다(엡 2:8).

> 로마 군인의 방패는 원거리 공격과 접전에서 몸의 대부분을 보호할 수 있을 정도로 컸습니다. 하나님에 대한 믿음도 같은 방식으로 우리를 보호해 줍니다. 이길 수 없을 것 같은 전쟁에서조차 믿음이 우리를 보호해 줍니다. 믿음은 마귀의 공격을 상쇄시키는 효과를 가지고 있습니다. 손에 들고 있기만 한다면 말입니다.

Leader

다섯째, 투구는 구원인데, 하나님이 우리에게 주신 선물입니다.

> 로마 군인의 투구는 적군이 검을 내리칠 때 보호할 수 있는 대단히 중요한 장비였습니다. 대적이 거짓말로 속삭이거나 외치거나 모략할 때, 진부한 기독교의 격언으로 투구를 삼아서는 안 됩니다. 투구는 견고하고 신뢰할 수 있는 것, 즉 구원과 같은 것으로 만들어져야 합니다. 우리의 마음이 복음의 위대한 구원으로 준비될 때, 그때 비로소 준비된 것입니다.

Leader

여섯째, 검은 성령님 자신입니다. 성령님은 자신이 영감을 불어넣은 성경을 통해 일하십니다.

> 이 마지막 무기가 특히 중요합니다. 하나님의 말씀이라는 강력한 검이 없다면, 우리는 비난과 정죄를 막아 내지 못할 뿐만 아니라 비난과 정죄가 풍기는 악취를 몰아낼 수도 없습니다. 예수님도 이 사실을 잘 알고 계셨습니다. 광야에서 사탄의 유혹을 받을 때 어떻게 하셨는지를 보면 분명히 알 수 있습니다(참조, 마 4:1~11).

Leader

예수님은 사탄의 유혹을 받으셨을 때 사탄의 모든 공격을 성경 구절로 대응하셨습니다. 구체적으로는 신명기 말씀을 사용하셨습니다(참조, 마 4:1~11). 모든 하나님의 말씀은 활력이 있고, 좌우에 날 선 어떤 검보다도 예리합니다(참조, 히 4:12). 하나님의 말씀은 영적인 자양분으로 우리의 생명을 유지해 줄 뿐만 아니라 악랄한 고발자의 거짓말을 깨부숩니다.

Q 잠시 시간을 내어, 바울이 묘사한 하나님의 전신 갑주를 자신이 이해한 대로 그려 보십시오. 직면한 영적 전쟁을 위해 이 전신 갑주를 매일 입을 수 있도록 스스로 기억할 만한 몇 가지 방법을 말해 보십시오.

"사악한 세상과 사악한 마음이 이제 사탄과 연합했습니다. 각각이 제 마음을 괴롭히는 데 엄청난 성공을 거두고 있습니다. 삼중 병력과 충돌하니, 주님, 얼마나 곤고한지요! 주님의 약속이 저를 위로해 주지 않았더라면, 제 영혼은 혼절해 죽어 버렸을 것입니다. 비록 대적이 강력하긴 하지만 저를 구원하신 주님의 능력으로 싸우면, 저는 결국 모든 대적자 위에 승자가 될 것입니다."[5]
_존 뉴턴

 심화 주석 바울의 전신 갑주 이미지의 첫 번째 자료는 구약에 있을 가능성이 높습니다. 이사야는 "공의"를 세상을 심판하실 메시아의 허리에 두른 띠라고 말했습니다(사 11:1~5). 또한 복음 메시지를 설교함으로써 평안의 좋은 소식을 전하는 자들의 "발"에 관해 언급합니다(사 52:7). 이사야의 묘사는 바울의 전신 갑주의 신발과 뚜렷한 유사점이 있습니다. 그러나 이사야는 신발을 군인의 군화와 직접 연결시키지는 않았습니다. 이사야서 59장 17절에서 선지자는 주님이 자기 백성을 심판하려고 준비하면서 입으셨던 공의를 갑옷으로, 구원을 투구로 언급합니다. … 이사야가 갑주의 일부를 언급하기는 했지만, 바울은 그리스도인이 입어야 할 전신 갑주를 한데 모았습니다. 그는 구약에서 이사야가 시작했던 형상화를 완성했습니다.[6]
_그레고리 T. 파운시
Biblical Illustrator

심화주석 신자는 하나님 안에서 전적으로 보호받고, 하나님께 전적으로 의존하며 하나님의 전신 갑주인 복음의 강력한 공급을 필요로 합니다. 흔히 "영적 전쟁"으로 불리는 것은 우리가 믿는 바를 변증하고, 복음 메시지를 선포하는 복음 전도의 수행을 의미합니다. 그것은 또한 복음 전달자가 바울처럼 옥에 갇혔을지라도(엡 6:20), 모든 곳에 복음이 전파되도록 기도하는 것을 포함합니다.[7]

_이디케리아 니난

그리기	방법

3. 기도로 승리하도록 능력을 주십니다(엡 6:18~20)

바울은 기도로써 싸움에 철저히 임하라는 호소를 하면서 전신 갑주에 관한 검토를 마무리합니다.

> Leader

우리는 기도를 할 때 매우 신중해야 합니다. 이 일과 관련해서 허구적인 상상과 감화를 주는 진부한 문구들 때문에 수많은 그릇된 신학이 교회의 사고 안에 유입되었습니다. 사람들이 기도에 관해 말하는 방식을 보면, 성경적인 가르침보다 뉴에이지 영성에 더 많은 영향을 받고 있음을 알 수 있습니다. 사도 야고보는 "의인의 간구는 역사하는 힘이 큼이니라"(약 5:16)라고 말합니다. 여기서 "역사하는 힘"이 기도를 구체화한다는 점을 주의 깊게 관찰해야 합니다. 이 구절은 다음과 같이 문자적으로 표현할 수 있습니다. "역사하는 기도 또는 효과적인 기도는 매우 강력하다." 이것은 우리에게 두 가지 사실을 알려 줍니다.

첫째, 어떤 기도는 역사하지 않는다는 것입니다. 여기서 야고보는 아마도 우리가 간구하는 모든 것을 받지 못한다는 사실을 염두에 두었을 것입니다. 우리는 하나님께 어떤 소원을 들어주시거나 어떤 상처를 치유해 주시기를 기도할 수 있습니다. 그런데 하나님은 때로는 "아니"라고 답해 주십니다.

둘째, 효과적인 기도에 엄청난 능력이 있음을 발견합니다. 이 능력은 어디에서 왔을까요? 바울이 다음과 같이 말해 줍니다.

[18]모든 기도와 간구를 하되 항상 성령 안에서 기도하고 이를 위하여 깨어 구하기를 항상 힘쓰며 여러 성도를 위하여 구하라 [19]또 나를 위하여 구할 것은 내게 말씀을 주사 나로 입을 열어 복음의 비밀을 담대히 알리게 하옵소서 할 것이니

"기도는 영적 전쟁의 핵심입니다." [8]
_클린턴 E. 아놀드

[20]이 일을 위하여 내가 쇠사슬에 매인 사신이 된 것은 나로 이 일에 당연히 할 말을 담대히 하게 하려 하심이라

> Leader

능력은 우리에게서 나오지 않고 하나님으로부터 나옵니다. 성령님은 우리의 기도에 영감을 불어넣으시고 우리에게 힘을 주시며, 우리의 기도를 받으시고 일하십니다. 그래서 우리는 자기 자신의 연약함을 인식하는 연습을 하면서 성령님의 임재를 인식하는 법을 연습합니다.

기도하지 않는 것은 본질적으로 하나님을 망각하는 것입니다. 우리는 너무나도 자주 '나 혼자 할 수 있어'라고 생각하기 때문에 자주 기도하지 않습니다. 그러나 효과적인 기도가 가진 능력은 어떤 것이나 누군가가 아닌 성령님이십니다. 그분은 우리 기도를 들으실 뿐만 아니라 기도를 이끄시고 기도에 응답하시며, 심지어 기도할 수 있도록 영감을 주십니다.

한 걸음 더 나아가 봅시다. 기도는 마술이 아닙니다. 물론, 우리 안에는 어떤 능력도 없습니다. 기도는 무력함의 표현입니다. 또한 기도는 하나님을 어떤 식으로든 움직이거나 불러일으키고 작동시키는 비법도 아닙니다. 저는 좋은 의도를 가진 설교자들이 "하나님이 당신의 인생을 통제하시도록 허용해야 합니다"라거나 "하나님을 하나님 되게 하십시오"와 같이 "하나님이 하시도록"이라는 표현을 쓸 때마다 움찔합니다.

명확하게 말하면, 하나님은 무엇을 하실 때 우리 '허락'을 필요로 하지 않으십니다. 하나님은 우리의 제지나 통제를 받지 않으십니다. 하나님은 쇼핑몰에서 미아 방지 끈에 묶인 채로 돌아다닐 자유를 얻기 위해 몸부림치는 어린아이 같은 분이 아니십니다. 어떤 일을 "하나님이 하시도록" 할 능력이 우리에게 있다고 생각한다면, 우리는 우리가 입은 전신 갑주가 누구의 것인지 잊어버린 것입니다. 전신 갑주는 하나님의 것입니다. 우리의 것이 아닙니다.

기도할 때, 성령님이 마치 우주의 집사인 양 그분을 소환하거나 명령을 내려서는 안 됩니다. 기도할 때, 우리는 통제하는 자리가 아닌 순종의 자리에 있어야 합니다. 기도를 통해, 우리의 친구이자 구원자가 되기를 원하시는 하나님께 우리 마음과 정신과 영혼을 드러내야 합니다. 드러내면 낼수록 주님의 능력을 더 많이 경험하게 될 것입니다. 심지어 가장 낮아지고 가장 연약해진 순간에도 말입니다. 기도란 본질적으로 연약함이기 때문입니다.

기도는 마술이 아닙니다. 무력함의 표현입니다. 기도는 우리 자신의 연약함과 능력 부족을 말로써 인정하는 행위입니다. 우리가 연약할 때, 하

"하나님은 우리가 시험받는 것을 기뻐하시지만 시험은 싫어하십니다. 하나님은 시험이 우리를 기도로 몰아갈 때 기뻐하시고, 절망으로 몰아갈 때 싫어하십니다."[9]
_마르틴 루터

나님의 능력이 온전해집니다(고후 12:9).

> **Leader** 이 때문에 예수님이 제자들에게 가르쳐 주신 기도의 모범에는 나라가 우리 것이 아닌 하나님의 것임을 인정하는 고백이 나타납니다(참조, 마 6:9~13). 하나님이 승리하지 않으시면 우리도 승리할 수 없습니다. 그러나 하나님이 승리하실 것이기 때문에, 우리가 그분과 함께 승리할 수 있는 유일한 길은 믿음으로 기도하는 것뿐입니다.

Q "깨어 기도하라"라는 말의 의미는 무엇입니까?

Q 기도가 무력함의 표현임을 안다면, 자기 자신이나 다른 사람을 위해 어떻게 기도해야 할까요?

우리는 하나님이 이기게 하시는 방식을 놓칠 수 없습니다. 복음을 전할 때 바울이 소원했던 방식대로 승리를 거두어야 합니다. 전신 갑주가 우리를 보호해 준다는 이야기와 함께 우리의 사명은 복음을 지켜 내는 것뿐 아니라 전하는 것임을 잊어서는 안 됩니다. 우리의 기도는 이러한 사실에 중점을 두어야 합니다. 우리는 대적의 공격에 견고히 맞서기 위해 기도해야 합니다. 하나님의 전신 갑주가 대적의 모든 공격을 물리칠 때, 우리는 주변 사람에게 복음을 전할 기회를 얻습니다.

그리스도 없이 우리는 아무것도 이룰 수 없습니다. 우리는 그리스도 안에서 넉넉히 이기는 자들입니다. 그리스도 안에 있다는 것은 그리스도로부터 영적 공격을 견딜 수 있는 힘을 얻을 수 있다는 뜻이며, 기도로써 주님의 강력한 임재 앞에 직접 나아갈 수 있다는 뜻입니다. 복음으로 인해 한때 연약했던 우리가 이제 영원히 강해졌습니다.

Q 바울은 "담대히"라는 말을 두 번이나 합니다. 그가 특별히 담대함을 위해 기도하라고 한 이유는 무엇입니까?

Q 복음을 위한 담대함을 다른 노력이 아닌 기도로 이끌어내야 하는 이유는 무엇입니까?

결론

Leader

사데 교회에 보내는 편지(계 3:1~6)에서 예수님은 교회에 "너는 일깨어 그 남은 바 죽게 된 것을 굳건하게 하라"(계 3:2)라고 명하십니다. 그렇게 하지 않으면 알지 못하는 때에 그들 위에 심판이 도둑같이 이르게 할 것이라고 말씀하십니다. 이 경고는 분명히 사데의 역사를 알고 있던 거주민들의 마음속에 깊이 울려 퍼졌을 것입니다. 사데 땅 대부분은 넓은 평지의 한가운데 있었습니다. 도시의 요새가 500m 높이에 있었는데, 진입하기 쉬운 분명한 길이 없었습니다. 그래서 거의 난공불락의 요새였습니다. 그런 사데가 포위되어 함락당한 적이 두 번 있었습니다. 두 번 모두 수비군의 부주의로 함락되었는데, 경계를 늦춘 대가를 톡톡히 치른 것입니다.

어쩌면 오늘날 많은 사람이 마치 사데의 요새 안에 있는 듯이 살고 있는지도 모릅니다. 사방에서 영적 전쟁이 벌어지고 있는데도 말입니다. 세상 주관자와 권세들에 굳세게 맞서라는 경고에 우리도 주의를 기울일 필요가 있습니다.

우리는 전쟁터 한복판에 있습니다. 그러므로 하나님이 주신 전신 갑주를 입고 항상 싸울 준비가 되어 있어야 합니다. 복음(좋은 소식)은 전쟁의 결과가 우리에게 달려 있지 않다는 것입니다. 그리스도께서 이미 승리를 거두셨기에 우리는 승리를 위해 싸우는 것이 아닙니다. 승리한 위치에서 싸우는 것입니다. 하나님이 영적 갈등이 난무한 세상 속으로 평안의 복음을 전하실 때, 우리는 주님의 사역에 동참하기 위해 하나님의 전신 갑주를 입어야 합니다.

그리스도와의 연결

사도 바울은 그리스도인들에게 이 세상의 통치자들과 권세들과 영적 전쟁을 치를 준비를 하라고 권면했습니다. 예수님이 죽으시고 부활하심으로써 악을 이기셨으므로 우리도 주님의 발자취를 따릅니다. 따라서 우리는 승리를 위해 싸우는 것이 아니라 승리한 위치에서 싸우는 것입니다.

하나님의 계획 우리의 사명

선교적 적용 하나님은 우리에게 영적 갈등이 난무한 세상 속에서 평안의 복음을 전할 준비를 할 수 있도록 전신 갑주를 입으라고 명하십니다.

1. 예수님을 모르는 세상 사람들을 어떤 관점으로 바라봐야 할까요? 그러한 관점이 그들에 대한 우리 반응에 어떤 영향을 주게 될까요?

2. 예수 그리스도를 따르는 사람으로서 매일 직면하는 영적 전쟁을 대비하기 위해 어떤 조치를 취하겠습니까?

3. 세상에서 복음 메시지를 담대히 전할 수 있도록 성령 안에서 드리는 기도문을 써 보십시오.

금주의 성경 읽기
**살후 1~3장;
행 18:19~19:41**

Summary and Goal

하나님의 은혜는 우리 내면 깊숙이 역사해 다른 사람들에게 유익을 끼치게 합니다. 은혜를 쌓아 두기만 하는 것은 낭비입니다. 어쩌면 그것은 은혜를 오해했거나 은혜를 미처 경험하지 못한 탓인지도 모릅니다. 하나님의 은혜로운 선물은 탐욕으로 붙들 게 아니라 관대한 마음으로 잡아야 합니다. 영적으로 완전히 파산한 우리에게 그 아들의 충만함을 내어 주신 하나님의 관대함으로 말미암아 우리도 다른 사람들에게 자비와 관대함을 베풀기를 기뻐하며, 하나님의 도우심으로 베풀 수 있습니다.

- **성경 본문**
  고린도후서 8:1~15; 9:6~15

- **세션 포인트**
  1. 하나님이 관대하신 것처럼 우리도 관대해야 합니다(고후 8:1~9)
  2. 하나님이 주신 것을 풍요롭게 나누어야 합니다(고후 8:10~15)
  3. 감사하는 마음으로 기쁘게 나누어야 합니다(고후 9:6~15)

- **신학적 주제**
  하나님은 우리가 가진 모든 것의 주인이십니다. 주님은 우리를 신뢰하시고 우리를 청지기로 부르셨습니다.

- **그리스도와의 연결**
  관대함의 모범과 동기는 예수 그리스도 안에 있습니다. 하나님이 우리에게 자기 아들을 내어 주심으로써 자비와 관대함을 베푸셨으므로 우리도 다른 사람들에게 자비와 관대함을 베풀기를 기뻐하며, 하나님의 도우심으로 베풀 수가 있습니다.

- **선교적 적용**
  하나님은 우리에게 죄책감이나 의무로서가 아니라 감사한 마음으로 기꺼이 하나님에게서 받은 부를 어려움에 처한 사람에게 나누어 주라고 명하십니다.

탐욕스러웠던 우리가 관대해지다

11

Session Plan

도입

예수님의 주권은 우리가 가장 아끼는 '물건'에까지 미친다는 사실로 이야기를 시작하십시오.

그리스도보다 소중히 여기는 보물이 있나요? 그것은 무엇인가요?

때때로 소중히 여기는 물건 때문에 생기는 탐욕스러운 마음을 다스리려면 어떻게 해야 할까요?

다른 사람에게 관대하도록 하나님의 은혜가 우리 안에 깊이 역사하신다는 이 세션의 내용을 요약해 주십시오.

전개

1
하나님이 관대하신 것처럼 우리도 관대해야 합니다
(고후 8:1~9)

고린도후서 8장 1~9절을 읽으십시오. 우리로 부요케 하시려고 예수님이 가난하게 되셨다는 말의 의미와 그 영향을 설명해 주십시오. 그리스도 안에서 하나님의 은혜에 제대로 감사할 때 하나님의 은혜와 사랑과 관대함이 우리를 이끌 것입니다.

관대함이 어떻게 우리가 행하는 "사랑의 진실함"을 입증할 수 있습니까?

'복음으로 충만하여 다른 사람에게 베푸는 것을 특권으로 여기는 마음'을 '관대함'으로 정의해 주십시오. 그러나 관대함은 얼마나 베푸는가의 양적 문제가 아니라, 베푸는 것을 기뻐하는 마음의 문제라는 점을 덧붙여 주십시오.

어떻게 하면 가난해도 다른 사람들에게 관대해질 수 있을까요?

2
하나님이 주신 것을 풍요롭게 나누어야 합니다
(고후 8:10~15)

6절의 "은혜를 그대로 성취하게 하라"의 의미를 풀어 주십시오. 그리고 나서 고린도후서 8장 10~15절을 읽으십시오. 바울이 "균등"이란 단어를 어떻게 사용했는지 논의하고, 그가 의미하거나 의미하지 않은 바에 관해 논의하십시오. 이것을 하나님이 우리에게 풍요롭게 주시는 이유와 연관시켜 주십시오. 하나님이 우리에게 풍요롭게 주십니다. 이로써 우리가 다른 사람에게 풍요롭게 나눌 수 있게 됩니다.

사랑과 열정 외에 관대함을 위해 필요한 요소는 무엇입니까? 이런 요소들이 관대해지는 데 중요한 이유는 무엇입니까?

가진 것에 감사하는 마음과 관대하게 베푸는 것 사이에 어떤 연관성이 있습니까?

관대함과 거리가 먼 나눔도 있다는 것을 말해 주십시오. 그러고 나서 고린도후서 9장 6~15절을 읽게 하십시오. 진정한 관대함이란 예배임을 제시해 주십시오. 우리는 "억지로"가 아니라 그리스도 안에 있는 형통과 풍요로움으로 인해 기쁘게 나누어야 합니다.

3
감사하는 마음으로
기쁘게 나누어야 합니다
(고후 9:6~15)

어떻게 하면 개인적으로나 교회적으로 나눔을 예배로 여기는 태도를 강화할 수 있을까요?

우리가 관대할 때 하나님이 모든 필요를 채워 주시므로 관대함에는 위험이 따르지 않습니다. 바울이 이 사실을 고린도 교인들에게 상기시켰다는 점을 지적해 주십시오. 복음을 경험해 보지 못한 사람들이 희생적인 나눔을 쉽게 이해하지 못하는 이유를 논해 주십시오.

어떤 요소들이 나눔의 행위에서 하나님의 영광을 가릴 수 있을까요?

6절의 심고 거두는 원칙을 직접 경험했거나 다른 사람에게서 목격한 적이 있다면, 몇 가지 예를 들어 주십시오.

결론

물질적인 소유는 우리 마음속 깊은 곳의 갈망을 채워 주지 못한다는 것을 확고히 해 주십시오. 오직 하나님만이 그 갈망을 채워 주실 수 있습니다. 기쁨은 움켜쥠이 아닌 나눔에서 찾을 수 있다는 복음의 역설을 강조해 주십시오. 이 세션에서 배운 진리를 '하나님의 계획, 우리의 사명'에서 적용해 보십시오.

11. 탐욕스러웠던 우리가 관대해지다

도입 옵션

• 누군가에게 희생적인 관대함을 받아 본 적이 있다면, 어땠는지 묘사하게 해 주십시오. 그 일이 자신에게 어떤 영향을 끼쳤는지 나누게 해 주십시오.

"복음이 사람들의 지갑을 움직여야 성령님이 그들 삶에 역사하고 계심을 알 수 있습니다." [1]
_제임스 패커

도입

예수 그리스도의 복음은 그것을 받아들이는 사람의 마음을 완전히 사로잡습니다. 예수님을 따른다는 것은 자기 자신에 대해 죽고 자기 십자가를 짊어진다는 뜻입니다. 이런 사람은 주님이 모든 삶을 주관하신다는 것을 알아야 합니다. 복음이 우리 안에서 역사하고 우리를 변화시키므로 우리 마음의 소원이 달라지기 시작합니다. 이것이 바로 복음의 아름다움입니다. 이로써 우리는 내주하시는 성령님의 영향력 아래 점점 그리스도의 형상을 닮아 갑니다. 이것은 예수님이 우리 삶의 모든 영역에서 주권을 행사하기 원하신다는 것을 의미합니다. 우리가 가장 아끼는 물건이나 어떤 영역도 예외는 아닙니다.

> 예수님과 세리 삭개오의 만남을 떠올려 보십시오(눅 19:1~10). 삭개오는 숨죽였습니다. 그는 예수님의 가르침을 듣기 위해 나무에 올라갔고, 거기서 예수님을 개인적으로 직접 만났습니다. 예수님의 은혜를 통해 그가 경험한 변화는 그의 가장 깊숙한 우상 숭배에까지 영향을 미쳤습니다. 그가 단순히 죄를 용서받은 후 '새로운 시작'을 향해 나간 것이 아닙니다. '이제 새롭게 시작하고 앞으로는 욕심을 덜 부려야겠다'라고 생각하며 이전의 삶의 방식에서 돌이켰던 것도 아닙니다. 그는 과거를 청산하기 위해 나섰습니다. 삭개오는 그리스도의 부유함에서 엄청난 보화를 발견했기에, 세상적인 모든 소유물에 마음을 빼앗기지 않을 준비가 되었습니다. 그는 소유의 절반을 가난한 자들에게 나누어 주고, 자신이 빼앗은 것은 네 배로 갚겠다고 선언했습니다.

보물 자체를 그다지 소중하게 여기지 않을 수도 있지만, 누구나 마음속에 우상이 있기 마련입니다. 우리는 사물이나 사람이나 사상이나 야망이나 꿈만을 좇으려는 유혹을 받습니다. 그것들로 인해 우리의 가치가 매겨지고, 우리가 인정을 받게 된다고 생각하기 때문입니다. 우리가 기꺼이 그리

Leader

스도의 주권 아래 모든 것을 내려놓기 전까지 그리고 예수님이 이 우상들을 우리 마음에서 제거해 주시기 전까지, 우리는 주님을 전적으로 따르지 못할 것이며 다른 사람을 온전히 섬기지도 못할 것입니다.

Q 그리스도보다 소중히 여기는 보물이 있나요? 그것은 무엇인가요?
Q 때때로 소중히 여기는 물건 때문에 생기는 탐욕스러운 마음을 다스리려면 어떻게 해야 할까요?

Session Summary

하나님의 은혜는 우리 내면 깊숙이 역사해 다른 사람들에게 유익을 끼치게 합니다. 은혜를 쌓아 두기만 하는 것은 낭비입니다. 어쩌면 그것은 은혜를 오해했거나 은혜를 미처 경험하지 못한 탓인지도 모릅니다. 하나님의 은혜로운 선물은 탐욕으로 붙들 게 아니라 관대한 마음으로 잡아야 합니다. 영적으로 완전히 파산한 우리에게 그 아들의 충만함을 내어 주신 하나님의 관대함으로 말미암아 우리도 다른 사람들에게 자비와 관대함을 베풀기를 기뻐하며, 하나님의 도우심으로 베풀 수 있습니다.

1. 하나님이 관대하신 것처럼 우리도 관대해야 합니다(고후 8:1~9)

> Leader

"나는 모든 사람이 부유해지고 유명해지고 꿈꾸던 모든 것을 이뤄 봐야 한다고 생각합니다. 이는 그것들이 해답이 아니라는 것을 깨닫기 위해서입니다." 영화배우 짐 캐리가 한 말로 최근 몇 년 사이에 SNS에서 인기가 높았습니다. 그의 말은 우리가 그리는 진정한 보물이 무엇인지를 생각하게 합니다. 우리는 다음 단계로 나가야 한다고 느끼고, 거기에 도달하면 비로소 행복하고 안전할 것이라 생각합니다. 그러나 이 과정은 끝없이 그다음 단계를 바라게 되고, 결국 우리의 만족함을 빼앗아 갑니다.

아마도 바울이 고린도 교회에 편지를 썼을 때, 인간의 이러한 성향을 염두에 두고 있었는지도 모릅니다. 그들은 이전에 다른 그리스도인들의 필요를 채우기로 약속했습니다. 바울은 그들이 이 약속을 지키도록 독려했습니다. 바울은 고린도후서 8장 1~9절에서 관대함에 관해 다음과 같이 다루기 시작합니다.

핵심교리
99
**55. 속죄 -
도덕적 감화설**

도덕적 감화설에 따르면, 그리스도의 희생 제사는 하나님과 화목하기 위해 우리가 따라야 할 도덕적 모범을 미리 보이신 것입니다. 이 이론은 죄인을 향한 하나님의 공의로운 진노에 대한 올바른 이해를 주지 못합니다. 하나님의 공의로운 심판을 사람의 도덕적 개선으로는 갚을 수 없습니다. 아울러 단순한 도덕적 개선을 위해 감화를 준다는 것은 그리스도께서 십자가 고난 가운데 죽으신 이유를 설명하지 못하는 한계를 지니고 있습니다.

심화주석 고린도 교인들은 마게도냐 교인들과 그리스도의 모범에서 다음을 배울 수 있습니다.

첫째, 진정한 나눔이라면 돈을 주는 것뿐만 아니라 자기 자신을 내어 줄 수 있어야 합니다. 복음은 하나님으로부터 무엇을 얻어 낼 수 있는지에 관한 것이 아니라 하나님이 우리에게 이미 주신 것에 관한 것입니다. 그래서 자신을 다른 사람에게 내어 줄 수 있습니다.

둘째, 우리는 극심한 빈곤 가운데서도 나눌 수 있고, 무한한 부요함 속에서도 나눌 수 있습니다. 가난할 때 베풀기를 꺼리는 사람은 부자가 되어도 갑자기 관대해지지 않을 것입니다.

셋째, 나눔은 그리스도 안에서 경험된 하나님의 은혜와 관련 있습니다. 받는 사람은 궁핍한 경우를 제외하고는 선물을 받기 위해 어떤 일도 할 필요가 없습니다. 나누는 사람은 그의 위에, 그의 안에, 그리고 그를 통해 역사하시는 하나님의 은혜로 관대하게 됩니다.[2]

_데이비드 E. 갈런드

---

[1]형제들아 하나님께서 마게도냐 교회들에게 주신 은혜를 우리가 너희에게 알리노니 [2]환난의 많은 시련 가운데서 그들의 넘치는 기쁨과 극심한 가난이 그들의 풍성한 연보를 넘치도록 하게 하였느니라 [3]내가 증언하노니 그들이 힘대로 할 뿐 아니라 힘에 지나도록 자원하여 [4]이 은혜와 성도 섬기는 일에 참여함에 대하여 우리에게 간절히 구하니 [5]우리가 바라던 것뿐 아니라 그들이 먼저 자신을 주께 드리고 또 하나님의 뜻을 따라 우리에게 주었도다 [6]그러므로 우리가 디도를 권하여 그가 이미 너희 가운데서 시작하였은즉 이 은혜를 그대로 성취하게 하라 하였노라 [7]오직 너희는 믿음과 말과 지식과 모든 간절함과 우리를 사랑하는 이 모든 일에 풍성한 것같이 이 은혜에도 풍성하게 할지니라 [8]내가 명령으로 하는 말이 아니요 오직 다른 이들의 간절함을 가지고 너희의 사랑의 진실함을 증명하고자 함이로라 [9]우리 주 예수 그리스도의 은혜를 너희가 알거니와 부요하신 이로서 너희를 위하여 가난하게 되심은 그의 가난함으로 말미암아 너희를 부요하게 하려 하심이라

바울과 마게도냐 교회는 탐욕과 불만족을 버리고 하나님의 사랑을 관대하게 전하는 것을 당연하게 생각했습니다. 예수님이 우리를 위해 행하신 일을 그들이 알고 있었기 때문입니다. 예수님은 부요하신 분이면서도 우리를 부요하게 하시려고 가난하게 되셨습니다. 여기서 바울은 돈 이야기를 하는 것이 아닙니다. 돈은 가난과 부를 측정하기에 너무나도 하찮습니다. 그 대신에 바울은 예수님의 풍성하신 영광을 염두에 두고 말했습니다.

> Leader
> 하나님의 아들은 아버지의 존귀와 영광의 자리(자신의 부)를 떠나 육신을 입으셨고 죄인들과 함께 이 땅에 거하실 때 가난하게 되셨습니다. 그분의 가난을 통해 우리는 영적 가난을 구원의 부요함으로 바꿀 수 있게 되었습니다.
>
> 우리는 하나님을 거역했습니다. 그러나 성부 하나님은 놀라우신 사랑으로 우리를 관대하게 대해 주셨습니다. 우리는 죄를 지었습니다. 그러나 성자 하나님은 대속적인 죽으심으로 우리를 관대하게 대해 주셨습니다. 우리는 연약합니다. 그러나 성령 하나님은 은사와 위로로 우리를 관대하게 대해 주셨습니다. 이런 엄청난 은혜를 받은 우리가 다른 사람에게 인색할 수 있겠습니까? 그럴 수 없습니다.

하나님의 은혜를 경험하고 제대로 이해할 때, 그 은혜가 우리를 사랑으로 이끌 것입니다. 이것이 바로 바울이 고린도 교인들에게 그들의 관대함이 사랑의 진실함을 입증해 줄 것이라고 말했던 이유입니다. 은혜는 우리로 하여금 하나님이 사랑하시는 이들을 사랑하도록 부추깁니다. 은혜에서 사랑으로, 사랑에서 관대함으로 나아갑니다. 이로써 우리는 다른 사람

앞에서 관대하게 심지어 희생적으로 살려고 합니다.

> 히브리서 10장 34절에서 우리는 그리스도인들이 "더 낫고 영구한 소유가 있는
Leader 줄" 알았기 때문에 빼앗기는 것도 "기쁘게" 여겼다는 것을 읽게 됩니다. 바울이
고린도후서 8장에서 의도한 것이 바로 이것입니다. 그는 그리스도라는 보화를
발견하게 되면 지상의 다른 모든 보화가 상대적으로 작아 보일 것이라는 사실을
알았습니다. 이것이 돈이나 물질적 소유를 하찮게 만들지는 않지만, 적어도 '궁
극적이지 않은 것'으로 만듭니다. 우리를 향한 하나님의 관대하심이 우리의 가장
깊은 필요를 충족시키고, 우리를 우상 숭배적인 갈망에서 해방시켜 다른 사람들
의 운명을 개선시키도록 부추기기 때문에, 우리도 마게도냐의 교회들처럼 다른
사람들에게 관대할 수 있습니다. "우리가 사랑함은 그가 먼저 우리를 사랑하셨
음이라"(요일 4:19). 우리가 나누는 것은 주님이 먼저 우리에게 나누어 주셨기 때
문입니다.

Q 관대함이 어떻게 우리가 행하는 "사랑의 진실함"을 입증할 수 있습니까?

> 바울은 복음의 적용이 우리에게까지 미치고 끝나는 것이 아니라 다른 사람에게
Leader 까지 미쳐야 한다는 점을 분명히 했다는 사실에 주목하십시오. 복음은 우리에게
서 끝나지 않으며, 우리를 통해서 움직입니다.

마게도냐의 그리스도인들은 가난했고 고통을 받고 있었지만, 그들의 모든 소유
를 궁핍한 자들에게 나누어 주었습니다. 그들이 마음속에서 경험한 영혼을 충족
시키는 복음이 그들에게서 넘쳐흐르기까지 그들을 채워 주었던 것입니다. 복음
은 그들의 모든 필요를 채워 주기에 충분했고, 그것을 다 담을 수 없을 만큼 컸습
니다. 그들은 복음을 분출해야만 했고, 그럴 수 있는 한 가지 길은 다른 사람들에
게 관대하게 나누어 주는 것이었습니다.

관대함에 관한 올바른 정의는 "복음으로 충만하여 다른 사람에게
베푸는 것을 특권으로 여기는 마음"입니다. 관대함은 얼마나 베푸는가의
문제가 아닙니다. 오히려 베푸는 것을 기뻐하는 마음의 문제입니다. 마게도
냐 교인들은 이 기쁨을 알았습니다. 바울은 고린도 교인들도 그와 같은 기
쁨을 알기 원했습니다. 우리도 마찬가지로 이 기쁨을 경험해야 합니다.

Q 어떻게 하면 가난해도 다른 사람들에게 관대해질 수 있을까요?

심화
주석 예루살렘의 그리스도인들
을 위한 바울의 연보는 장기
프로젝트였습니다. 그는 분명히 사역
의 일부를 '디도'에게 맡겼습니다. 고
린도 교인들은 나눔을 이미 "일 년 전
부터 준비"(고후 9:2)해 왔지만, 아직
마무리를 짓지 못했습니다. 바울의
가슴 아픈 방문과 신랄한 편지를 야
기했던 고린도 교회의 최근 문제가
주요 원인이었던 것이 분명합니다.
그러나 이제 고린도 교인들이 회복되
었으므로 임무를 완수할 때가 왔습
니다. 이 사역은 오직 하나님의 은혜
로만 바르게 수행될 수 있습니다(고
후 8:1). [3]

_켄들 H. 이슬리

"잃어버릴 수 없는 것을 얻기 위해
지킬 수 없는 것을 내주는 사람은
어리석은 자가 아닙니다." [4]
_짐 엘리엇

"오늘날 교회는 아프리카의 판자촌과 라틴 아메리카의 빈민가와 미국 내 스페인어 사용자 거주 지역에서 성장하고 있습니다. 전 세계 교회를 보면, 하나님이 연약하고 낮은 자들을 선택하셔서 서구의 유력하고 부유한 자들을 부끄럽게 하심을 알 수 있습니다. 하나님은 자본주의의 제국주의화라는 이 새로운 제국에 강력하게 대응하십니다. 곧 그들이 하찮게 여기고 착취하는 지역에서 강력한 교회를 세우십니다. 서구 교회들은 이 사실을 주목해야 합니다."[5]
_팀 체스터 & 스티브 티미스

심화주석 나눔의 계획은 합리적이어야 하고 형편에 맞아야 합니다(고후 8:12). 여기서 논의하는 것은 나눔입니다. 자신이 곤고해질 정도로 모든 소유물을 내주도록 요구받는 것이 아닙니다(13절). 바울은 예루살렘의 그리스도인 형제들이 살아남을 수 있도록 고린도 교인들이 절대적으로 필요한 것을 남겨 놓고 베풀기를 기대한 것입니다. 언젠가는 예루살렘 교인들도 고린도 교인들로부터 똑같은 요구를 받을 수 있습니다(14절). 이것이 바로 바울이 말한 균등입니다. 그는 이것과 똑같은 원리를 표현한 출애굽기 16장 18절의 말씀을 인용하면서 말을 끝맺습니다(15절).[6]
_이시아카 쿨리발리

2. 하나님이 주신 것을 풍요롭게 나누어야 합니다(고후 8:10~15)

> Leader

바울은 고린도후서 8장 6절에서 디도가 받은 것을 전달해 줌으로써 "은혜를 그대로 성취"할 수 있다는 독특한 표현을 사용했습니다. 표면적으로는 은혜의 성취를 위해 무엇인가가 결여되었다는 것처럼 들립니다. 그러나 바울은 그런 의도로 말한 것이 아닙니다. 이 표현은 골로새서 1장 24절에 담긴 생각과 비슷합니다. 거기서 그는 "나는 이제 … 그리스도의 남은 고난을 그의 몸 된 교회를 위하여 내 육체에 채우노라"라고 말합니다. 물론, 그리스도의 고난에는 어떤 결여도 없습니다. 십자가에서의 속죄 사역은 완전하고 완벽했습니다. 거기에는 어떤 결여도 없었고, 특히 우리가 채울 수 있는 결여는 전혀 없었습니다. 그리스도의 십자가 복음은 더 개선할 것이 없습니다.

바울은 이 사역이 암시하는 바가 여전히 계속되고 있다는 의미로 이 말을 했습니다. 그리스도의 대속적인 사역은 바울에 의해 계속적으로 선포되었고, 오늘날 교회의 선교에서도 계속되고 있습니다. 그러므로 그리스도의 십자가가 부족한 게 아니라 십자가의 영향을 받는 숫자의 충만함이 아직 채워지지 않았다는 것입니다. 그런 의미에서 이것이 그리스도의 고난에서 결여된 것입니다.

이런 의미에서 디도에게 전해진 은혜가 성취되지 않았던 것입니다. 바울은 만일 하나님의 은혜가 디도나 고린도 교회에서 멈춘다면, 이는 애초부터 그들이 하나님의 은혜를 받지 못했다는 증거라고 말한 것입니다. 복음은 그것을 필요로 하는 다른 사람에게도 자비롭고 관대하게 퍼져 나갈 때 완성되고 완벽하게 됩니다. 하나님이 우리에게 풍성한 은혜를 베푸시는 이유는 우리가 그것을 탐욕스럽게 독점할 수 있도록 하려는 것이 아닙니다. 우리를 구원한 동일한 은혜가 우리 증거에도 영향을 끼칩니다.

이 때문에 바울이 임무 완수에 관해 다음과 같이 기록합니다.

[10]이 일에 관하여 나의 뜻을 알리노니 이 일은 너희에게 유익함이라 너희가 일 년 전에 행하기를 먼저 시작할 뿐 아니라 원하기도 하였은즉 [11]이제는 하던 일을 성취할지니 마음에 원하던 것과 같이 완성하되 있는 대로 하라 [12]할 마음만 있으면 있는 대로 받으실 터이요 없는 것은 받지 아니하시리라 [13]이는 다른 사람들은 평안하게 하고 너희는 곤고하게 하려는 것이 아니요 균등하게 하려 함이니 [14]이 제 너희의 넉넉한 것으로 그들의 부족한 것을 보충함은 후에 그들의 넉넉한 것으로 너희의 부족한 것을 보충하여 균등하게 하려 함이라 [15]기록된 것같이 많이 거둔 자도 남지 아니하였고 적게 거둔 자도 모자라지 아니하였느니라

바울은 "균등"이란 단어를 특이한 방식으로 사용합니다. 그는 모든 사람이 똑같은 양의 돈을 소유해야 한다거나 그럴 수 있다고 말한 것이 아닙니다. 성경에는 부와 가난에 관한 구절이 많은데, 모든 구절이 부를 나쁘게 보고 가난을 좋은 것으로 간주하지 않습니다. 그리스도인은 분명히 가난한 자들을 돌보도록 부름받았습니다. 이것은 교회의 선택 사항이 아니라 깨어지고 불의한 세상에서 그리스도를 증언하는 교회의 전형적인 특징입니다. 그런데 바울이 말한 균등은 인간의 고유한 존엄성뿐만 아니라 하나님과 분리됨으로써 겪는 보편적이며 본질적인 영적 가난과 관련된 모든 것에 관한 것이었습니다.

넘치게 가진 사람이 부족한 사람에게 나누어 줌으로써 모든 사람이 균등하게 누려야 하는 이유는 무엇입니까? 우리 모두가 하나님의 형상으로 지어졌으며, 누구나 거룩하신 하나님 앞에 똑같이 서 있기 때문입니다. 영적인 맥락에서 보면, 바울은 돈과 물질의 베풂 속에도 복음의 메시지가 담겨야 한다고 말한 것입니다. 우리는 나눔을 통해 재정적으로나 물질적으로 다른 사람을 일으켜 세울 수 있습니다. 교회 안에서 우리는 그리스도의 형제자매들과 동등한 지위를 가지며, 그리스도의 피로 연합해 한 성령 안에서 하나님의 영과 은혜로 나아갑니다.

> **Leader**
> 이런 식으로 생각하면, '경기장을 평평하게 하는 것'이 분명해 보입니다. 그리스도 안에서 하나님의 은혜에 사로잡히고 영생의 보물을 받기 때문에 우리는 '생계를 유지하지 못하는 사람'들이나 우리만큼 노력하지 않는 사람들에 대해 크게 걱정하지 않아도 됩니다. 좀이나 동록이 해하지 못하는 천국의 유산이 주어졌다는 사실을 깨달으면, 일하여 얻는 것이나 성취에 관한 모든 개념이 쓸모없어집니다.

이것이 바로 하나님이 우리에게 넘치도록 주시는 이유입니다. 물론, 하나님은 자기 백성에게 공급하는 것을 기뻐하십니다. 하나님은 지속적으로 더 많이, 더 성대하게 베풀어 주십니다. 우리가 다른 사람과 나눌 수 있도록 우리에게 필요 이상으로 많이 주십니다. 즉 우리로 하여금 주님의 마음을 알아 기꺼이 베풀게 하십니다.

하나님은 베풂의 즐거움을 아시기에 우리도 그 즐거움을 경험하기를 원하십니다. 사랑으로 베풀 때 필요한 또 다른 마음 자세는 바로 열정입니다. 우리는 기쁜 마음으로 주시는 하나님의 마음에 동참해, 다른 사람의 유익을 위해 기꺼이 그들을 도와야 합니다.

바울은 자신이 넘치게 받은 것을 나누어 주었습니다. 그리고 그것을 받은 고린도 교인들이 마찬가지로 다른 사람과 나눌 수 있도록 바울은 그

심화 주석 사도 바울은 고린도후서 8장 8~15절에서 은혜가 넘치도록 자기 능력에 맞는 자발적인 나눔을 요청합니다. 나눔은 하나님의 영이 우리 안에서 역사하실 때 나타나는 은혜의 표현이요 기쁨이어야 합니다. 그와 동시에 우리가 가지고 있는 자원에 비례해야 합니다. 우리의 "넉넉한 것"을 다른 사람의 "부족한 것"과 견주어 검토해 봐야 합니다. 이 점에서 "넉넉한 것"과 "부족한 것"의 개념은 바울이 우리에게 한 말의 관련성을 이해하는 데 필수적입니다. "넉넉한 것"이란 우리 자신을 위해 사치스럽게 쓴 후에 남은 것을 의미하지 않습니다. "넉넉한 것"이란 자신의 삶에 기초적인 필요를 충족한 후에 남은 자원을 의미합니다. 그와 동시에 "부족한 것" 혹은 "모자란 것"은 기초적인 삶에 필요한 것들이 부족하다는 것을 의미합니다. 바울이 고린도 교인들에게 권면했던 대로 그리스도의 몸 된 교회가 나눔을 실천한다면 어떤 일이 벌어지겠습니까?[7]

_조지 H. 거스리

> "사랑 없이도 언제나 나눌 수 있지만, 나눔 없이는 절대로 사랑할 수 없습니다."[8]
> _에이미 카마이클

> "그리스도께서는 우리 경건을 다른 사람에게 나타내라고 말씀하십니다. 경건은 마치 영혼 속에 빛나는 등불과도 같습니다. 그리스도께서는 이 등불이 우리 안에서만 빛나는 것이 아니라 다른 사람 앞에서도 빛을 발해야 한다고 말씀하십니다. 그런데 어떻게 그럴 수 있습니까? 우리 선행을 통해 빛을 발할 것입니다."[9]
> _조나단 에드워즈

심화 주석 하나님께 드리든지 다른 사람에게 주든지 모든 나눔은 자발적이어야 하고, 그 나눔에는 기쁜 마음이 있어야 합니다. 바울이 자신에게 직접적인 유익을 주는 것도 아니고 자기 사역의 필요를 채워 주는 것도 아닌 프로젝트를 위해 기쁜 마음으로 베풀 것을 호소하고 있다는 사실에 주목해야 합니다. 교회의 필요를 위해 관대하고 기쁜 마음으로 나누는 것도 중요합니다. 그러나 바울의 호소는 교회의 경계 밖에 있는 가난한 사람들을 돕는 선교 프로젝트를 위한 나눔에 더욱 열심을 내야 한다는 점을 상기시킵니다.[10]
_제이콥 체리안

들을 격려했습니다. 바울은 나누어 준 것을 다시 돌려받을 생각을 갖지 말라고 했습니다. 바울은 언제든 서로의 입장이 바뀔 수 있음을 환기했습니다. 하나님이 고린도 교인들의 마음을 움직여 주셨던 것처럼, 언젠가 저들의 마음도 움직여 주실 것이라는 사실을 상기시켰습니다. 이것이 교회를 향한 하나님의 뜻입니다. 필요할 때 언제든 의지할 수 있다는 것을 알기에, 우리는 기쁜 마음으로 서로 베풀 수 있습니다.

Q 사랑과 열정 외에 관대함을 위해 필요한 요소는 무엇입니까? 이런 요소들이 관대해지는 데 중요한 이유는 무엇입니까?

Q 가진 것에 감사하는 마음과 관대하게 베푸는 것 사이에 어떤 연관성이 있습니까?

3. 감사하는 마음으로 기쁘게 나누어야 합니다(고후 9:6~15)

> Leader

두 명의 어린아이들이 장난감 때문에 다투는 모습을 상상해 보십시오. 한 아이가 다른 아이와 장난감을 공유하기를 거절하면서 장난감 세트를 독차지합니다. 어른이 다가와 좋은 뜻에서 이기적인 아이를 꾸짖고, 장난감을 공유하라고 지시합니다. 그러지 않으면 혼내겠다고 합니다. 이기적인 아이는 어른의 말을 따라 장난감 세트를 일부 양보합니다. 이때 장난감을 받은 아이는 충분히 기쁘게 놀 수 있지만, 장난감을 나눠 준 아이는 속으로 투덜댑니다. 이 상황에서 장난감을 나눠 준 아이가 얼마나 관대했다고 말할 수 있을까요?

되돌려 받으려고 베푸는 것이나 마지못해 불평하며 주는 것은 관대함과는 거리가 멉니다. 바울이 고린도후서 9장 6~15절에서 지적한 바와 같습니다.

6이것이 곧 적게 심는 자는 적게 거두고 많이 심는 자는 많이 거둔다 하는 말이로다 7각각 그 마음에 정한 대로 할 것이요 인색함으로나 억지로 하지 말지니 하나님은 즐겨 내는 자를 사랑하시느니라 8하나님이 능히 모든 은혜를 너희에게 넘치게 하시나니 이는 너희로 모든 일에 항상 모든 것이 넉넉하여 모든 착한 일을 넘치게 하게 하려 하심이라 9기록된 바 그가 흩어 가난한 자들에게 주었으니 그의 의가 영원토록 있느니라 함과 같으니라 10심는 자에게 씨와 먹을 양식을 주시는 이가 너희 심을 것을 주사 풍성하게 하시고 너희 의의 열매를 더하게 하

시리니 [11]너희가 모든 일에 넉넉하여 너그럽게 연보를 함은 그들이 우리로 말미암아 하나님께 감사하게 하는 것이라 [12]이 봉사의 직무가 성도들의 부족한 것을 보충할 뿐 아니라 사람들이 하나님께 드리는 많은 감사로 말미암아 넘쳤느니라 [13]이 직무로 증거를 삼아 너희가 그리스도의 복음을 진실히 믿고 복종하는 것과 그들과 모든 사람을 섬기는 너희의 후한 연보로 말미암아 하나님께 영광을 돌리고 [14]또 그들이 너희를 위하여 간구하며 하나님이 너희에게 주신 지극한 은혜로 말미암아 너희를 사모하느니라 [15]말할 수 없는 그의 은사로 말미암아 하나님께 감사하노라

바울이 "하나님께 감사하노라"라는 찬양으로 글을 마무리한 것에 주목하십시오. 왜 그랬을까요? 진정한 관대함은 본질적으로 예배 행위이기 때문입니다. 7절에서 "인색함으로나 억지로 하지 말라"고 한 것은 베풀지 말라는 뜻이 아닙니다. 단순히 우리의 마음이 바른 곳을 향해 있어야 한다는 뜻으로 말한 것입니다. 우리는 기꺼이 기쁜 마음으로 우리의 시간과 재능과 보물을 나누어 주어야 합니다. 예수 그리스도 안에서 평안을 누리면서 말입니다. 마지못해 베푸는 것은 우리가 돈과 세속적인 물건들을 그리스도와 비교해 비슷하거나 오히려 더 가치 있다고 여기는 셈입니다.

그와 마찬가지로 "억지로" 나누는 것은 원치 않지만 의무와 의무감 때문에 어쩔 수 없이 베푸는 것입니다. 마치 누가 시켜서 나눠야만 하는 어린아이처럼 말입니다. 그러나 기쁘게 나눈다는 것은 이렇게 말하는 것입니다. "당연히 나눠야지! 그저 돈에 불과한데. 내 모든 필요를 채워 주시는 그리스도 안에 영원한 보화가 있는걸." 자기 아들을 내어 주심으로써 고귀한 선물을 주신 하나님께 감사하는 마음이 흘러넘칠 때, 우리는 비로소 기쁘게 나눌 수 있습니다.

Q 어떻게 하면 개인적으로나 교회적으로 나눔을 예배로 여기는 태도를 강화할 수 있을까요?

바울은 고린도 교인들에게 관대함에는 손해가 따르지 않는다는 사실을 조심스럽게 상기시킵니다. 하나님이 그들의 모든 필요를 채우실 것이며 그들의 관대함 덕분에 더욱 풍요로워질 것이기 때문입니다. 근본적으로 바울은 하나님의 능력이 우리를 향하신 그분의 사랑만큼이나 무한하다는 사실을 상기시켰던 것입니다. 그러므로 관대하게 나누는 것을 두려워할 필

심화 주석 필요한 모든 것을 가지고 있다는 말이 바울에게는 모든 선한 일을 하기에 충분하다는 의미였습니다. 하나님이 우리로 하여금 베풀 수 있도록 수단을 제공해 주실 것이니, 우리는 하나님이 풍성한 수확을 주실 것을 확신하며 "풍성하게"(이 단어에는 자발적으로 기쁘게 드려야 한다는 뜻도 있습니다. 참조, 고후 9:7) 씨를 뿌릴 수 있다는 것이 바울의 요점입니다. 많이 나누면 나눌수록 하나님이 다른 사람과 나눌 것을 더 많이 주십니다. 원하는 만큼 돈이 많지 않을 수도 있지만, 다른 사람에게 풍성하게 나누어 줄 만큼의 돈은 갖게 될 것입니다.[11]

_데이비드 갈런드

*"이 땅에 보화를 쌓아 놓는 사람은 평생 자기 보화로부터 뒷걸음질하며 살게 됩니다. 그에게 죽음은 곧 상실입니다. 그러나 천국에 보화를 쌓는 사람은 영원을 기대합니다. 그는 매일 자기 보화를 향해 나아갑니다. 그에게 죽음은 곧 유익입니다. 평생 자기 보화에서 멀어지는 삶을 사는 사람은 절망할 만합니다. 그러나 평생 자기 보화를 향해 나아가는 사람은 기뻐할 이유가 있습니다. 당신은 절망하고 있습니까, 기뻐하고 있습니까?"[12]
_랜디 알콘*

요가 없습니다.

> Leader

이것은 우리에게 큰 위로와 격려가 될 것입니다. 그러나 하나님이 약속하신 것과 약속하지 않으신 것을 어떻게 이해할지에 대해 우리는 매우 신중해야 합니다. 하나님은 우리의 모든 필요를 채워 주겠다고 약속하셨습니다. 이는 우리가 원하는 모든 것을 채워 주겠다고 약속하신 것이 아닙니다. 우리는 필요와 원하는 바를 종종 혼동하기 때문에 이 점을 주의해야 합니다. 때로는 관대함이 우리에게 희생을 강요할 수도 있고 심지어는 고난을 받게 할 수도 있을 것입니다. 나눔이 힘겨울 때도 있습니다. 사실 이는 우리의 관대함을 측정하는 또 하나의 방법입니다. 자신이 열망하는 것을 포기하게 되더라도 기쁜 마음으로 나눌 수 있습니까? 만일 그러하다면, 우리의 관대함은 세속적인 문화에 커다란 영향력을 끼칠 수 있게 됩니다.

복음을 경험해 보지 못한 사람들은 희생적인 나눔을 쉽게 이해하지 못합니다. 세상의 논리와 질서는 자신을 먼저 챙긴 후에 남는 것이 있거든 베풀라고 합니다. 이런 식의 관대함은 오로지 한 사람이 쓰고 남은 것의 나머지가 있을 때만 가능합니다. 저축하고 은퇴 후 자금을 위해 투자하고, 또 자동차 할부금을 내고 휴가비를 내는 등 온갖 지출을 다한 후에야 비로소 우리는 나눌 수 있게 됩니다. 그러므로 세상에서 기쁜 마음으로 희생적인 나눔을 실천하는 것은 요원한 일처럼 느껴집니다. 세상에서 희생적인 나눔은 낯선 개념처럼 느껴집니다. 기쁘게 희생적으로 베풀 때, 우리는 주변 사람에게 복음을 힘 있게 전할 기회를 얻게 됩니다.

Q 어떤 요소들이 나눔의 행위에서 하나님의 영광을 가릴 수 있을까요?

Q 6절의 심고 거두는 원칙을 직접 경험했거나 다른 사람에게서 목격한 적이 있다면, 몇 가지 예를 들어 주십시오.

결론

얼마나 가지면 충분할까요? 우리는 '조금만 더'라고 생각합니다. 하지만 이 땅에서 '충분함'을 뒤쫓는 것은 솔로몬의 말처럼 "바람을 잡으려는 것"(전 1:14)이나 다름없습니다. 이 점에서 솔로몬에게 배울 점이 많습니다. 역사상 가장 유력하고 명망 있던 왕인 그는 자신이 꿈꿀 수 있는 것보다 훨씬 많은 것을 소유한 사람이었습니다. 전도서 2장 4~11절에서 그는 자신이 얻고자 했던 소유물들을 열거합니다. 집들, 과원, 못, 노비, 소와 양 떼, 은과 금, 처첩들, 예술과 예술가들. 그러나 결국, 그는 자신이 쌓은 모든 것이 "헛되다"라고 말합니다(11절). 왜 그랬을까요?

솔로몬은 그 이유를 이렇게 말합니다. "하나님이 … 사람들에게는 영원을 사모하는 마음을 주셨느니라"(전 3:11). 우리 삶에 내재한 근원적인 결핍은 오로지 하나님만이 채우실 수 있습니다. 우리는 하나님의 형상으로 지어졌습니다. 달리 말해 우리는 영원을 위해 창조된 것입니다. 물질적인 소유는 우리 마음속 깊은 곳의 갈망을 채워 주지 못합니다. 오직 하나님만이 채워 주실 수 있습니다. 하나님을 경험할 때 우리는 비로소 돈과 소유물의 실체를 깨달을 수 있습니다. 모든 소유물은 기쁨의 원천이 아니라 베풀며 살아갈 때 누릴 수 있는 기쁨이요, 그 기쁨을 위한 수단일 뿐입니다. 기쁨은 움켜쥠이 아닌 나눔에서 찾을 수 있습니다.

그리스도와의 연결
관대함의 모범과 동기는 예수 그리스도 안에 있습니다. 하나님이 우리에게 자기 아들을 내어 주심으로써 자비와 관대함을 베푸셨으므로 우리도 다른 사람들에게 자비와 관대함을 베풀기를 기뻐하며, 하나님의 도우심으로 베풀 수가 있습니다.

하나님의 계획 우리의 사명
선교적 적용 하나님은 우리에게 죄책감이나 의무로서가 아니라 감사한 마음으로 기꺼이 하나님에게서 받은 부를 어려움에 처한 사람에게 나누어 주라고 명하십니다.

1. 하나님이 우리에게 후히 베풀어 주셨듯이, 우리도 다른 사람에게 후히 베풀 수 있는 때는 언제입니까?

2. 다른 사람을 축복하고 필요한 것을 공급하기 위해 어떻게 하면 여럿이 함께 힘을 모을 수 있을까요?

3. 즐겁게 나누지 못하도록 방해하는 것이 있다면 무엇입니까? 그 방해물을 극복할 수 있도록 하는 구체적인 방법은 무엇일까요?

Summary and Goal

히브리서 저자가 믿음을 정의합니다. 구약 곳곳에서 믿음을 나타냈던 사람들의 본보기를 말합니다. 우리는 이 허다한 증인들로부터 격려를 받지만, 궁극적으로는 예수 그리스도에게서 인내하는 믿음의 정점을 발견하게 됩니다.

믿음 없던
우리가
믿음으로
충만하게
되다
12

- **성경 본문**
  히브리서 11:1~12:2

- **세션 포인트**
  1. 믿음이란 무엇입니까?(히 11:1~2)
  2. 믿음의 본보기를 보십시오(히 11:3~40)
  3. 믿음으로 인내하십시오(히 12:1~2)

- **신학적 주제**
  예수님은 우리 믿음의 원천이자 완성자이십니다.

- **그리스도와의 연결**
  성경에 등장하는 모든 믿음의 본보기는 예수 그리스도의 삶과 비교하면 무색해집니다. 그분은 자신 앞에 놓인 십자가를 견디셨으며 고난과 수치를 받으셨습니다. 그 사역 덕분에 주님이 다시 오실 때 우리 앞서 죽어 간 모든 사람의 믿음과 소망이 성취될 것입니다. 우리는 하나님의 약속을 신뢰할 수 있다는 확신을 가지고 있습니다.

- **선교적 적용**
  하나님은 우리에게 그리스도께 초점을 맞추고 자기 삶에서 그리스도의 뜻을 이루어 가라고 명하십니다. 그리고 수 세기에 걸친 믿음의 본보기들로부터 용기를 얻으라고 말씀하십니다.

Session Plan

도입

마르틴 루터와 이신칭의 교리의 중요성에 관해 말해 주십시오. 이 교리가 믿음에 대해 무엇을 알려주는지 들려주십시오.

이신칭의 교리가 그리스도인에게 어떤 격려를 줍니까?

믿음과 성경에서 믿음을 입증했던 본보기들에 관한 이 세션의 내용을 요약해 주십시오.

전개

1
믿음이란 무엇입니까?
(히 11:1~2)

외바퀴로 줄타기를 하는 이야기를 시작하면서 믿음에 관한 설명을 들려주십시오. 그러고 나서 믿음과 행위의 올바른 관계, 그리고 양자의 차이점을 분명히 밝혀 주십시오.

믿음을 어떻게 정의할 수 있습니까?

믿음과 행위를 연결하는 것도 중요하지만, 이 둘을 구분하는 것도 중요한 이유는 무엇입니까?

"믿음이란 무엇인가?"라는 질문을 제기한 후에 히브리서 11장 1~2절을 읽으십시오. 믿음이란 당장은 볼 수 없지만 분명히 존재하는 어떤 것의 "실상"과 "증거"라는 히브리서 저자의 정의를 설명해 주십시오. 우리의 믿음을 구약에 나타난 조상들의 믿음과 비교하고 대조해 주십시오. 믿음을 자기 비움이라는 개념에 빗대어 어떻게 설명할 수 있는지, 또 믿음에 대상이 왜 필요한지를 나누어 주십시오.

믿음을 자기 비움이나 연약함으로 정의하는 것이 믿음을 이해하는 데 도움이 됩니까? 그렇거나 그렇지 않다면, 그 이유는 무엇입니까?

교회가 행위가 아닌 오직 믿음으로 의롭게 된다는 교리를 붙잡아야 하는 이유는 무엇입니까?

2
믿음의 본보기를 보십시오
(히 11:3~40)

그리스도인의 삶에서 선행의 역할을 가장 잘 이해하는 길은 행위를 '예배'로 생각하는 것입니다. 즉 '보은'이 아니라 '찬양'이라는 것입니다. 이것을 강조해 주십시오.

선행을 예배로 여긴다면 매일 우리의 '삶'은 어떻게 달라질까요?

은혜를 갚는다는 생각이나 자기 의에 빠지지 않으면서 그리스도인으로서 선행을 적극적으로

실천하려면 어떻게 해야 할까요?

히브리서 11장 3~40절을 읽으십시오. 이른바 '믿음장'으로 알려진 히브리서 11장에는 명백한 승리뿐만 아니라 참담한 패배와 뼈아픈 고통과 고독한 궁핍과 고통스러운 죽음도 있다는 사실에 주목해 주십시오. 그럼에도 불구하고 본문에 언급된 그들의 믿음이 결국 하나님의 승인과 복으로 귀결되었음을 단언해 주십시오.

패배와 고난의 시기에 오직 믿음으로 의롭게 된다는 사실을 기억하는 것이 왜 중요합니까?

성공과 평안의 시기에 오직 믿음으로 의롭게 된다는 사실을 기억하는 것이 왜 중요합니까?

히브리서 12장 1~2절을 읽게 하십시오. 예수님에게서 시선을 돌리면 죄에 빠질 수밖에 없다는 것을 밝혀 주십시오. 그리스도를 믿음으로써 죄를 용서받았지만, 그리스도인은 여전히 죄악의 유혹에 빠질 수 있다는 점을 말해 주십시오. 좋은 것들마저도 예수님께 집중하는 데 방해가 될 수 있음을 언급해 주십시오. 예수님이 히브리서 11장에 나오는 믿음의 본보기들보다 우월하신 이유를 말해 주십시오.

3
믿음으로 인내하십시오
(히 12:1~2)

어떻게 하면 매 순간 예수님을 바라볼 수 있을까요?

예수님이 "믿음의 주요 또 온전하게 하시는 이"시라는 사실은 당신에게 어떤 격려가 됩니까?

결론

믿음은 단지 구원의 문을 열 수 있는 열쇠일 뿐만 아니라 구원을 지속적으로 이루어 가는 수단임을 말하면서 마치십시오. 이 세션에서 배운 진리를 '하나님의 계획, 우리의 사명'에서 적용해 보십시오.

12. 믿음 없던 우리가 믿음으로 충만하게 되다

> "실로 이것은 세상에서 가장 위대한 신비 중의 하나입니다. 즉 하늘에 계신 이에게 속한 의가 땅에 사는 죄인인 나를 의롭게 한다는 것 말입니다."[3]
> _존 번연

> "주님, 온 천상이 제 영혼을 채우고, 모든 불순물이 제거될 때까지 믿음을 일깨워 모든 힘을 발휘하게 하소서."[4]
> _The Valley of Vision

도입

"만일 하나님이 내게 진노하지 않으셨다고 믿을 수만 있다면, 나는 기쁨으로 물구나무를 설 것입니다."[1] 마르틴 루터는 영적 고뇌의 무수한 씨름 중에 이렇게 말한 적이 있습니다. 그는 종종 하나님 앞에 서는 것을 두려워했습니다. 두려움과 죄책감으로 괴로워했습니다. 하나님의 심판을 생각하며 떨었고 자신의 종교적 훈련 상태를 걱정했습니다. 이것은 당연한 일이었습니다. 그는 하나님의 진노와 죄인의 불경건함이라는 암담한 현실에 직면해 있었습니다. 아직은 그가 세상을 변화시킬 '이신칭의' 개념을 성경에서 발견하지 못했기 때문이었습니다.

> **Leader** 이처럼 급진적인 생각이 사실일 수 있을까요? 실제로 단지 '믿음'으로 하나님의 진노에서 완전히 구원받을 수 있다는 말입니까? 루터는 성경을 통해 이 질문에 대한 대답이 '그렇다'라는 대담한 결론에 도달했습니다. 그는 복음을 재발견했고, 그동안 복음을 모호하고 복잡하게 만들었던 자기 의에 기초한 성경 외의 교회 전통으로부터 복음의 참된 의미를 구해내는 데 커다란 기여를 했습니다. 그는 성경의 곳곳에서 "오직 믿음"이란 교리를 발견하게 되었고, 이것은 그의 영혼에 산소와도 같은 자유로움을 가져다주었습니다.

루터는 "오직 믿음을 통해 의롭게 된다"(라틴어로는 "솔라 피데")라는 개념을 "교회의 운명을 좌우하는 신조"라고 말했습니다.[2] 오늘날 이 신조는 개신교를 특징짓는 교리가 되었습니다. 그리스도인 개인의 삶도 이 신조에 달려 있습니다. 즉 무엇이 믿음인지를 제대로 아는가 하는 문제입니다.

Q 이신칭의 교리가 그리스도인에게 어떤 격려를 줍니까?

Session Summary

히브리서 저자가 믿음을 정의합니다. 구약 곳곳에서 믿음을 나타냈던 사람들의 본보기를 말합니다. 우리는 이 허다한 증인들로부터 격려를 받지만, 궁극적으로는 예수 그리스도에게서 인내하는 믿음의 정점을 발견하게 됩니다.

1. 믿음이란 무엇입니까?(히 11:1~2)

믿음이 우리 삶에 어떻게 작동하는지를 살펴보기 전에 먼저 믿음을 정의해야 합니다.

> 10대 때 저는 학생 뮤지컬단과 함께 주변 교회와 지역의 문화 센터에서 뮤지컬을 공연했습니다. 당시 청소년부 목사님이 우리와 함께 여행하며 공연이 끝날 때마다 복음을 전했습니다. 목사님의 마지막 예화는 늘 똑같았습니다. 외바퀴에 관한 이야기였습니다.
>
> 이것은 믿음에 관한 상당히 일반적인 설명입니다. 이야기의 줄거리는 대충 이렇습니다. 한 곡예사가 그랜드 캐니언을 가로질러 줄을 설치합니다. 모여든 관중에게 자신의 기술과 자신감을 보여 주기 위해 빈 외바퀴 수레를 밀면서 줄을 건넜다가 돌아옵니다. 곡예사가 관중에게 묻습니다. "내가 이 수레에 사람을 태운 채 줄을 건널 수 있다고 생각하는 분이 얼마나 있습니까?" 거의 모든 사람이 손을 듭니다. "자, 그럼 수레에 타 보고 싶은 사람이 있나요?" 이번에는 아무도 손을 들지 않습니다.
>
> 이 이야기의 요점은 진실로 믿으면 수레를 타게 된다는 것입니다. 무엇을 믿는다고 할 때, 그에 따라 행동함으로써 믿음을 입증하기 전까지는 참 믿음을 가진 것이라 할 수 없습니다. 이것은 나름 좋은 예화입니다. 결국 야고보서 2장 26절의 말처럼 행함이 없는 믿음은 죽은 것입니다. 그러나 이 예화는 믿음과 행위를 제대로 구분하는 데 실패했는지도 모릅니다. 이런 구분은 거룩하신 하나님 앞에서 죄인이 어떻게 의롭다고 선언될 수 있는지 이해하는 데 아주 중요합니다.

야고보서 2장 26절은 "행함이 없는 믿음은 죽은 것"이라고 말합니다. 믿음과 행위는 근본적으로 연결되어 있고, 불가분의 관계로 얽혀 있습니다. 행함이 없는 믿음은 믿음이 아닙니다. 그러나 믿음과 행위가 똑같은 것은 아닙니다.

(좌측 여백) Leader >

 심화 주석 믿음을 "실상"과 "증거"로 정의함으로써 히브리서 저자는 성경적인 믿음이 상상 속의 희망 사항에 근거한 모호한 소망이 아님을 보여 줍니다. 이와 달리 믿음은 하나님이 약속하신 미래의 어떤 것이 아직 눈에 보이지는 않지만, 실제로 이뤄질 것에 대한 확고한 확신입니다. 하나님이 이루실 것이기 때문입니다. 따라서 성경적인 믿음은 반대되는 증거에도 불구하고 고집하는 맹신도 아니고, 알 수 없는 "어둠 속으로의 도약"도 아닙니다.

성경적인 믿음은 오히려 전능하시고 무한히 지혜로우시며 영원하신 하나님에 대한 확고한 신뢰입니다. 말씀 안에서 세세토록 참으로 입증되었고, "결코 너희를 버리지 아니하고 너희를 떠나지 아니하실"(히 13:5) 예수 그리스도 안에서 자신을 계시하신 하나님 말씀입니다. 11장 내내 보이지 않으시는 하나님의 실재에 관한 믿음이 강조되었습니다(참조, 히 11:3, 7, 8). 믿음이 그리스도를 주와 구원자로 받아들이는 모든 이에게 자신감과 확신을 제공해 왔습니다.[5]

_데이비드 W. 채프먼

"그리스도인의 삶의 토대는 회개와 믿음입니다. 여기서 벗어나지 말아야 하며, 이것을 기반으로 살고자 해야 합니다."[6]
_매트 풀러

Q 믿음을 어떻게 정의할 수 있습니까?

Q 믿음과 행위를 연결하는 것도 중요하지만, 이 둘을 구분하는 것도 중요한 이유는 무엇입니까?

> 그렇다면 믿음이란 무엇일까요? 어떤 사람들은 믿음을 "신념"이라고 말합니다. 또 어떤 사람들은 "신뢰"라고도 말합니다. 두 표현 모두 맞습니다. 하지만 이것들은 믿음의 정의라기보다는 믿음의 동의어입니다. 믿음에 관한 가장 좋은 정의는 히브리서 11장 1~2절에서 찾아볼 수 있습니다.

[1]믿음은 바라는 것들의 실상이요 보이지 않는 것들의 증거니 [2]선진들이 이로써 증거를 얻었느니라

히브리서 저자에게 믿음은 지금 보이지 않는 것들이 존재한다는 사실에 대한 "실상"이자 "증거"입니다. 그래서 바울은 로마서 4장에서 구약의 조상들이 보지 못하고도 약속을 믿음으로써 의롭게 되었다고 말합니다. 구약의 성도들은 구원자를 (아직) 보지 못했지만, 언젠가는 하나님이 보내 주시리라는 약속을 믿었습니다. 그리고 하나님은 예수 그리스도를 통해 그 약속을 성취하셨습니다.

족장들과 마찬가지로 우리도 아직 보이지 않는 것들을 소망하며 믿음으로 기대합니다. 우리는 그리스도께서 누구이시며 무슨 일을 하셨는지에 관해 믿습니다. 나아가 그분이 약속하신 것을 믿습니다. 우리는 이미 구원받았으나 그 구원이 아직 완성되지는 않았습니다. 죄의 심판에서 구원받기는 했지만, 그리스도께서 피조 세계를 마침내 구속하실 때, 그리고 우리가 죄를 완전히 벗어 던지게 될 때, 마침내 완성될 구원을 우리는 간절히 기다립니다.

그러므로 믿음은 본질적으로 자기 비움과 관련 있습니다. 믿음이라는 빈 그릇을 생각해 보십시오. 아니면 빈손을 생각하는 편이 더 좋을 수도 있습니다. 믿음이란 그리스도 안에서 하나님의 은혜를 받는 빈손입니다. 이런 겸손한 믿음은 어떤 사물이나 사람을 신뢰하게 하는 우리의 연약함입니다. 믿음에는 대상이 필요합니다. 물론, 사람들이 믿는 대상이 늘 하나님인 것은 아닙니다. 사람들은 가족이나 직업이나 재능이나 종교나 자신에 관해 믿음을 갖습니다. 믿음은 언제나 무엇인가를 믿는 것이고, 그것이 믿음에 가치를 부여합니다.

믿음을 연약함으로 정의하는 것이 이상하게 들릴 수도 있습니다. 특히 루터가 교회의 운명을 좌우하는 신조가 "오직 믿음"이라고 말했다는 사실 때문에 더 그렇습니다. 교회 전체가 우리의 강함이 아닌 연약함에 달려 있다는 말이 이상하게 보이겠지만, 괜찮습니다. 믿음이 우리 안에 연약함을 가져올 수도 있지만, 은혜가 하나님의 능력을 가져오기 때문입니다. 교회가 필요로 하는 것은 하나님의 능력입니다.

Q 믿음을 자기 비움이나 연약함으로 정의하는 것이 믿음을 이해하는 데 도움이 됩니까? 그렇거나 그렇지 않다면, 그 이유는 무엇입니까?

Q 교회가 행위가 아닌 오직 믿음으로 의롭게 된다는 교리를 붙잡아야 하는 이유는 무엇입니까?

2. 믿음의 본보기를 보십시오(히 11:3~40)

우리를 의롭게 하는 것은 행위가 아닌 오직 그리스도에 대한 믿음입니다.

> **Leader**
> 그러나 이 말은 아무 일도 하지 말라는 뜻이 아닙니다. 이미 살펴본 대로 우리는 오직 믿음만이 의롭게 한다는 사실을 압니다. 그러나 우리가 또한 아는 것은 오직 의롭게 하는 그 믿음만이 다가 아니라는 사실입니다. 행위가 없는 믿음은 참된 믿음이 아닙니다.

그렇다면 행위의 역할은 무엇입니까?

> **Leader**
> 사실, 행위는 선택 사항도 부수적인 것도 아닙니다. 에베소서 2장 10절은 우리가 "선한 일을 위하여 지으심을" 받았다고 말합니다. 그러므로 그리스도인은 마땅히 일해야 합니다. 이것은 그리스도인으로서 우리에게 주어진 목적이기도 합니다. 그러나 은혜를 드러내는 빛 가운데 행한 선한 일은 "오직 믿음"이라는 핵심교리와 묶여 있다는 것을 알아야 합니다. 또한 선한 일은 하나님이 행하신 일에 보답하기 위해서나 자신의 영광을 위해 하는 것이 아니라는 사실을 이해해야 합니다. 예수님이 십자가에서 우리 빚을 완전히 갚아 주셨으므로 그리스도를 믿는 순간 우리 빚은 이미 탕감되었습니다. 따라서 행위는 하나님께 갚기 위해 하는 것이 아닙니다.

그리스도인의 삶에서 선행의 역할을 가장 잘 이해하는 길은 행위를 예배로 생각하는 것입니다. 하나님께 영광을 돌리는 선행이란 예수 그리

핵심교리
99
69. 믿음

성경적인 믿음이란 구원을 위해 오직 예수 그리스도만을 믿고 신뢰하는 것입니다(요 3:16~21). 진정한 믿음은 역사적 사실들에 대한 단순한 지적 동의를 뛰어넘는 것으로 복음의 진리를 인정하고 고백함으로써 시작되며(요일 4:13~16), 그리스도를 자신의 주님과 구원자로 기쁨으로 영접하고, 그리스도만을 의지하는 데까지 이어집니다(요 1:10~13). 성경적인 믿음은 그리스도의 역사적인 삶과 죽음과 부활에 근거하고 있으므로 맹신이 아닙니다.

"감각의 영역을 넘어서는 파장이 대단히 큰 스펙트럼이 존재합니다. 우리는 그것을 보지도 듣지도 맛보지도 냄새를 맡지도 느끼지도 못합니다. 그럼에도 불구하고 그것들은 실재합니다. 현대 과학 기구의 도움으로 그것들을 우리 감각이 다룰 수 있는 현상으로 변환할 수 있습니다. 믿음은 영적인 차원으로 나아가 천국의 영적 실재들에 형태와 실체를 부여함으로써 영혼이 그것들을 인식하고 붙들고 누리며 살 수 있게 합니다."[7]
_존 필립스

심화주석 저자는 난감한 상황 속에서도 하나님을 믿음으로써 은혜를 얻은 수많은 사람의 예를 제공합니다(히 11:32~39상). 신자들은 믿음으로 희생적인 삶을 살 수 있고, 세상에서 홀대나 고문이나 학대를 받아도 그리스도를 위해서라면 감수할 수 있습니다. 그리스도를 믿는다고 해서 편안한 인생을 살 수 있는 것은 아닙니다. 오히려 수고로운 인생을 살 수도 있습니다. 세상의 즐거움은 뒤로 하고 하나님의 뜻을 따라 주님과 동행해야 합니다.[8]

_테스파예 카사

심화주석 어떤 사람들은 묻습니다. "구약 시대 사람들은 그리스도를 향한 분명한 믿음을 보인 적이 없는데 어떻게 구원받을 수 있나요?" 히브리서 11장 13절이 그 답을 제시합니다. 구약의 성도들은 메시아를 소망했고, 장차 오실 메시아 예수님을 가리킨 하나님의 약속들을 믿었습니다.[9]

_테리 L. 와일더

스도께서 완수하신 사역을 기뻐하며 행하는 일을 가리킵니다. 이것은 '보은'이 아닌 '찬양'입니다.

Q 선행을 예배로 여긴다면 매일 우리의 '삶'은 어떻게 달라질까요?
Q 은혜를 갚는다는 생각이나 자기 의에 빠지지 않으면서 그리스도인으로서 선행을 적극적으로 실천하려면 어떻게 해야 할까요?

선행은 죄에서 놓인 마음의 열매입니다. '예배로서의 선행'은 이미 받은 것을 기뻐하는 것이며, 소망을 둔 실상을 따라 살아가는 것입니다. 히브리서 저자는 믿음을 설명하기 위해 다음과 같은 예를 듭니다.

[3]믿음으로 모든 세계가 하나님의 말씀으로 지어진 줄을 우리가 아나니 보이는 것은 나타난 것으로 말미암아 된 것이 아니니라 [4]믿음으로 아벨은 가인보다 더 나은 제사를 하나님께 드림으로 의로운 자라 하시는 증거를 얻었으니 하나님이 그 예물에 대하여 증언하심이라 그가 죽었으나 그 믿음으로써 지금도 말하느니라 [5]믿음으로 에녹은 죽음을 보지 않고 옮겨졌으니 하나님이 그를 옮기심으로 다시 보이지 아니하였느니라 그는 옮겨지기 전에 하나님을 기쁘시게 하는 자라 하는 증거를 받았느니라 [6]믿음이 없이는 하나님을 기쁘시게 하지 못하나니 하나님께 나아가는 자는 반드시 그가 계신 것과 또한 그가 자기를 찾는 자들에게 상 주시는 이심을 믿어야 할지니라 [7]믿음으로 노아는 아직 보이지 않는 일에 경고하심을 받아 경외함으로 방주를 준비하여 그 집을 구원하였으니 이로 말미암아 세상을 정죄하고 믿음을 따르는 의의 상속자가 되었느니라 [8]믿음으로 아브라함은 부르심을 받았을 때에 순종하여 장래의 유업으로 받을 땅에 나아갈새 갈 바를 알지 못하고 나아갔으며 [9]믿음으로 그가 이방의 땅에 있는 것같이 약속의 땅에 거류하여 동일한 약속을 유업으로 함께 받은 이삭 및 야곱과 더불어 장막에 거하였으니 [10]이는 그가 하나님이 계획하시고 지으실 터가 있는 성을 바랐음이라 [11]믿음으로 사라 자신도 나이가 많아 단산하였으나 잉태할 수 있는 힘을 얻었으니 이는 약속하신 이를 미쁘신 줄 알았음이라 [12]이러므로 죽은 자와 같은 한 사람으로 말미암아 하늘의 허다한 별과 또 해변의 무수한 모래와 같이 많은 후손이 생육하였느니라 [13]이 사람들은 다 믿음을 따라 죽었으며 약속을 받지 못하였으되 그것들을 멀리서 보고 환영하며 또 땅에서는 외국인과 나그네임을 증언하였으니 [14]그들이 이같이 말하는 것은 자기들이 본향 찾는 자임을 나타냄이라 [15]그들이 나온 바 본향을 생각하였더라면 돌아갈 기회가 있었으려니와 [16]그들

이 이제는 더 나은 본향을 사모하니 곧 하늘에 있는 것이라 이러므로 하나님이 그들의 하나님이라 일컬음 받으심을 부끄러워하지 아니하시고 그들을 위하여 한 성을 예비하셨느니라 ¹⁷아브라함은 시험을 받을 때에 믿음으로 이삭을 드렸으니 그는 약속들을 받은 자로되 그 외아들을 드렸느니라 ¹⁸그에게 이미 말씀하시기를 네 자손이라 칭할 자는 이삭으로 말미암으리라 하셨으니 ¹⁹그가 하나님이 능히 이삭을 죽은 자 가운데서 다시 살리실 줄로 생각한지라 비유컨대 그를 죽은 자 가운데서 도로 받은 것이니라 ²⁰믿음으로 이삭은 장차 있을 일에 대하여 야곱과 에서에게 축복하였으며 ²¹믿음으로 야곱은 죽을 때에 요셉의 각 아들에게 축복하고 그 지팡이 머리에 의지하여 경배하였으며 ²²믿음으로 요셉은 임종 시에 이스라엘 자손들이 떠날 것을 말하고 또 자기 뼈를 위하여 명하였으며 ²³믿음으로 모세가 났을 때에 그 부모가 아름다운 아이임을 보고 석 달 동안 숨겨 왕의 명령을 무서워하지 아니하였으며 ²⁴믿음으로 모세는 장성하여 바로의 공주의 아들이라 칭함 받기를 거절하고 ²⁵도리어 하나님의 백성과 함께 고난 받기를 잠시 죄악의 낙을 누리는 것보다 더 좋아하고 ²⁶그리스도를 위하여 받는 수모를 애굽의 모든 보화보다 더 큰 재물로 여겼으니 이는 상 주심을 바라봄이라 ²⁷믿음으로 애굽을 떠나 왕의 노함을 무서워하지 아니하고 곧 보이지 아니하는 자를 보는 것같이 하여 참았으며 ²⁸믿음으로 유월절과 피 뿌리는 예식을 정하였으니 이는 장자를 멸하는 자로 그들을 건드리지 않게 하려 한 것이며 ²⁹믿음으로 그들은 홍해를 육지 같이 건넜으나 애굽 사람들은 이것을 시험하다가 빠져 죽었으며 ³⁰믿음으로 칠 일 동안 여리고를 도니 성이 무너졌으며 ³¹믿음으로 기생 라합은 정탐꾼을 평안히 영접하였으므로 순종하지 아니한 자와 함께 멸망하지 아니하였도다 ³²내가 무슨 말을 더 하리요 기드온, 바락, 삼손, 입다, 다윗 및 사무엘과 선지자들의 일을 말하려면 내게 시간이 부족하리로다 ³³그들은 믿음으로 나라들을 이기기도 하며 의를 행하기도 하며 약속을 받기도 하며 사자들의 입을 막기도 하며 ³⁴불의 세력을 멸하기도 하며 칼날을 피하기도 하며 연약한 가운데서 강하게 되기도 하며 전쟁에 용감하게 되어 이방 사람들의 진을 물리치기도 하며 ³⁵여자들은 자기의 죽은 자들을 부활로 받아들이기도 하며 또 어떤 이들은 더 좋은 부활을 얻고자 하여 심한 고문을 받되 구차히 풀려나기를 원하지 아니하였으며 ³⁶또 어떤 이들은 조롱과 채찍질뿐 아니라 결박과 옥에 갇히는 시련도 받았으며 ³⁷돌로 치는 것과 톱으로 켜는 것과 시험과 칼로 죽임을 당하고 양과 염소의 가죽을 입고 유리하여 궁핍과 환난과 학대를 받았으니 ³⁸(이런 사람은 세상이 감당하지 못하느니라) 그들이 광야와 산과 동굴과 토굴에 유리하였느니라 ³⁹이 사람들은 다 믿음으로 말미암아 증거를 받았으나 약속된 것을 받지

심화주석 신약에 등장하는 헬라어 '피스티스'의 뜻은 상당히 폭넓습니다. 전적으로 '믿을 수 있는' 것을 의미하기도 합니다. 그리스도의 부활은 하나님이 언젠가 세상을 심판하실 "증거"(즉 "믿을 만한 증거", 행 17:31)입니다. 또 "서약"을 가리킬 수도 있습니다(딤전 5:12, 개역개정 성경에는 "처음 믿음"으로 번역됨). 때로는 '신실함'이나 '신뢰할 만한' 상태를 의미하기도 합니다. 하나님의 "미쁘심"은 주님이 약속을 성취하실 것을 보장합니다(롬 3:3). '피스티스'는 '전적인 신뢰'로 믿는 것을 나타내기도 합니다.

신약은 구약의 인물들의 "믿음"을 언급하고(롬 4:9,11~13,16; 히 11:4~33,39), 그리스도인의 "믿음"도 언급합니다(히 6:1; 10:39). 복음서에서 "믿음"은 종종 자연이나 질병이나 영적 존재들에 대한 주님의 권능에 대한 의존으로 표현되곤 합니다(마 8:10; 막 2:5; 눅 8:25). 그리스도인의 경건은 행위가 따르는 "믿음"과 관련 있습니다(약 2:14, 17 등). 마지막으로 '피스티스'는 사람들이 믿는 교리를 가리키기도 합니다. 그리스도인은 자신에게 전해진 '신앙'(즉 방대한 양의 사도적 교리)을 위해 싸워야 합니다.¹⁰

_말콤 B. 야넬 3세

Letters to God's People

> 못하였으니 ⁴⁰이는 하나님이 우리를 위하여 더 좋은 것을 예비하셨은즉 우리가
> 아니면 그들로 온전함을 이루지 못하게 하려 하심이라

"그리스도의 대사들은 하나님께
충성을 맹세했습니다. 그러므로
그들이 하나님에 대한 신뢰를
저버리면 반역과 위증의 죄를
범하는 것입니다. 그들은 많은
증인 앞에서 신앙을 고백했습니다.
… 그리스도의 신실한 종들에게
약속된 위대하고 확실한 보상은
우리 인생의 모든 비애를 견디고
가까스로 지탱하게 해 주는 정도가
아닙니다. 그들이 그리스도 때문에
겪는 모든 고통과 눈물과 모욕은
천국의 엄청난 상급이 되어 그들에게
주어질 것입니다(마 5:12)."¹¹
_르무엘 헤인즈

이것은 놀라움과 예배로 가득 찬 장엄한 본문입니다. 성경의 역사에서 수많은 사람이 하나님의 약속에 대한 자기 믿음을 입증했습니다. 어떤 사람들은 눈에 보이게 세속적인 성공을 거두기도 했지만, 어떤 사람들은 세상에서 극심한 실패를 경험하기도 했습니다. 그러나 모두 약속하신 하나님을 믿었기 때문에 약속하신 상급을 은혜로 받을 것입니다.

> **Leader** '믿음장'으로 알려진 히브리서 11장에는 명백한 승리의 이야기만 실린 것이 아닙니다. 여기에는 고난이나 투쟁이나 순교 같은 분명한 패배의 이야기도 들어 있습니다. 권세와 영웅적 위업의 단순한 목록이 아닌 것입니다. 이는 믿음이 필요한 경우를 상기시킵니다. 35~39절은 실제 생활을 보여 줍니다.

우리는 때때로 하나님을 믿으면 좋은 일만 일어날 것이라고 생각하곤 합니다. 물론 궁극적으로는 그럴 것입니다. 그러나 때로는 믿음이 우리를 참담한 패배와 뼈아픈 고통과 외로운 빈곤과 고통스러운 죽음으로 이끌기도 합니다. 또 하나님이 믿음을 통해 이루시는 선의 역사가 그다지 좋게 느껴지지 않기도 합니다. 그러나 여기서 "이 사람들이 다 믿음으로 말미암아 증거를"(39절) 받았다는 사실을 이해하는 것이 중요합니다. 그들의 믿음은 극심한 고난 속에서도 하나님의 증거를 받았고, 우리도 그들의 신실한 모범과 증언의 수혜자로서 복을 받았습니다. 하나님의 영광스러운 은혜로 인해 하나님을 찬양합시다.

Q 패배와 고난의 시기에 오직 믿음으로 의롭게 된다는 사실을 기억하는 것이 왜 중요합니까?

Q 성공과 평안의 시기에 오직 믿음으로 의롭게 된다는 사실을 기억하는 것이 왜 중요합니까?

3. 믿음으로 인내하십시오(히 12:1~2)

> **Leader** 위에 계신 하나님이 아래에 있는 인간을 구원하시는 것이 믿음을 통한 은혜입니다. 그리고 처음부터 끝까지 우리를 지탱해 주는 것은 믿음을 통한 은혜입니다. 우리는 믿음으로 '선한 일 하기'라는 자기 계발 프로젝트에 착수하려는 것이 아닙

니다. 우리는 "믿음으로" 행해야 합니다(고후 5:7). 히브리서 저자는 믿음으로 경주하라고 말합니다.

¹이러므로 우리에게 구름 같이 둘러싼 허다한 증인들이 있으니 모든 무거운 것과 얽매이기 쉬운 죄를 벗어 버리고 인내로써 우리 앞에 당한 경주를 하며 ²믿음의 주요 또 온전하게 하시는 이인 예수를 바라보자 그는 그 앞에 있는 기쁨을 위하여 십자가를 참으사 부끄러움을 개의치 아니하시더니 하나님 보좌 우편에 앉으셨느니라

경주할 때 방해되는 무거운 것과 얽매이기 쉬운 것이란 무엇일까요? 분명한 답은 죄입니다. 예수님에게서 시선을 돌려 주변 세상을 주시하면, 죄에 빠지게 되거나 심지어 때로는 죄 속에 뛰어들게 됩니다. 우리는 그리스도 안에서 죄를 용서받았습니다. 그러나 여전히 우리는 죄의 무게에 짓눌려 허우적거릴 수 있습니다.

그런데 우리가 유념해야 할 것은 죄뿐만이 아닙니다. 모든 것, 심지어 좋은 것들마저 예수님께 집중하는 데 방해가 될 수 있습니다. 히브리서 저자는 우리에게 예수님을 바라보자고 말합니다(2절). 왜 그런 말을 했을까요? 우리가 영적 훈련이나 종교적 열심이나 신학 연구에서조차 그것들을 그 자체로만 추구하기가 쉽다는 사실을 알았기 때문에 그랬던 것 같습니다. 우리는 오로지 예수님께만 시선을 고정해야 합니다.

> 선한 일은 모두 예수님의 영광을 위해 드려져야 합니다. 모든 영적 훈련은 예수님과의 우정을 더욱 깊게 하는 수단으로 행해져야 합니다. 신앙 서적을 읽을 때마다, 신학적인 개념을 탐구할 때마다, 그리고 성경적인 교리를 연구할 때마다 예수님을 향한 사랑이 북돋워져야 합니다. 예수님께 초점을 맞추어야 우리가 그리스도인의 고난의 삶을 견딜 수 있고 끝까지 믿음을 견지할 수 있습니다.

11장에 나오는 믿음의 본보기들이 우리에게 많은 도움을 주기는 하지만, 여기서 제시된 예수님의 모범이 더 큰 도움이 됩니다. 십자가로 나아가는 여정에서 예수님은 하나님 아버지를 신뢰하셨습니다. 그럼으로써 우리에게 인내하는 믿음의 가장 훌륭한 본을 보여 주셨습니다. 예수님은 가장 극심한 악과 고난을 겪으시는 내내 아버지를 신뢰했습니다. 아버지께 순종하고 영광을 돌리는 기쁨이 예수님 앞에 놓여 있었기 때문입니다.

궁극적으로 하나님의 영광 앞으로 우리가 나아갈 수 있게 하실 수 있는 분은 예수님입니다. 그러므로 최후의 순간까지 주님께 시선을 고정합시다.

심화주석
"십자가를 참으사"(히 12:2)라는 구절은 히브리서에서 유일하게 십자가를 명시적으로 언급합니다. 십자가가 불러일으킨 섬뜩하면서도 극심한 고통은 히브리서 저자에게 예수님이 왜 끝까지 인내하는 믿음의 원천이자 모형이 되시는지를 보여 줍니다. 예수님은 십자가에서 공개 처형되는 수치를 기꺼이 감수하심으로써 십자가의 부끄러움을 개의치 아니하셨습니다. 예수님은 십자가의 고통이나 수치 때문에 단념하지도 않으셨습니다. 히브리서 13장 12~13절은 독자들에게 예수님의 "치욕"을 짊어짐으로써 주님을 닮아 가라고 권면합니다.[12]

_데이비드 L. 앨런

"우리의 좌우명은 계속해서 '인내'여야 합니다. 나는 전능자께서 우리 노력을 결국 성공으로 보상해 주실 것을 믿습니다."[13]

_윌리엄 윌버포스

"그리스도인의 소망은 독특합니다. 그리스도인의 소망은 하나님과 그분의 약속들에 근거하기 때문입니다. 따라서 그리스도인은 자신감은 있으되 절대로 교만해서는 안 됩니다. 우리는 미래의 특별한 비전을 성취하기 위해 자신의 노력을 신뢰해야 하는 것이 아닙니다. 피조 세계를 회복하시고 만물을 다시 바르게 세우실 하나님을 신뢰해야 합니다."[14]
_트레빈 왁스

Q 어떻게 하면 매 순간 예수님을 바라볼 수 있을까요?

Q 예수님이 "믿음의 주요 또 온전하게 하시는 이"시라는 사실은 당신에게 어떤 격려가 됩니까?

결론

그리스도 안에 있다는 사실만으로 믿음의 여정이 끝나는 것이 아닙니다. 믿음은 구원의 문을 여는 열쇠이지만, 그것은 지속되어야 합니다. 믿음이 지속되어야 하나님이 우리 안에서 우리를 통해, 그리고 우리를 위해 계획하신 선한 일을 하실 수 있습니다. 믿음으로 사는 일은 어렵습니다. 그러나 하나님은 성경에서 믿음의 본보기들을 바라보라고 말씀하셨습니다. 특히 예수님의 본이 눈에 띕니다. 그리스도께 초점을 맞추고, 우리 삶에서 주님의 뜻을 이루어 나갈 때, 우리는 믿음의 본들에서 용기를 얻습니다.

그리스도와의 연결

성경에 등장하는 모든 믿음의 본보기는 예수 그리스도의 삶과 비교하면 무색해집니다. 그분은 자신 앞에 놓인 십자가를 견디셨으며 고난과 수치를 받으셨습니다. 그 사역 덕분에 주님이 다시 오실 때 우리 앞서 죽어 간 모든 사람의 믿음과 소망이 성취될 것입니다. 우리는 하나님의 약속을 신뢰할 수 있다는 확신을 가지고 있습니다.

하나님의 계획 우리의 사명

선교적 적용 하나님은 우리에게 그리스도께 초점을 맞추고 자기 삶에서 그리스도의 뜻을 이루어 가라고 명하십니다. 그리고 수 세기에 걸친 믿음의 본보기들로부터 용기를 얻으라고 말씀하십니다.

1. 이신칭의 교리는 복음을 전파하려는 노력에 어떤 영향을 미칩니까?

2. 어떻게 하면 믿음의 본을 보일 수 있을까요?

3. 그리스도와 그분의 복음에 좀 더 초점을 맞추려면 버려야 할 것들은 무엇입니까? 그리고 이에 대해 책임 있게 행동하도록 공동체가 어떻게 도울 수 있을까요?

금주의 성경 읽기
고전 9~16장

appendix

신약성경에 나타난 구약성경의 말씀

가인 죄의 통치 아래 자기의 의로운 형제를 살해함 (창 4장)	**세상** 마귀의 자녀들은 그리스도 안에 있는 자들을 미워함(요일 3:10~15)
이스라엘 순종할 때 주님의 소유가 되는 백성(출 19:5~6)	**교회** 긍휼로 말미암아 그분의 소유가 된 백성 (벧전 2:9~10)
첫 열매 주님께 바쳐진 첫 이삭 단(레 23:9~14)	**그리스도의 부활** 우리 부활의 첫 열매(고전 15:20)
주님을 경외하는 자 빈궁한 자들에게 기꺼이 나누어 주는 자(시 112:9)	**즐겨 내는 자** 하나님께 영광을 돌림(고후 9:6~15)
모퉁잇돌 믿지 않는 사람들에게는 걸려 넘어지는 걸림돌 (사 8:14; 28:16)	**산 돌** 그리스도, 신자들을 위한 확실한 토대(벧전 2:4~8)
주님의 갑옷 대적에게 맞서 공의를 갑옷으로 삼으심 (사 59:15~20)	**하나님의 전신 갑주** 대적에 맞서는 능력(엡 6:10~17)
주님 그분을 알고 깨닫는 것을 자랑하라(렘 9:23~24)	**예수 그리스도** 하나님으로부터 나온 지혜이신 그분 안에서 자랑하라(고전 1:26~31)
구약의 성도들 하나님의 미래 약속을 믿으며 살아감(히 11:13~16)	**예수님** 성취된 약속, 우리 믿음을 온전하게 하시는 이 (히 12:1~12)

육체의 일과 성령의 열매

육체의 일(갈 5:19~21)

성경 전반과 우리 삶에서 발견되는 육체의 일은 명백하고, 종종 서로 겹칩니다. 일례로 이스라엘 백성은 광야에서 금송아지에게 제사 지내며 흥청대며 먹고 마셨습니다(출 32:1~6).

성(19절)

음행	온갖 형태의 성적인 죄에 관한 일반 용어
더러운 것	종종 성적인 죄를 가리킴
호색	자제력 부족과 억제되지 않은 욕정

종교(20절)

우상 숭배	창조자 하나님 대신 피조물을 숭배함
주술	환경이나 어두움의 세력을 조종하려는 노력

관계(20~21절)

원수 맺는 것	모든 종류의 증오
분쟁	논쟁적인 성격의 것
시기	다른 사람의 소유를 탐내는 것
분 냄	억제되지 않은 성질
당 짓는 것	이기적이고 불순한 동기
분열함	다른 사람들과 분열하는 영
이단	파벌로 이끄는 당파심
투기	하나님의 은사와 다른 사람들의 성공에 대한 불만

방종(21절)

술 취함	알코올에 대한 욕구 통제 불능
방탕함	쾌락에 대한 욕구 통제 불능

그와 같은 것들(21절)

성령의 열매(갈 5:22~23)

성령의 열매는 우리 자신의 힘으로 맺는 것이 아니라 성령님의 도우심으로 맺습니다. 이 덕목들은 하나님과 우리의 관계로부터 나타납니다.

사랑	
희락	
화평	
오래 참음	
자비	바울은 '열매들'이 아니라 '열매'라고 말합니다. 종합적으로 볼 때, 이 특징들이나 속성들은 그리스도를 닮아 가는 것이라고 할 수 있습니다. 예수님의 형상을 닮아 간다는 것은 성령의 열매를 점점 더 많이 맺는 것을 의미합니다.
양선	
충성	
온유	
절제	

허다한 증인들

이 세상에서 약속의 전적인 성취를 받지 못한 히브리서 11장의 수많은 증인은 약속의 하나님을 믿는 것이 충분히 가치 있음을 자신의 삶과 죽음을 통해 선언했습니다. 사도 바울의 표현처럼, "현재의 고난은 장차 우리에게 나타날 영광과 비교할 수 없습니다"(롬 8:18). 이런 증인들의 격려로 우리는 예수 그리스도를 바라봅니다. 믿음으로 인해 죄와 죽음을 이기신 그분의 승리는 우리 모두의 것입니다. 따라서 인내를 가지고 믿음의 경주를 합시다.

아벨	믿음으로, 하나님이 받으시는 제사를 드리고, 형제에게 살해당했음	창 4:1~15
노아	믿음으로, 하나님 편에 섰고, 죄로 가득한 세상을 정죄함	창 6:5~9:17
아브라함	믿음으로, 약속의 땅에서 거류민으로 장막에 거함	창 12~25장
	믿음으로, 하나님이 시험하실 때 약속의 아들 이삭을 바침	창 22:1~19
이삭	믿음으로, 약속의 땅에서 거류민으로 장막에 거함	창 21~35장
야곱	믿음으로, 약속의 땅에서 거류민으로 장막에 거함	창 25~50장
요셉	믿음으로, 약속의 땅 밖에서 죽었음에도 불구하고 이스라엘 백성들에게 자기 유골을 부탁함	창 50:24~26
모세	믿음으로, 애굽인들과 죄악의 낙을 누리는 대신에 하나님의 백성과 고난 받기로 선택함	출 2~4장
라합	믿음으로, 불순종하는 자기 백성 대신에 하나님의 백성 편에 섬	수 2장; 6:22~25
기드온	믿음으로, 300명의 군대를 이끌어 130,000명이 넘는 우세한 병력에 대항함	삿 7:1~8:12
삼손	믿음으로, 3,000명의 블레셋인들을 죽이기 위해 주님의 능력을 구하고 자신을 희생함	삿 16:26~30
사무엘	믿음으로, 죄를 범한 사울왕을 대적하고, 그 대신에 다윗을 왕으로 기름 부음	삼상 15:10~16:13
다윗	믿음으로, 여호와의 기름 부음 받은 자를 죽이는 대신에 자신이 온 이스라엘의 왕이 되기까지 사울왕을 피해 다님	삼상 16:1~삼하 5:5
선지자들	믿음으로, 더 나은 부활을 얻기 위해 일부는 고문, 조롱, 채찍질, 투옥, 돌로 치는 것, 톱으로 켜는 것, 칼로 죽임당함, 노숙, 궁핍, 그리고 학대를 받음	히 11:35~38
예수님	자기를 믿는 모든 사람을 구원하는 기쁨으로 인해, 십자가를 참고 부끄러움을 개의치 아니하심	히 12:2

부록
4

'상속자'에 관한 초대교회의 이해

고대에는 한 세대에서 다음 세대로 소유를 넘겨주는 관습이 있었습니다. 아브라함이 창세기 15장 2절에서 그의 미래에 의문을 품었던 이유도 바로 그 때문이었습니다. 유대 문화에는 남자 자손들을 통해 대가 이어진다는 관념이 있었습니다. 아브라함은 그의 종 엘리에셀이 자기 상속자가 될 것이라고 하나님을 상기시켜 드렸습니다. 아브라함과 사라의 장례가 끝나면, 엘리에셀이 그의 소유를 받게 될 것입니다.[1] 그러나 아브라함의 대를 잇는 못할 것입니다. 히브리 문화에서도 신약 시대에도 양자를 통해 대를 잇는 것은 흔한 일이 아니었습니다.

그리스인들은 상속자란 유산을 물려준 사람의 존재를 이어 가는 역할로 이해했습니다. 어떤 의미에서, 아들이 아버지가 된다는 뜻입니다. 그리스의 개념은 특히 가장의 종교적인 의무에 집중했습니다. 일반적으로 아버지가 죽으면 아들이 가정의 종교적 지도자가 되어 가택신들에게 제사 지내는 일을 이어 나갔습니다. 그러나 아들 상속자가 없을 경우에는 양자가 이 역할을 감당하도록 허용했습니다. 따라서 상속자는 유언자가 죽기까지 종종 유언자와 그의 가족을 돌봐야 했습니다. 따라서 친아들이 없는 경우에 양자가 노년의 가족 구성원들을 돌볼 수 있었습니다.[2]

바울이 유대와 그리스의 이 같은 문화를 염두에 두고 신자들을 하나님의 상속자로 언급했을 수도 있습니다. 그러나 그보다는 로마의 관습을 염두에 두었을 가능성이 더 높습니다. 로마서 8장은 로마 관습과 법에 익숙한 사람들을 대상으로 썼습니다. 바울은 로마 시민이었기 때문에 로마의 상속법과 관련된 법률을 잘 알고 있었을 것입니다.

당시 모든 문화에서 상속권은 주로 남성에게만 국한되어 있었습니다. 그러나 로마와 그리스에는 경우에 따라 여인들도 상속받을 수 있는 제도가 있었습니다. 더 나아가서, 관례적으로 로마 시민이 상속인이 되어야 하지만 때로는 유언에 의해 노예가 해방되고 상속인으로 지정되기도 했습니다. 유언장과 상속을 둘러싼 법률은 상당히 복잡했습니다.[3]

로마 문화권에서는 상속과 종교적 의무를 연결시키기도 했습니다. 양자가 상속자가 됨으로써 가정의 영적 지도자가 되는 종교적 암시로 인해, 로마 역사 초기부터 사제들이 입양에 관여했습니다. 그리스 문화와 마찬가지로, 상속자에게는 유언자의 사후에 가장의 종교적 의무를 짊어질 책임이 있었습니다. 신약 시대에 이르러서는 소유와 가족 안에서의 지위에 더 많은 관심이 집중되었지만, 그 기저에는 여전히 종교적인 요소가 깔려 있었습니다.[4]

로마 문화에서 상속자는 친자녀일 필요가 없었습니다. 유언자는 원한다면 친자녀들의 상속권을 우회하거나 박탈하여 다른 사람에게 물려줄 수도 있었습니다. 친자녀들은 때로 가문의 재산과 상속을 계승하기에 적합하지 않다는 평가를 받았습니다. 로마법하에서는 재산뿐 아니라 빚도 상속되었기 때문에, 파산한 경우에는 친자녀들에게 재정적인 부담을 안겨 주지 않기 위해서 노예가 상속자로 지목되기도 했습니다.[5]

로마 제국의 체제에서 상속은 종종 부와 토지 이상을 의미했습니다. 지위도 상속의 주요 부분에 속할 수 있었습니다. 로마인 가정은 다른 문화와 구조가 달랐습니다. 로마의 아버지는 가족에게 엄청난 권력을 행사했습니

---

1. Robert P. Gordeon, "Preaching from the Patriarchs: Backgroud to the Exposition of Genesis 15", *Themelios* 1, no. 1 (January 1978): 19-23.

2. Eduard Schweizer, "υἱοθεσία"(ηυιοτηεσια, adoption) in *Theological Dictionary of the New Testament*, ed. Gerhard Friedrich, trans. and ed. Geoffrey W. Bromiley, vol. 8 (Grand Rapids: Eerdmans, 1972), 397-98.

3. William Smith, "He'res: Roman" in *A Dictionary of Greek and Roman Antiquities* (London: John Murray, 1875), 598-60.

4. Francis Lyall, *Slaves, Citizens, Sons : Legal Metaphors in the Epistles*, (Grand Rapids: Zondervan, 41984), 84; James C. Walters, "Paul, Adoption, and Inheritance" in *Paul in the Greco-Roman World*, ed. Paul Sampley(New York: Trinity Press International, 2003), 52.

5. William Smith, "He'res: Roman" in *A Dictionary of Greek and Roman Antiquities*.

다. 성인이 된 자녀들조차 아버지의 통제에서 벗어나기 전까지는 그의 훈육을 받았습니다. 상속자는 재산과 땅을 받았을 뿐만 아니라 가장이 될 수도 있었습니다. 로마 문화에서는 친아들이 없거나 아들이 부적합할 경우에 가족을 이끌 지도자를 세우기 위한 수단으로서 입양이 관습적으로 용인되었습니다.

유언장을 작성하는 사람은 여러 상속자를 지목하고 각자에게 얼마만큼의 유산을 남길지 지정할 수 있었습니다. 친자녀들뿐만 아니라 입양된 자녀들도 상속을 받았습니다. 이러한 로마의 관습이 로마서 8장 17절의 "함께 한 상속자"라는 표현의 배경인지도 모릅니다. 예수님은 "친아들"이시고, 우리는 입양된 자녀들입니다. 로마법과 비교해 볼 때, 이 입양은 우리의 상속을 보장해 줍니다.[6]

상속자와 관련된 또 다른 중요한 측면은, 로마 제도가 유언자가 죽기도 전에 상속인을 상속자로 간주했다는 점입니다. 로마인들은 아버지가 상속권을 박탈하지 않는 이상, 친아들이 태어났을 때부터 그를 상속자로 간주했습니다. 입양되는 사람도 가족으로 입양되는 순간부터 상속자로 간주되었습니다. 로마인들은 상속자가 이미 유산을 소유한 것으로 보았습니다. 신학적으로 보면, 이는 우리가 회심한 순간에 또는 하나님의 가족으로 입양된 순간에 하나님의 상속자가 되었고, 그리스도와 함께 상속자가 되었다는 것을 의미합니다. 우리는 영생을 상속하기 위해 미래의 어느 때를 기다리지 않습니다. 영생은 즉시 우리 소유가 되기 때문입니다.[7]

로마 문화에 속한 사람들은 여타의 부의 형태보다 토지와 지위를 가장 필수적인 상속으로 간주했습니다. 토지와 지위가 한 가문과 사회 안에서 그 가문의 지위를 결정했습니다. 로마인들은 상속자가 가문의 영광과 지위를 물려받는다는 데에 가장 큰 가치를 두었습니다. 이 말은 하나님의 상속자인 우리가 고유의 상속을 소유하고 있고, 고유한 가문의 유산으로 식별된다는 사실을 함축합니다. 우리의 가장 가치 있는 유산은 하나님의 가족과의 연결입니다.

로마 문화에서 가장의 권력으로, 친자녀나 입양된 자녀를 포함한 모든 상속자는 전적으로 아버지의 권위 아래 놓였습니다. 그들은 아버지가 죽거나 부권으로 그들을 해방시켜 그의 권위를 내 주기까지 아버지의 훈육을 받았습니다.[8] 이것을 성경적인 개념에 적용해 보면, 특이한 차이점이 발견됩니다. 하나님은 영원하십니다. 우리는 영원히 그분의 권위 아래서 그분의 상속자 신분을 이어 갈 것입니다.

현대의 상속자에게 일반적인 상속은 돈과 재산입니다. 상속자가 되는 것은 유언자의 죽음과 연결됩니다. 신약 시대의 상속자는 이와 상당히 달랐습니다. 당시에도 돈과 재산이 관련되었지만, 그것보다 훨씬 더 큰 의미가 있었습니다. 당시에 상속은 가족의 관계와 존속을 의미했습니다. 상속자는 유언자가 죽기 훨씬 전부터 그 지위를 가졌습니다. 상속자는 가족에서의 지위와 관련되었습니다. 입양된 자녀들은 친자녀와 똑같은 권리를 누릴 수 있었습니다. 이런 차이점들은 신자들이 하나님의 상속자라는 말의 의미에 관한 우리의 이해를 강화시켜 줍니다. 우리는 한 가족의 일원이며, 입양된 자녀로서 자기 상속을 이미 소유하고 있습니다.

- 위 내용은 남침례회 캔자스-네브래스카 지부의 가족 전도 사역 담당자 티모시 N. 보이드의 글 "'상속자'에 관한 초대교회의 이해"("Heir; A First-Century Understanding", *Biblical Illustrator*)를 번역한 것입니다.

6. Francis Lyall, *Slaves, Citizens, Sons*, 114.

7. Ibid.

8. Adolf Berger, *Encyclopedic Dictionary of Roman Law*, v. 43, part 2 (Philadelphia: The American Philosophical Society, 1953), 620.

주 / 1

SESSION 1

1. Sam Storms, *Pleasures Evermore: The Life-Changing Power of Knowing God* (Colorado Springs: NavPress, 2000), 143.
2. Timothy George, *Galatians*, vol. 30 in *The New American Commentary* (Nashville: B&H, 2003) [WORDsearch].
3. Ibid.
4. Ibid.
5. Martin Luther, *A Commentary on St. Paul's Epistle to the Galatians* (London: For Mathews and Leigh, 1807), 58.
6. D. L. Moody, *Secret Power* (Chicago: F. H. Revell, 1881), 108.
7. Mack Roark, "Paul Versus Peter," *Biblical Illustrator* (Summer 2003): 32.
8. Timothy George, *Galatians*, vol. 30 in *The New American Commentary* [WORDsearch].
9. A. Boyd Luter, in *CSB Study Bible* (Nashville: B&H, 2017), 1860-61, n. 2:15; n. 2:16; n. 2:17.
10. Scot McKnight, *Galatians*, in *The NIV Application Commentary* (Grand Rapids: Zondervan, 2012) [WORDsearch].
11. R. Kent Hughes, *2 Corinthians: Power in Weakness*, in *Preaching the Word* (Wheaton: Crossway, 2008) [WORDsearch].
12. Martyn Lloyd-Jones, *Spiritual Depression: Its Causes and Cures* (London: Marshall Pickering, 1998) [eBook].
13. Samuel M. Ngewa, "Galatians," in *Africa Bible Commentary*, ed. Tokunboh Adeyemo (Grand Rapids: Zondervan, 2006), 1445.
14. Simon J. Gathercole, in *ESV Study Bible* (Wheaton: Crossway, 2008), 2249, n. 2:20.
15. William Perkins, quoted in *Christ-Centered Exposition: Exalting Jesus in Galatians*, by David Platt and Tony Merida (Nashville: B&H, 2014), 49.
16. Chrysostom, *Homilies on the Gospel of St. Matthew*, 4.14, in *The Works of St. Chrysostom*, vol. X in *Nicene and Post-Nicene Fathers: First Series*, ed. Philip Schaff (New York: Cosimo, 2007), 26.
17. Tim Keller, *Paul's Letter to the Galatians: Participants Guide* (New York: Redeemer Presbyterian Church, 2003), 2.

SESSION 2

1. "The Four Oxen and the Lion," Bartleby.com, March 27, 2001, http://www.bartleby.com/17/1/52.html.
2. Ajith Fernando, *The Supremacy of Christ* (Wheaton: Crossway, 1995), 117.
3. Craig L. Blomberg, *1 Corinthians*, in *The NIV Application Commentary* (Grand Rapids: Zondervan, 2012) [WORDsearch].
4. Frank S. Thielman, "Introduction to 1 Corinthians," in *ESV Study Bible* (Wheaton: Crossway, 2008), 2187-88.
5. Charles H. Spurgeon, *Satan, A Defeated Foe* (New Kensington, PA: Whitaker House, 1993) [eBook].
6. Richard L. Pratt Jr., *I & II Corinthians*, in *Holman New Testament Commentary* (Nashville: B&H, 2005), [WORDsearch].
7. *Africa Study Bible* (Oasis International Limited, 2016), 1663.
8. Grant Osborne and S. Cameron Coyle, "Cross, Crucifixion," in *Holman Illustrated Bible Dictionary*, ed. Chad Brand (Nashville: B&H, 2015), 368-69.
9. Marion L. Soards, *1 Corinthians*, in *Understanding the Bible Series* (Grand Rapids: Baker, 2016) [WORDsearch].
10. Corrie ten Boom, quoted in *Practical Wisdom for Pastors*, by Curtis C. Thomas (Wheaton: Crossway, 2001) [WORDsearch].
11. Erwin W. Lutzer, *Ten Lies About God: And How You Might Already Be Deceived* (Nashville: Word, 2000), 62.
12. Finny Philip, "1 Corinthians," in *South Asia Bible Commentary*, ed. Brian Wintle (Grand Rapids: Zondervan, 2015), 1559.

13. F. Alan Tomlinson, in *CSB Study Bible* (Nashville: B&H, 2017), 1813, n. 1:30-31.
14. A. W. Tozer, *Man the Dwelling Place of God: What It Means to Have Christ Living in You* (Camp Hill, PA: Wing Spread, 2008) [eBook].
15. Isaac Watts, "When I Survey the Wondrous Cross," *Baptist Hymnal* (Nashville: LifeWay Worship, 2008), 234.

SESSION 3

1. Randy C. Alcorn, *Money, Possessions, and Eternity* (Carol Stream: Tyndale, 2003) [eBook].
2. Mark Dever and Paul Alexander, *The Deliberate Church: Building Your Ministry on the Gospel* (Wheaton: Crossway, 2005), 111.
3. Kurt A. Richardson, *James*, vol. 36 in *The New American Commentary* (Nashville: B&H, 2003) [WORDsearch].
4. R. Gregg Watson, in *CSB Study Bible* (Nashville: B&H, 2017), 1967, n. 2:1.
5. Solomon Andria, "James," in *Africa Bible Commentary*, ed. Tokunboh Adeyemo (Grand Rapids: Zondervan, 2006), 1538.
6. Grant R. Osborne, in *ESV Study Bible* (Wheaton: Crossway, 2008), 2393, n. 2:6-7.
7. David Livingstone, quoted in *The Life of David Livingstone*, by William Garden Blaikie (London: John Murray, 1903), 116.
8. John Stott, "Reflections," *Christianity Today*, March 4, 1996, http://www.christianitytoday.com/ct/1996/march4/6t3063.html.
9. Thomas D. Lea, *Hebrews and James*, in *Holman New Testament Commentary* (Nashville: B&H, 2005) [WORDsearch].
10. Arthur James, "James," in *South Asia Bible Commentary*, ed. Brian Wintle (Grand Rapids: Zondervan, 2015), 1735.
11. Thomas Fuller, quoted in *Life Application Bible Commentary: Luke*, by Bruce B. Barton, Dave Veerman, and Linda K. Tayler (Wheaton: Tyndale, 1997), 157.

주 / 2

12. Thomas Watson, *The Beatitudes* (Dallas: Gideon House, 2017) [eBook].

13. Tony Evans, quoted in "To Quote," CT Pastors, 1997, http://www.christianitytoday.com/pastors/1997/summer/7l3067.html.

SESSION **4**

1. David Brainerd, in *The Life and Diary of David Brainerd*, ed. Jonathan Edwards (Peabody, MA: Hendrickson, 2006), 189.

2. Terry L. Wilder, in *CSB Study Bible* (Nashville: B&H, 2017), 1977-78, n. 2:4-10.

3. David Walls and Max Anders, *I & II Peter, I, II & III John, Jude, in Holman New Testament Commentary* (Nashville: B&H, 2005) [WORDsearch].

4. Thomas R. Schreiner, *1, 2 Peter, Jude*, vol. 37 in *The New American Commentary* (Nashville: B&H, 2004) [WORDsearch].

5. Ibid.

6. Henry Martyn, quoted in *The Bible Exposition Commentary: New Testament, Volume 1*, by Warren W. Wiersbe (Colorado Springs: Victor, 2001), 456.

7. Sicily Mbura Muriithi, "1 Peter," in *Africa Bible Commentary* (Grand Rapids: Zondervan, 2006), 1546.

8. Oswald Chambers, in *The Quotable Oswald Chambers*, comp. and ed. David McCasland (Grand Rapids: Oswald Chambers Publications Association, 2008) [eBook].

9. Stanley J. Grenz, "Church and State," in *Holman Bible Handbook*, gen. ed. David S. Dockery (Nashville: B&H, 1992), 765.

10. *Africa Study Bible* (Oasis International, 2015), 1857.

11. Martin Luther, *On Christian Liberty* (Minneapolis, MN: Augsburg Fortress, 2003) [eBook].

12. Donald S. Whitney, *Spiritual Disciplines for the Christian Life* (Colorado Springs: NavPress, 2014), 297.

13. Athenagoras of Athens, "A Plea for the Christians," in *The Ante-Nicene Fathers, Volume II: Fathers of the Second Century*, eds. Alexander Roberts and James Donaldson (Buffalo, NY: The Christian Literature Publishing Company, 1885), 134.

SESSION **5**

1. C. S. Lewis, *God in the Dock: Essays on Theology and Ethics*, ed. Walter Hooper (Grand Rapids: Eerdmans, 1970), 37.

2. I. Howard Marshall, *The Epistles of John*, in *The New International Commentary on the New Testament* (Grand Rapids: Eerdmans, 2010) [WORDsearch].

3. Daniel L. Akin, *1, 2, 3 John*, vol. 38 in *The New American Commentary* (Nashville: B&H, 2003) [WORDsearch].

4. Henry Ward Beecher, *Life Thoughts* (London: James Blackwood, 1858), 147.

5. Corrie ten Boom with Elizabeth and John Sherrill, *The Hiding Place* (Bloomington, MN: Chosen Books, 2015) [eBook].

6. David Walls and Max Anders, *I & II Peter, I, II & III John, Jude, in Holman New Testament Commentary* (Nashville: B&H, 2005) [WORDsearch].

7. Colin G. Kruse, *The Letters of John, in The Pillar New Testament Commentary* (Grand Rapids: Eerdmans, 2010) [WORDsearch].

8. Alexander Strauch, *Leading with Love* (Littleton, CO: Lewis and Roth, 2006), 111-12.

9. *Africa Study Bible* (Oasis International, 2015), 1878.

10. Ramylal Fernando, "1 John," in *South Asia Bible Commentary*, ed. Brian Wintle (Grand Rapids: Zondervan, 2015), 1759.

11. Rick Warren, *The Purpose Driven Life: What on Earth Am I Here For?* (Grand Rapids: Zondervan, 2012) [eBook].

12. Dwight L. Moody, *The Overcoming Life* (Orlando: Bridge-Logos, 2007), 336.

SESSION **6**

1. R. G. Puckett, quoted in *Introduction to Evangelism*, by Alvin L. Reid (Nashville: B&H, 1998), 326.

2. Charles H. Spurgeon, *The Complete Works of C. H. Spurgeon: Volume 28, Sermons 1637 to 1697* (Delmarva Publications, 2013) [eBook].

3. Thomas D. Lea and Hayne P. Griffin Jr., *1, 2 Timothy, Titus, vol. 34 in The New American Commentary* (Nashville: B&H, 2003) [WORDsearch].

4. Ray Van Neste, in *ESV Study Bible* (Wheaton: Crossway, 2008), 2332, n. 4:16.

5. Donald Guthrie, *The Pastoral Epistles*, vol. 14 in *Tyndale New Testament Commentaries* (Grand Rapids: Eerdmans, 1980) [WORDsearch].

6. Vance Havner, quoted in *Truth: A Bigger View of God's Word*, by Randy Alcorn (Eugene, OR: Harvest House, 2017), 43

7. Thomas D. Lea and Hayne P. Griffin Jr., *1, 2 Timothy, Titus*, vol. 34 in *The New American Commentary* [WORDsearch].

8. Derek Sivers, quoted in *Tools of Titans: The Tactics, Routines, and Habits of Billionaires, Icons, and World-Class Performers*, by Tim Ferris (New York: Houghton Mifflin Harcourt, 2017), 185.

9. Jim Elliff, "Serious Preaching," Christian Communicators Worldwide, accessed Aug. 1, 2017, http://www.ccwtoday.org/article/serious-preaching.

10. Ray Van Neste, in *CSB Study Bible* (Nashville: B&H, 2017), 1932.

11. Jon C. Laansma, "2 Timothy, Titus," in *Cornerstone Biblical Commentary*, vol. 17 (Carol Stream: Tyndale, 2010) [WORDsearch].

12. John Newton, "On a Believer's Frames," in *The Works of the Rev. John Newton* (Edinburgh: Peter Brown and Thomas Nelson, 1830), 75.

13. Raymond C. Ortlund Jr., "Power in Preaching: Decide (1 Corinthians 2:1-5),

Part 1 of 3," *Themelios*, April 2009, 80.

14. *Africa Study Bible* (Oasis International, 2015), 1806.

15. Basil, *The Morals*, Rule 72, quoted in *Scripture Alone: Exploring the Bible's Accuracy, Authority, and Authenticity*, by James R. White (Bloomington, MN: Bethany House, 2004), 208.

16. Alistair Begg, *Made for His Pleasure: Ten Benchmarks of a Vital Faith* (Chicago: Moody, 2005) [eBook].

SESSION **7**

1. Robert H. Mounce, *Romans*, vol. 27 in *The New American Commentary* (Nashville: B&H, 2003) [WORDsearch].

2. Ramesh Khatry, "Romans," in *South Asia Bible Commentary*, ed. Brian Wintle (Grand Rapids: Zondervan, 2015), 1530.

3. Basil the Great, *On the Holy Spirit*, trans. David Anderson (Crestwood, NY: St. Vladimir's Seminary Press, 1980), 50.

4. Robert H. Mounce, *Romans*, vol. 27 in *The New American Commentary* [WORDsearch].

5. *Africa Study Bible* (Oasis International, 2015), 1643.

6. Donald S. Whitney, *Spiritual Disciplines for the Christian Life* (Colorado Springs: NavPress, 2014), 237.

7. Joni Eareckson Tada, *Heaven: Your Real Home* (Grand Rapids: Zondervan, 2010) [eBook].

8. David M. Kasali, "Romans," in *Africa Bible Commentary* (Grand Rapids: Zondervan, 2006), 1390.

9. Edwin A. Blum, in *CSB Study Bible* (Nashville: B&H, 2017), 1795, n. 8:38–39.

10. Martin Luther, *Commentary on Romans*, trans. J. Theodore Mueller (Grand Rapids: Kregel, 1976), 133.

11. David Jeremiah, *Jesus' Final Warning: Hearing Christ's Voice in the Midst of Chaos*

(Nashville: Thomas Nelson, 1999) [eBook].

12. Michael Priest, "Persecution: A Word Study," *Biblical Illustrator* (Spring 2017): 59.

SESSION **8**

1. Robert D. Putnam, *Bowling Alone: The Collapse and Revival of American Community* (New York: Simon & Schuster, 2000).

2. Edward T. Welch, *When People Are Big and God Is Small: Overcoming Peer Pressure, Codependency, and the Fear of Man* (Phillipsburg, NJ: P&R, 1997), 198.

3. Mark Taylor, *1 Corinthians*, vol. 28 in *The New American Commentary* (Nashville: B&H, 2014) [WORDsearch].

4. John R. W. Stott, *The Cross of Christ* (Downers Grove: IVP, 2006), 266.

5. M. Pierce Matheney Jr., Chad Brand, and Bruce Hall, "Temple of Jerusalem," in *Holman Illustrated Bible Dictionary* (Nashville: B&H, 2015), 1544.

6. F. Alan Tomlinson, in *CSB Study Bible* (Nashville: B&H, 2017), 1812, n. 1:9.

7. A. W. Tozer, *The Pursuit of God: The Human Thirst for the Divine* (Camp Hill, PA: Wing Spread Publishers, 2007) [WORDsearch].

8. Robert H. Mounce, *Romans*, vol. 27 in *The New American Commentary* (Nashville: B&H, 2003) [WORDsearch].

9. Dietrich Bonhoeffer, in *Dietrich Bonhoeffer: Witness to Jesus Christ*, ed. John W. de Gruchy (Minneapolis, MN: Fortress Press, 1991), 185.

10. *Africa Study Bible* (Oasis International, 2015), 1649.

11. Trillia J. Newbell, *United: Captured by God's Vision for Diversity* (Chicago: Moody, 2014), 119.

12. Eshetu Abate, "Philippians," in *Africa Bible Commentary* (Grand Rapids: Zondervan, 2006), 1466.

13. Tony Merida and Francis Chan, *Christ-*

Centered Exposition: Exalting Jesus in Philippians (Nashville: B&H, 2016) [WORDsearch].

14. David Platt, "Foreword," in *The Insanity of God: A True Story of Faith Resurrected*, by Nik Ripken with Gregg Lewis (Nashville: B&H, 2013), xxiii.

15. F. B. Meyer, quoted in *Knight's Treasury of 2,000 Illustrations*, by Walter B. Knight (Grand Rapids: Eerdmans, 1995), 47.

SESSION **9**

1. John Murray, *Redemption Accomplished and Applied* (Grand Rapids: Eerdmans, 2015), 156.

2. Simon J. Gathercole, in *ESV Study Bible* (Wheaton: Crossway, 2008), 2254, n. 5:16.

3. David Platt and Tony Merida, *Christ-Centered Exposition: Exalting Jesus in Galatians* (Nashville: B&H, 2004) [WORDsearch].

4. J. Vernon McGee, *Galatians*, in *Thru the Bible Commentary Series* (Nashville: Thomas Nelson, 1991) [eBook].

5. Finny Philip, "Galatians," in *South Asia Bible Commentary*, ed. Brian Wintle (Grand Rapids: Zondervan, 2015), 1628.

6. A. Boyd Luter, in *CSB Study Bible* (Nashville: B&H, 2017), 1865, n. 5:19-21.

7. Charles H. Spurgeon, in *The Essential Works of Charles Spurgeon: Selected Books, Sermons, and Other Writings*, ed. Daniel Partner (Uhrichsville, OH: Barbour, 2009) [eBook].

8. Mark Dever, *The Church: The Gospel Made Visible* (Nashville: B&H, 2012), 15.

9. Dallas Willard, *The Great Omission: Reclaiming Jesus's Essential Teachings on Discipleship* (San Francisco: HarperCollins, 2006), 166.

10. Finny Philip, "Galatians," in *South Asia Bible Commentary*, ed. Brian Wintle, 1628-29.

11. Scot McKnight, *Galatians*, in *The NIV Application Commentary* (Grand Rapids: Zondervan, 2012) [WORDsearch].

12. David Platt and Tony Merida, *Christ-Centered Exposition: Exalting Jesus in Galatians* [WORDsearch].

13. Billy Graham, *The Holy Spirit: Activating God's Power in Your Life* (Grand Rapids: Zondervan, 1978), 191.

ESSION 10

1. Jonathan Edwards, "Resolutions," in *The Works of President Edwards*, vol. 1 (New York: S. Converse, 1829), 72.

2. Tony Merida, *Christ-Centered Exposition: Exalting Jesus in Ephesians* (Nashville: B&H, 2014) [WORDsearch].

3. S. M. Baugh, in *ESV Study Bible* (Wheaton: Crossway, 2008), 2273-74, n. 6:16-17.

4. Yusufu Turaki, "Ephesians," in *Africa Bible Commentary* (Grand Rapids: Zondervan, 2006), 1464.

5. John Newton, quoted in *Newton on the Christian Life: To Live Is Christ*, by Tony S. Reinke (Wheaton: Crossway, 2015), 243-44.

6. Gregory T. Pouncey, "First-Century Armor," *Biblical Illustrator* (Summer 2005): 17-18.

7. Idicheria Ninan, "Ephesians," in *South Asia Bible Commentary*, ed. Brian Wintle (Grand Rapids: Zondervan, 2015), 1647.

8. Clinton E. Arnold, *3 Crucial Questions About Spiritual Warfare* (Grand Rapids: Baker, 1997), 43.

9. Martin Luther, in *The Table Talk of Martin Luther*, trans. and ed. William Hazlitt (London: H. G. Bohn, 1857), 40.

SESSION 11

1. J. I. Packer, *Keep in Step with the Spirit: Finding Fullness in Our Walk with God*, 2nd

ed. (Grand Rapids: Baker, 2005), 154.

2. David E. Garland, *2 Corinthians*, vol. 29 in *The New American Commentary* (Nashville: B&H, 2003) [WORDsearch].

3. Kendell H. Easley, in *CSB Study Bible* (Nashville: B&H, 2017), 1847-48, n. 8:6.

4. Jim Elliot, quoted in *Through Gates of Splendor*, by Elisabeth Elliot (Wheaton: Tyndale, 1986), 172.

5. Tim Chester and Steve Timmis, *Total Church: A Radical Reshaping Around Gospel and Community* (Wheaton: Crossway, 2008), 84.

6. Issiaka Coulibaly, "2 Corinthians," in *Africa Bible Commentary*, ed. Tokunboh Adeyemo (Grand Rapids: Zondervan, 2006), 1433.

7. George H. Guthrie, *2 Corinthians*, in *Baker Exegetical Commentary on the New Testament* (Baker, 2015) [WORDsearch].

8. Amy Carmichael, quoted in *Christ-Centered Exposition: Exalting Jesus in Ephesians*, by Tony Merida (Nashville: B&H, 2014), 121.

9. Jonathan Edwards, *The Religious Affections*, quoted in *Jonathan Edwards on the Good Life*, by Owen Strachan and Douglas Sweeney (Chicago: Moody, 2010), 140.

10. Jacob Cherian, "2 Corinthians," in *South Asia Bible Commentary*, ed. Brian Wintle (Grand Rapids: Zondervan, 2015), 1604.

11. David E. Garland, *2 Corinthians*, vol. 29 in The New American Commentary [WORDsearch].

12. Randy Alcorn, *The Treasure Principle: Unlocking the Secret of Joyful Giving* (Colorado Springs: Multnomah, 2017), 47.

SESSION 12

1. Martin Luther, quoted in *Luther: Man Between God and the Devil*, by Heiko A. Oberman, trans. Eileen Walliser-

Schwarzbart (New Haven: Yale University Press, 1989), 315.

2. Alister E. McGrath, *Christian Theology: An Introduction* (West Sussex, UK: Wiley-Blackwell, 2011), 381.

3. John Bunyan, in *The Entire Works of John Bunyan*, vol. 1, ed. Henry Stebbing (London: James S. Virtue, 1859), 383.

4. "Faith," in *The Valley of Vision: A Collection of Puritan Prayers & Devotions*, ed. Arthur Bennett (Edinburgh: Banner of Truth, 2011), 289.

5. David W. Chapman, in *ESV Study Bible* (Wheaton: Crossway, 2008), 2379, n. 11:1.

6. Matt Fuller, *Perfect Sinners: See Yourself as God Sees You* (UK: The Good Book Company, 2017), 121.

7. John Phillips, *Exploring Hebrews*, in *The John Phillips Commentary Series* (Grand Rapids: Kregel, 2009) [WORDsearch].

8. Tesfaye Kassa, "Hebrews," in *Africa Bible Commentary* (Grand Rapids: Zondervan, 2006), 1531.

9. Terry L. Wilder, *The Apologetics Study Bible* (Nashville: B&H, 2007), 1835, n. 11:13.

10. Malcolm B. Yarnell III, in *CSB Study Bible* (Nashville: B&H, 2017), 1959.

11. Lemuel Haynes, "The Sufferings, Support, and Reward of Faithful Ministers, Illustrated (1820)," in *The Faithful Preacher: Recapturing the Vision of Three Pioneering African-American Pastors*, by Thabiti M. Anyabwile (Wheaton: Crossway, 2007), 59.

12. David L. Allen, *Hebrews*, vol. 35, in *The New American Commentary* (Nashville: B&H, 2011) [WORDsearch].

13. William Wilberforce, in *The Life of William Wilberforce*, vol. V, eds. Robert Isaac Wilberforce and Samuel Wilberforce (London: John Murray, 1838), 318.

14. Trevin Wax, *This Is Our Time: Everyday Myths in Light of the Gospel* (Nashville: B&H, 2017), 199.